测绘地理信息科技出版资金资助

基于GNSS和RTS技术的桥梁结构动态变形监测理论与实践

GNSS and RTS Technologies-based Dynamic Deformation Monitoring of Bridge Structures: Theory and Application

余加勇 著

测绘出版社

·北京·

内容简介

本书系统地阐述了采用全球导航卫星系统(GNSS)和自动型全站仪(RTS)来监测桥梁动态变形的理论和方法。主要内容包括:将网络实时动态测量技术应用于桥梁结构振动监测,建立集成GNSS和加速度计的桥梁结构动态位移监测方法;构建RTS桥梁动态变形监测的流程,建立集成RTS与加速度计的监测方法;并成功应用于英国诺丁汉威尔福德悬索桥、长沙湘江三汊矶大桥的振动监测试验。

本书可作为测绘工程、土木工程及相关专业本科生和研究生的变形监测或结构健康监测课程的教材,同时也可以作为相关工程技术人员和科技工作者的参考书。

图书在版编目(CIP)数据

基于GNSS和RTS技术的桥梁结构动态变形监测理论与实践 / 余加勇著．—北京 ：测绘出版社,2017.11
ISBN 978-7-5030-4072-6

Ⅰ.①基…　Ⅱ.①余…　Ⅲ.①桥梁结构—变形观测　Ⅳ.①U443

中国版本图书馆CIP数据核字(2017)第255403号

责任编辑　余易举　**封面设计**　李　伟　**责任校对**　石书贤　**责任印制**　陈　超

出版发行	测绘出版社	**电　　话**	010－83543956(发行部)
地　　址	北京市西城区三里河路50号		010－68531609(门市部)
邮政编码	100045		010－68531363(编辑部)
电子信箱	smp@sinomaps.com	**网　　址**	www.chinasmp.com
印　　刷	北京京华虎彩印刷有限公司	**经　　销**	新华书店
成品规格	169mm×239mm		
印　　张	10.5　　彩插2面	**字　　数**	201千字
版　　次	2017年11月第1版	**印　　次**	2017年11月第1次印刷
印　　数	001—700	**定　　价**	53.00元

书　　号　ISBN 978-7-5030-4072-6
本书如有印装质量问题,请与我社门市部联系调换。

前　言

对桥梁结构进行实时监测、损伤评估和安全预警已成为桥梁建设重要环节。桥梁在长期使用过程中，环境侵蚀、材料老化、交通流量加重、超重车增多等问题，导致桥梁结构损伤和功能退化，抵抗自然灾害能力下降，易导致灾难事故，造成重大人员伤亡和财产损失。为保障桥梁结构在营运期间的承载能力、耐久性和安全性，对桥梁结构进行健康监测显得非常必要。动态变形监测是桥梁结构健康监测的重要内容之一，如何实时地、精确地监测桥梁结构的位移和振动是困扰工程技术人员和科技工作者的一个难题。尽管有关工程结构变形监测的著作非常之多，但是有关动态变形监测的著作非常罕见。

本书是我国一部较早的真正意义上介绍基于全球导航卫星系统（global navigation satellite system，GNSS）和自动型全站仪（robotic total station，RTS）的桥梁结构动态变形监测技术的著作。本书用简洁的语言有条理地、系统而全面地梳理了国内外同行在动态变形监测方面的研究成果，在作者多年研究成果基础上综合阐述了桥梁结构动态变形监测方法的传感技术、数据采集技术、定位解算技术、信号降噪技术等关键问题，为土木工程技术人员和科技工作者提供一把解决动态变形监测难题的钥匙。

本书的研究成果得到了“国家重点研发计划资助”（2016YFC0800207）、“国家自然科学基金项目”（51578227、50908083）、“中国博士后科学基金资助项目”（2016M590741）、“湖南省自然科学基金资助项目”（2017JJ2033）、“长沙市科技计划项目经费资助”（kq1701033）的支持。本书的全部内容是在作者完成系列基金项目而做的研究成果报告基础上完善而成。作者诚挚感谢所有为本书做出贡献的师长和朋友：湖南大学邵旭东教授、许斌教授、李立峰教授、晏班夫副教授、彭旺虎博士、朱平博士、易笃韬工程师一直关注本书的出版，并提出了许多建设性的建议；特别是作者在英国诺丁汉大学进行合作研究期间，得到孟晓林教授的关怀和指导；另外，研究生高阳、李铁帅等协助作者采集了本书的试验数据，在此表示由衷的感谢。

由于作者水平有限，书中必定会出现一些不妥和错误，敬请读者不吝指正，可发送电子邮件至 jiayongyu@gmail. com 与作者联系。

目　录

Contents

第1章 绪 论

§1.1 GNSS和RTS监测技术

对桥梁结构性能进行监测和诊断,及时进行损伤评估和安全预警已成为未来桥梁建设的必然要求。桥梁在长期的使用过程中,环境侵蚀、材料老化和日益加重的交通量、重车和超重车过桥数量的不断增加,导致桥梁结构损伤和功能退化,从而导致抵抗自然灾害甚至正常环境作用的能力下降,以及极端情况下灾难事故的发生,造成重大的人员伤亡和财产损失。例如:2007 年美国明尼苏达州密西西比河的一座桥梁发生坍塌,13 人死亡,144 人受伤;1994 年韩国圣水大桥断塌,12 人死亡,17 人重伤;1999 年重庆綦江虹桥坍塌,42 人死亡;2001 年四川宜宾南门大桥桥面断裂坍塌。发达国家交通基础设施建设 30~50 年后出现的养护维修高峰,在我国会提早到来。为了保障桥梁结构在营运期间的承载能力、耐久性和安全性,对已建成和在建大型桥梁结构进行健康监测显得非常重要,目前这已成为一个热门的研究领域(李爱群 等,2003; 余加勇 等,2016b; Ko et al,2005; Ragheb et al,2010; Yi et al,2010b; Yu et al,2014)。

桥梁结构健康监测传感器包含局部监测和整体监测两类。用于局部监测主要是光纤、压电智能材料和传感元件,例如光导纤维、电阻应变丝、疲劳寿命丝、压电材料、碳纤维、半导体材料和形状记忆合金等。它们采用表面附着或埋入的方式感知结构的重要部位和重要构件,获取反映局部结构特性的参数信号(李宏男 等,2008)。该类传感器尽管具有很多优点,但只能实现点式或线式的分布式测量,难以实现真正意义上的面式或体式测量,获取的信号只能反映局部结构的特性。而且相对于大桥 50 年甚至 100 年的设计而言,此类传感器和数据传输系统的耐久性亦有待考证(孙利民 等,2006)。用于整体监测最常用的传感器是加速度计,它是通过测试大型结构在外界荷载作用下振动时产生的加速度,再对加速度进行二次积分求得其位移。其缺点显而易见,由于结构的整体偏移速度比较慢,无法获得结构的整体摆动幅度。

随着全球导航卫星系统(GNSS)接收机硬件和软件的不断发展,特别是高采样率 GNSS 接收机的出现,其在结构健康监测方面表现出独特的优越性。GNSS 具有以下优势:① 测量精度高。GNSS 静态相对定位精度已达到毫米级甚至更高(Behr et al,1998),动态测量精度亦显著提高,平面和高程标称精度分别达到10 mm和

20 mm(Ogundipe et al,2014),能满足特大跨径柔性桥梁振动监测要求。②采样率高。目前GNSS采样率高达20 Hz,甚至100 Hz,按照奈奎斯特(Nyquist)采样定律,能满足通常桥梁结构振动频率0.1～10 Hz的测试需求(Roberts et al,2004c)。③ 自动化程度高。GNSS接收机的数据采集工作是自动进行,而且为用户预留了必要的接口,易实现数据采集、传输、处理、分析、预警的全自动化。④ 四维监测。GNSS不仅能够进行高精度三维位移测量,而且能获取精度达3×10^{-5} s的时间信息(黄丁发 等,2006)。⑤ 全天候监测。GNSS接收机在任何时段都可接收到工作卫星信号,且不受气候条件限制,在风雪雨雾恶劣天气中仍能正常工作,易实现连续监测(余加勇 等,2014a)。

自动型全站仪(RTS)也称为测量机器人(MR)或地面定位系统(TPS)(黄声享 等,2009b; Psimoulis et al,2013)。RTS是在传统全站仪的基础上集成伺服马达驱动系统、影像传感器电荷耦合器件(CCD)、自动目标识别(ATR)等装置形成的自动锁定和测量目标坐标的精密测量仪器。RTS最大优点是具有自动目标锁定和跟踪功能,能自动搜索、照准、跟踪、测量合作目标棱镜(余加勇 等,2007b)。RTS测量精度高,可以到达毫米级精度,甚至亚毫米级精度(张学庄 等,1996),常用于边坡、大坝、桥梁、隧道等工程结构长周期变形监测。最近新一代高采样率徕卡RTS上市,为RTS进行结构动态位移监测创造条件,新型RTS不仅测量精度高,而且能测量结构振动过程中的瞬时位移,包括高频动态位移和超低频准静态位移。准静态位移是指风或温度荷载引起的结构缓慢变形。

Lovse等(1995)首次使用GNSS接收机成功监测高度160 m的卡尔加里塔风致振动响应。经过二十多年的发展,GNSS技术在桥梁、建筑等领域已经取得一些成功案例。然而信号受多路径误差影响,使得GNSS平面和高程测量精度局限在10～20 mm,该精度制约GNSS监测技术的发展。另外,采用RTS进行桥梁结构动力响应监测,目前还处于探索阶段,受RTS数据采样率和时间分辨率限制,仍未建立规范化的RTS动态变形监测方法。针对GNSS和RTS动态监测技术发展中存在的不同问题,提出集成GNSS和加速度的监测方法、集成RTS和加速度计的监测方法、网络实时动态(RTK)GNSS监测方法、多模式自适应滤波(MAF)降噪方法和瞬时特性小波包降噪方法等。通过解决现场监测和数据处理中存在的关键性问题,提高GNSS和RTS动态测量技术的精度和可靠性,使其不仅适用于大振幅的大跨径桥梁动态变形监测,亦适用于小振幅的中小跨径桥梁动态变形监测。桥梁结构动态变形监测系统的研究和应用,在保障结构安全可靠、延长结构使用寿命和科学研究探索等方面具有重大意义。

§1.2 GNSS 和 RTS 动态变形监测研究进展

常用的动态变形监测方法有加速度计方法、摄影测量方法（Wahbeh et al, 2003)、激光扫描测量方法(González-Aguilera et al,2008; Liu et al,2014)、地面微波干涉雷达方法(黄声享 等,2012)、GNSS 测量方法(乔燕 等,2012)、RTS 测量方法(Li et al,2013)等。加速度计方法通过二次积分加速度获得动态位移,但该方法一直受到质疑,主要是积分过程中产生趋势项,无法测量长周期的准静态位移(Stiros,2008)。摄影测量方法是采集监测目标的影像或视频,通过记录、量测和分析等步骤来获取监测目标的动态位移(Wahbeh et al,2003)。激光扫描测量方法是通过高速激光来扫描监测目标,大面积高分辨率快速获取监测目标表面三维坐标数据(González-Aguilera et al,2008)。摄影和激光扫描测量方法的共同缺点是测程较短,当视距增加时,测量精度迅速降低。而 GNSS 和 RTS 传感器测量方法,具有测程长、精度高、稳定性高等优点,本节重点论述 GNSS 和 RTS 监测方法的研究进展。

1.2.1 变形监测精度评估进展

GNSS 和 RTS 测量精度评估试验包括静态和动态两类。静态试验中,监测点传感器固定不动,主要目的是分析传感器测量噪声水平;动态试验中,监测点传感器安装在振动台或其他模拟振动装置上,通过结果对比分析,评估传感器的动态测量精度。

Meng(2002)分析 GNSS 接收机静态测量噪声特性,采用零基线(ZBL)和短基线(SBL)方法,对数据采样率 10 Hz 的单频、双频徕卡系列 GNSS 接收机进行测量精度评估。测量数据经过后处理动态和自适应滤波方法降噪后,其静态测量噪声水平为毫米级。Kijewski-Correa 等(2006a)、Chan(2010)、Yi 等(2010a)和 Moschas 等(2013b)也采用类似方法研究 GNSS 接收机的静态测量噪声,分析结果揭示 GNSS 接收机测量噪声主要分布在三个区间:在 0～0.2 Hz 频带的有色噪声;在 0.2～2.5 Hz 频带的少量白噪声和有色噪声;在 2.5 Hz 以上频带的极少量白噪声(Moschas et al,2013b)。

为评估 GNSS 动态位移测量精度,研究者在振动台、柱状模拟装置和旋转模拟装置上,评估不同采样频率 GNSS 接收机测量结构动态位移的精度。Tamura 等(2002)评估 10 Hz 采样率 GNSS 接收机性能,在振动台上进行不同振动幅值和频率的监测试验,当振动频率小于 2 Hz、幅度大于 2 cm 时,GNSS 接收机可以准确地监测结构振动响应。Kijewski-Correa 等(2006a,2007)评估 GNSS 动态位移测量精度,在木质振动台上进行监测试验,为了削弱多路径误差和避免障碍物遮挡卫星信号，试验选择在视线开阔的野外进行。Ge等(2000c)为了研究GNSS地震测量仪的性能，将采样率20 Hz的GNSS接收机、速度计和加速度计传感器同时安装在能产生模拟地震波的卡车上，如图1.1所示。它们同时监测模拟地震波的位移、速度和加速度，GNSS监测出的地震波与速度、加速度分别积分获得的位移序列完全吻合。Chan等(2006b)评估20 Hz采样率GNSS接收机的位移测量精度，在振动台上进行系列振动监测试验，如图1.2所示。当水平振幅大于5 mm，且振动频率不大于1 Hz时，GNSS接收机可精确测量水平方向振动位移；当竖直振幅大于10 mm，且振动频率不大于1 Hz时，GNSS可精确测量竖向振动位移；当振动幅度足够大时，GNSS接收机可监测出较高的振动频率；当振动幅度较小时，GNSS接收机只能识别出较低的振动频率。Casciati等(2009)亦得出类似结论。

(a) 振动台

(b) 振动台上的GNSS地震测量仪

图1.1　GNSS地震测量仪的精度评估试验

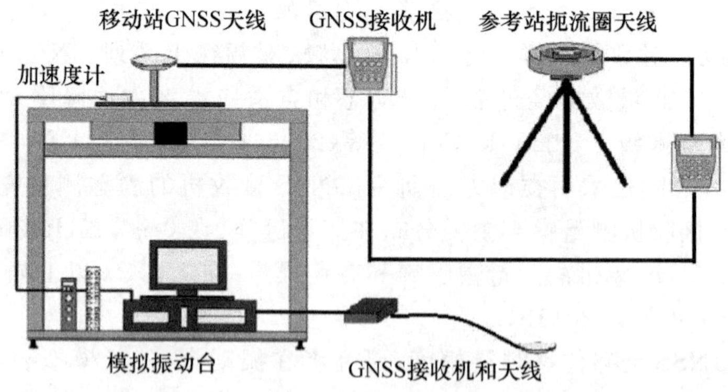

图1.2　GNSS和加速度计模拟振动台试验

研究者通过大量的动态位移测量试验，分析不同数据采样率的GNSS接收机测量振动频率的潜力。Nickitopoulou等(2006)重点研究GNSS动态测量方法的粗差范围、测量精度及其局限性，他们在一个旋转臂上进行大量模拟测量试验，研究结果表明:GNSS 接收机可以测量振幅大于 15 mm 的结构振动,其粗差水平为 1.5%。该方法可用于大尺寸柔性结构的动态位移和振动频率的测量。Psimoulis 等(2008a)评估 GNSS 接收机测量结构振动频率的能力,将 GNSS 天线安装在伺服系统控制的三自由度振动平台上,首次成功验证 20 Hz 数据采样率的 GNSS 接收机可以识别出最大值 4 Hz 的振动频率,表明 GNSS 接收机具有监测刚性桥梁模态频率的能力。

研究者对高数据采样率 GNSS 接收机的性能亦进行试验研究。Yi 等(2013b)对 50 Hz、100 Hz 采样率的 GNSS 接收机进行了静态和动态测量评估,短基线试验结果表明高采样率 GNSS 接收机的测量噪声主要成分是多路径误差,且分布在低频区域。2 台高采样率 GNSS 接收机同时监测桥梁跨中点的动力响应,它们都能识别出高达 10 Hz 的结构振动频率,且两者结果非常一致,如图 1.3 所示。Moschas 等(2015)在振动台上评估 100 Hz 高采样率的 GNSS 接收机性能,并用采样率为 200 Hz 的位移传感器验证其测量精度,结果表明该类型 GNSS 接收机可以测量频率达 5 Hz 和振幅只有数毫米的结构振动,再次证明 GNSS 方法具有监测高频结构振动的能力。

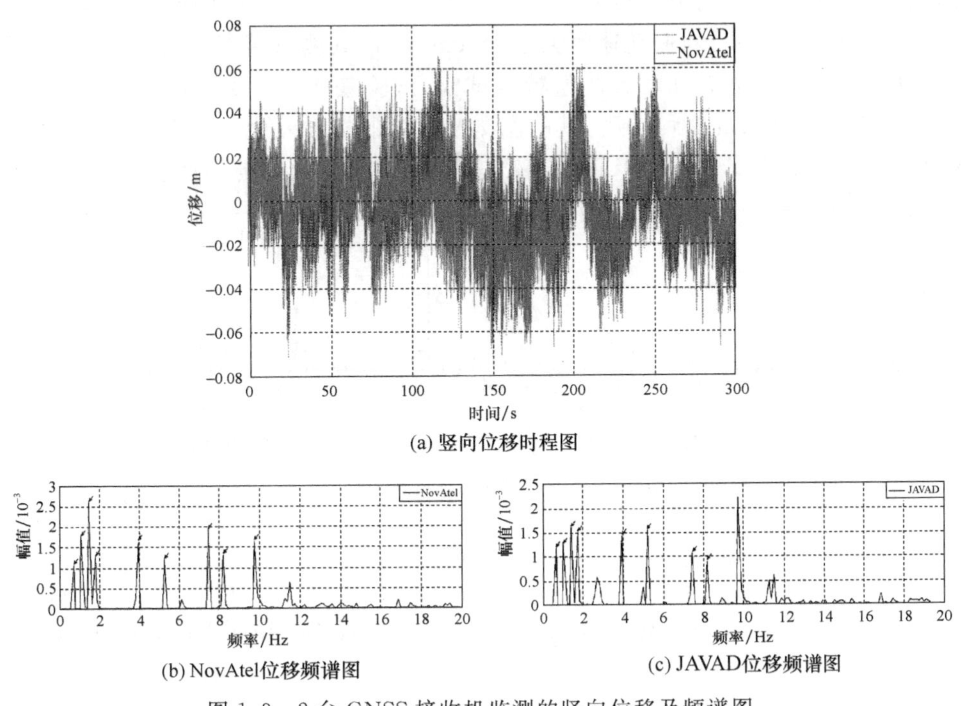

(a) 竖向位移时程图

(b) NovAtel位移频谱图

(c) JAVAD位移频谱图

图 1.3　2 台 GNSS 接收机监测的竖向位移及频谱图

采用 RTS 传感器监测桥梁结构的振动,是最近几年才开始发展的动态变形监测方法，国内外在此方面的研究报道非常少。Cosser等(2003a)首次对徕卡TCA2003型RTS传感器进行动态测量性能研究，试验中RTS传感器基线长度分别为12 m、22 m、40 m和60 m，RTS合作目标棱镜在水平和竖直方向的往返移动幅度分别为4 mm和9 mm。由于该类型RTS传感器的数据采样率频率最高只能达到1 Hz，与其他传感器监测结果差别较大，很显然不适于结构动态位移监测。

最近新一代10 Hz数据采样率的RTS传感器上市，为RTS进行结构动态监测创造了条件。Palazzo等(2006)为验证徕卡TCRA1205型RTS进行动态测量的能力，在实验室进行评估试验。试验结果表明：RTS传感器数据采样率越高，其动态位移测量精度越高；RTS测量合作目标既可选用标准棱镜，也可选用360°棱镜；RTS测量基线长度影响测量精度，基线越短，测量精度越高。Psimoulis等(2007)为研究RTS传感器测量结构动力响应的能力，在振动平台上进行了系列RTS动态测量试验，试验中使用徕卡TCA1201型RTS传感器，测量出振幅只有几毫米的位移和最大值为4 Hz的振动频率，如图1.4所示。试验结果表明：RTS传感器的标称最大采样率为10 Hz，但实际的最大采样率为5～7 Hz；RTS传感器测量精度取决于目标的最大振动速度，当振动速度小于10 cm/s时，可高精度地测量出振动位移和频率，当振动速度大于15 cm/s时，其测量精度非常低。余加勇等(2014b)进行RTS静态和动态测量精度试验，试验基线长度为25 m，采用加速度计验证RTS传感器的测量精度，其静态测量误差的标准差优于0.5 mm，动态测量误差的标准差优于1.9 mm，RTS传感器测量出的振动频率与加速度计结果吻合。

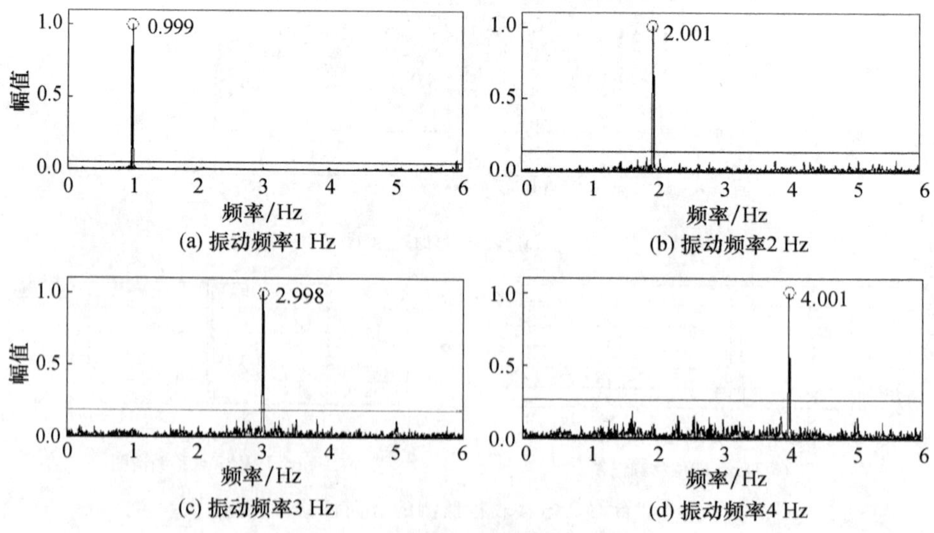

图1.4　RTS传感器测量振动频率

1.2.2 变形监测工程应用进展

国内外应用 GNSS 和 RTS 传感器进行结构动态变形监测的研究工作处于发展阶段，已经获得一些研究成果和应用案例，主要应用于超高结构和大跨桥梁结构的监测。在超高结构应用方面，主要是监测地震、风和温度荷载激励的高塔、烟囱或高程建筑的动力响应。在桥梁应用方面，主要是监测大跨径斜拉桥和悬索桥结构动力响应。

1. GNSS 监测技术应用于超高结构监测

GNSS 动态监测方法最早应用于高塔和烟囱位移监测。Lovse 等(1995)首次利用 GNSS 接收机测量高度为 160 m 的卡尔加里塔风致振动响应，成功测量出最大振幅 16 mm 的振动位移和 0.36 Hz 的振动基频。Breuer 等(2002,2008)利用 GNSS 接收机监测德国斯图加特电视塔和奥波莱电站烟囱的风致振动响应：在 7 m/s风力作用下，斯图加特电视塔在沿风向和垂直风向上的最大振动位移分别为 2.5 cm 和 4.0 cm，振动基频为 0.2 Hz；在 6～10 m/s 的风力作用下，奥波莱电站烟囱产生类似的振动现象。Tamura 等(2002)监测高度 108 m 的东京某铁塔风致振动响应，GNSS 接收机监测出风荷载作用下的准静态位移和动态位移，沿台风方向的准静态位移大约为 4 cm，温度变化引起的铁塔位移大约为 4 cm。Li 等(2006b)在该铁塔安装 GNSS 接收机、加速度计和应变仪等传感器，监测铁塔在台风和地震作用下的动力响应，GNSS 和加速度计传感器都监测出 0.57 Hz 的振动基频。

GNSS 监测技术广泛地应用于地震、风和温度荷载作用下的高程建筑动力响应监测。钱稼茹等(1998)对 69 层的深圳地王大厦进行动态监测，当台风“约克”经过深圳附近海面时，GNSS 接收机监测出最大风速为 30.51 m/s 时，大厦的最大位移为 9.52 cm，横向振动基频为 0.174 Hz，纵向振动基频为 0.205 Hz。Ogaja 等(2003)采用 GNSS 接收机对新加坡共和大厦进行长期监测，目的是识别结构异常变化。Celebi(2000)、Celebi 等(1999,2002)分别在模拟装置和高层建筑上进行 GNSS 监测试验，其中模拟装置可模拟 30～40 层高的柔性建筑振动，高层建筑层数为 44 层，两类试验结果都证明 GNSS 接收机测量精度能满足高层建筑的动态监测要求。他们于 2000 年在洛杉矶两座高层建筑上安装 GNSS 监测系统，并计划在旧金山一座高层建筑上安装 GNSS 监测系统。Kijewski-Correa 等(2006b,2007)于 2003 年建立芝加哥地区 3 座高层建筑的实时监测系统，现场 GNSS 接收机的监测结果与风动试验及有限元分析结果完全吻合。Kijewski-Correa 等(2013)建立了阿联酋迪拜哈利法塔的 SmartSync 健康监测系统，包括 GNSS、加速度计、气象传感器测量系统和实时数据处理系统，如图 1.5 所示。SmartSync 系统实时监测地震和风荷载激励动力响应，并实时分析各传感器监测数据，为迪拜哈利法塔正常运营提供安全保障。

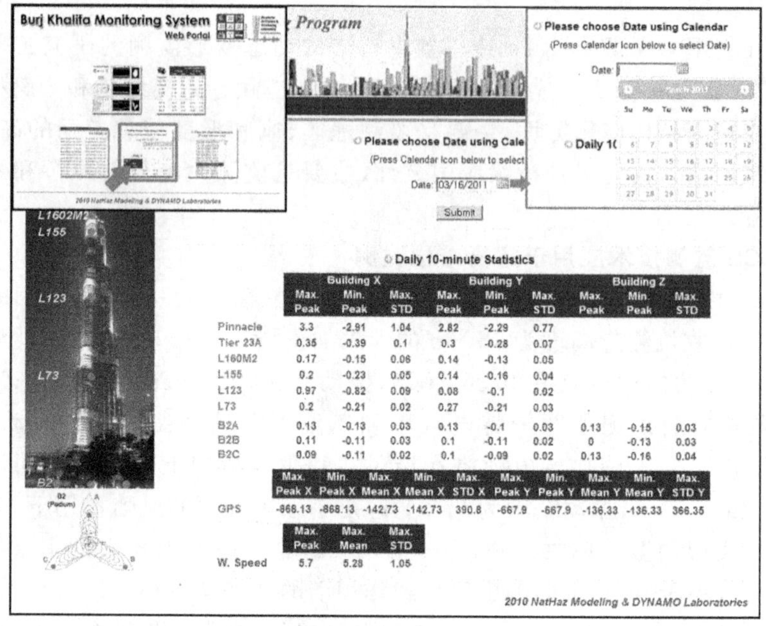

图 1.5　迪拜哈利法塔健康监测数据处理系统

2. GNSS 监测技术应用于桥梁监测

GNSS 监测技术亦应用于桥梁结构健康监测，尤其是大跨径柔性桥梁监测。Leroy 等采用 GNSS 接收机对当时世界最长悬索桥——法国诺曼底大桥进行监测，GNSS 接收机成功监测厘米级的桥梁动态位移（赫建忠，1996）。试验的成功刺激了 GNSS 动态监测技术的发展，在随后的二十多年内，该技术被应用于各类桥梁的结构健康监测（黄声享 等，2009a；薛志宏，2012）。

Ashkenazi 等（1996，1997）采用 GNSS 技术监测主跨 1 410 m 的英国亨伯河悬索桥的振动位移和频率，如图 1.6 所示。首次验证实时动态差分技术可用于桥梁结构的三维振动位移监测，其测量精度可达到毫米级别。Roberts 等（1999，2008，2010）对英国亨伯河悬索桥进行第二次监测，监测出大桥竖向振动基频 0.117 Hz，与有限元计算结果吻合。在随后的十几年中，他们采用 GNSS 监测技术对多座桥梁进行了监测，如主跨跨径 69 m 的英国诺丁汉威尔福德悬索桥（Meo et al，2006）、主跨跨径 1 005 m 的苏格兰福斯公路大桥（Roberts et al，2006b，2006c，2007，2012）和总长 333 m 的伦敦泰晤士河千禧桥（Roberts et al，2006a）。Ogundipe 等（2014）采用 5 台 GNSS 接收机监测跨径 173.7 m 的英国某公路钢箱梁高架桥，监测出振幅 10 mm 的竖向位移和 0.526 Hz 的振动基频。

Nakamura（2000）利用 GNSS 接收机对一座主跨 720 m、边跨 330 m 的某悬索

桥进行动态变形监测，成功监测出在风荷载作用下的主梁振动位移和频率，其结果与风洞试验及有限元计算结果一致。Kashima 等(2001)对全长 3 910 m、主跨 1 991 m的日本明石海峡大桥进行健康监测，如图 1.7 所示，对比分析 GNSS 和其他传感器的监测结果表明，GNSS 接收机完全能用于桥梁结构健康监测。

图 1.6 英国亨伯河悬索桥 GNSS 健康监测系统

图 1.7 日本明石海峡大桥 GNSS 健康监测系统

Lekidis 等(2005)采用 GNSS 接收机对希腊艾甫里波斯斜拉桥进行动态监测，GNSS 接收机识别出 4 阶模态频率，与有限元的计算结果吻合。Moschas 等(2014b)采用 GNSS 接收机监测一座主跨 40 m 的钢桥，采用 GNSS 监测出振幅仅 6 mm 的结构振动位移和 4.28 Hz 的振动频率。他们通过理论分析和现场试验验证 GNSS 具备监测刚性桥梁动力响应的潜力。

Raziq 等(2006)采用 GNSS 接收机监测全长 2 590 m、主跨 336 m 的澳大利亚墨尔本西门大桥，尽管桥体和桥面交通对 GNSS 信号产生显著的多路径效应，但是 GNSS 接收机还是成功监测出桥面竖向位移以及桥塔振动频率。Watson 等(2007)采用 GNSS 接收机监测澳大利亚塔玛河上一座斜拉桥，测量出其主跨跨中点和主塔顶的位移分别为 54 mm 和 17 mm。

巴西的 Larocca 等(2010b)采用 GNSS 技术监测主跨 217 m 的加拿大霍克肖(Hawkshaw)斜拉桥，测量出结构竖向和横向的振动基频分别为 0.57 Hz 和 0.60 Hz。当 1 辆重车通过主跨跨中监测点时，其竖向位移为 4 cm；当 4 辆重车通过时，其竖向位移为 8 cm。

我国在 GNSS 健康监测方面的研究和应用位于世界前列。过静珺等(1997)、Wong(2004)和 Wong 等(2001)介绍了香港青马悬索桥、汲水门斜拉桥和汀九斜拉桥的风和结构健康监测系统(WASHMS)。在大桥主缆、桥面和桥塔安装 GNSS 接收机,监测结构三维振动位移,WASHMS 监测系统在水平和竖直方向上的位移测量精度分别为 10 mm 和 20 mm。2000 年清华大学研究者建立由 1 个基准站和 7 个监测站组成的虎门大桥 GNSS 动态监测系统(Xu et al,2002; 徐良 等,2002; Guo et al,2005)。2004 年东南大学研究者建立润扬长江大桥结构健康监测系统,GNSS 测量系统共设置 8 个监测点,在南北塔顶和主梁四分点截面的上下游各布置 1 个测点(缪长青 等,2005; 李枝军 等,2008; 乔燕 等,2012)。2004 年哈尔滨工业大学研究者建立山东滨州黄河大桥健康监测系统,4 套 GNSS 接收机分别设置在中塔顶部、合拢段上下游和岸边(Li et al,2006a; 伊廷华,2007)。Kaloop 等(2009,2014)采用 GNSS 接收机监测天津永和大桥桥塔变形,监测出结构振动低频信息,但是由于测量噪声导致监测系统不能识别结构振动高频信息。姚连璧等(2008)采用 14 台 GNSS 接收机进行南浦大桥动态监测试验,监测结果与有限元模型预测结果吻合,再次验证 GNSS 技术用于大中型桥梁结构动态监测的可行性和准确性。Yi 等(2010a)采用 20 Hz 数据采样率的 GNSS 接收机监测大连北大桥结构振动,GNSS 接收机识别出的振动频率与有限元分析、加速度计测量结果吻合,表明 GNSS 可用于环境自振监测。他们采用 50 Hz 和 100 Hz 数据采样率的 GNSS 接收机再次监测大连北大桥,实桥验证 GNSS 接收机具备监测高达 10 Hz 的结构振动频率的能力(Yi et al,2013b)。

利用 GNSS 技术进行桥梁的监测已经逐步成为健康监测领域的一个热门方向,GNSS 静态变形监测技术已经比较成熟,但应用于动态变形监测方面尚处于发展阶段,真正安装了高精度、全自动、全天候 GNSS 动态变形监测系统的桥梁极少。GNSS 接收机价格昂贵、GNSS 动态解算稳定性和精度有待提高、GNSS 多激励源信号的分解及桥梁状态特征提取方法不完善,是制约 GNSS 动态变形监测技术推广应用的几个关键性因素。

3. RTS 监测技术应用于桥梁监测

RTS 是在传统全站仪的基础上集成伺服马达驱动系统、影像传感器电荷耦合器件、自动目标识别等装置形成的自动锁定和测量目标位置的精密测量仪器。RTS 常用于基坑(崔有祯 等,2013)、大坝(渠守尚 等,2001)、隧道(梅文胜 等,2011a)等工程结构的周期性变形监测,根据工程变形监测技术要求,其监测周期可为 1 日或 1 周,甚至更长的周期。由于 RTS 传感器测量精度高,其静态测量精度可达到 1 mm,也用于桥梁静态荷载试验的挠度测量(余加勇 等,2007a; 孙娅彬,2011)。随着 RTS 传感器硬件和软件的发展,新一代 10 Hz 数据采样率的 RTS 传感器的出现,为 RTS 传感器进行结构动态变形监测创造了条件。

Cosser 等(2003a)首次采用徕卡 TCA2003 型 RTS 传感器监测英国威尔福德悬索桥结构动态位移,由于该类型 RTS 传感器最大数据采样率为 1 Hz,而威尔福德悬索桥的基频为 1.74 Hz,导致 RTS 传感器监测结果不理想。余加勇等(2014b)采用 10 Hz 数据采样率的徕卡 TS30 型 RTS 传感器再次监测该桥环境激励动力响应,成功监测出桥梁结构的振动位移和基频。

Lekidis 等(2005)采用徕卡 TCA1800 型 RTS 传感器监测希腊艾甫里波斯斜拉桥的结构振动,从 RTS 数据中识别出结构振动基频为 0.56 Hz,与 GNSS 监测结果吻合,但由于数据采样率较低,无法识别结构振动高频成分。

Erdoğan 等(2013)采用徕卡 TCA2003 型 RTS 传感器监测博斯普鲁斯海峡大桥的动态变形,RTS 传感器识别出分布在 0～0.5 Hz 频段的大桥结构 7 阶竖向和 7 阶横向模态频率。由于该类型 RTS 传感器采样频率仅为 1 Hz,无法识别更高阶的模态频率。希腊佩雷斯大学研究者采用徕卡 TCA1201 型 RTS 传感器监测希腊 Gorgopotamos 铁路桥的动态挠度。修建于 1905 年的 Gorgopotamos 铁路桥是一座总长为 211 m、单幅跨径 30 m 的钢桥,如图 1.8 所示。当列车通过铁路桥时,RTS 传感器测量出振幅仅数毫米的主梁动态挠度和分布在 3.18～3.63 Hz 频段的模态频率(Psimoulis et al,2011; Stiros et al,2012)。

图 1.8　RTS 传感器监测希腊 Gorgopotamos 铁路桥动态挠度

RTS 监测技术只适用于桥梁结构监测,而不适用于高层建筑监测,主要原因是高层建筑周围通视条件较差。

1.2.3　变形监测技术未来发展趋势

中国正在大力发展北斗卫星导航系统(BDS),它是继全球定位系统(GPS)、格洛纳斯导航卫星系统(GLONASS)之后第三个成熟的导航卫星系统。从 2009 年起 BDS 进入组网高峰期,2012 年已正式为亚太地区提供无源定位、导航和授时服务,预计 2020 年建成由 35 颗卫星组网而成的全球服务系统。BDS 按照开放性、自主性、兼容性、渐进性原则建设，由中国独立自主发展和运行，将为全球用户免费提供高质量服务，并实现与世界上各个GNSS的兼容和互操作性，为GNSS桥梁健康监测技术发展提供新机遇。第三代GPS卫星将提供L1、L2、L5多频导航信号，极大地丰富用户对GPS信号的选择。未来高端GNSS接收机可采用三频联合模式，多样性频率将提高接收机的抗干扰能力。这样不仅可以联合GPS导航星座提供的多频导航信号，而且可以将GPS与GLONASS、BDS、伽利略导航卫星系统(Galileo)等相互独立的星座系统集成起来。联合多星座、多频率导航信号，将极大提高GNSS健康监测方法的准确性、完好性、有效性和连续性。

目前GNSS和RTS监测方法主要集中在桥梁变形监测的研究，其他动态特性参数测量的研究很少。桥梁动态称重、索力测量是GNSS和RTS技术未来发展方向之一。由于GNSS和RTS监测技术易实现全自动、高精度的桥梁结构动态变形监测，可精确测量出车辆过桥时的桥梁动位移影响线，因而可用位移影响线代替传统的动应变影响线，从而实现桥梁动态称重。另外，随着GNSS和RTS传感器数据采样率的不断提高，采用适当方法可精确识别出振动基频，再通过计算可实现桥梁索结构拉力的测量。随着GNSS和RTS硬件性能和软件算法的不断提升，GNSS技术将更易实现高精度、高采样率、全自动、全天候、三维动态的桥梁健康监测。该方法有望成为一种理想的桥梁健康监测手段，具有广阔的应用前景。

§1.3　GNSS和RTS监测方法新型技术发展

为提高GNSS和RTS传感器监测精度和降低监测成本，研究者进行了算法和硬件两方面的研究。在算法研究方面，主要是GNSS数据解算和数据滤波降噪技术等方面研究。在硬件研究方面，主要是多传感器监测技术(Bogusz et al，2012)、增强伪卫星技术、单频接收机技术(Jo et al，2013)和一机多天线技术(丁晓利 等，2004)等方面的研究。其中多传感器监测技术的发展最为突出，通过GNSS与加速度计传感器(Kogan et al，2008)、GNSS与RTS传感器、GNSS与光纤传感器等多种组合方式，提高结构健康监测的准确性、完整性和可靠性。

1.3.1　GNSS数据解算技术

1. PPK和RTK差分解算技术

在GNSS监测研究领域，后处理动态(PPK)和实时动态(RTK)差分技术应用较广泛，最近几年网络实时动态(NRTK)差分技术(Aponte et al，2009)和精密单点定位(PPP)(Moschas et al，2014a)技术也得到较快发展。在RTK和PPK监测模式中，需要在被监测结构附近选择稳定点并建立GNSS基准站，监测点的GNSS接收机通过接收基准站发送的差分改正数进行基线解算，测量监测点的瞬时坐标。

研究者最早是采用常规 PPK 或 RTK 技术，Lovse 等(1995)、Ashkenazi 等(1997)分别将 PPK 和 RTK 技术应用于大型土木工程结构的振动监测，并取得良好监测成果。在随后的二十多年研究中，研究者重点研究 RTK 技术，采用 RTK 技术进行高层建筑和大跨径桥梁动态监测，已经取得一些成功的应用(李枝军 等，2008；许昌 等，2010；Wang et al，2011)。

2. NRTK 差分解算技术

与 PPK 和 RTK 监测技术不同，新兴的 NRTK 技术不需要单独建立基准站，直接利用本地区的连续运行基准站(CORS)发送的差分改正数进行基线解算(黄俊华 等，2009；Yu et al，2016)。NRTK 技术能解决难以选择合适基准站位置的问题，同时降低监测成本。Meng 等(2011)首次采用 NRTK 技术进行尝试性研究，获得初步研究成果，认为 NRTK 技术可用于测量结构动态位移和模态频率，随后 Yu 等(2016)在此基础上对 NRTK 动态监测技术进行深入的研究。各地方和国家陆续建立 CORS 站点，为 NRTK 技术的广泛应用创造了条件。

3. PPP 单点解算技术

区别于上述的 PPK、RTK 及 NRTK 基线差分解算技术，PPP 监测技术只需在监测点安装 GNSS 接收机数据，而不需要建立用户基准站，可降低结构监测成本。匡翠林等(2013)将 PPP 技术成功应用于高程建筑动态位移监测，且监测结果与传统差分技术解算结果及加速度计测量结果吻合。Xu 等(2013)在六自由度振动台上评估 PPP 技术测量地震波的精度，PPP 技术用于较短时间段的 GNSS 数据处理，其水平测量精度优于 2～4 mm，竖直测量精度优于 10 mm。Moschas 等(2014a)通过实验室振动试验评估 PPP 技术监测动态位移的能力，通过与加速度计、RTS 和 GNSS 差分技术解算结果的对比分析，证明 PPP 技术能够监测水平方向 1～2 cm 的振动位移。Yigit(2017)采用 GNSS 接收机监测窄铁板产生的模拟振动，对比分析 PPP 技术和传统差分技术解算坐标，表明 PPP 技术可达到等同于传统 GNSS 差分解算技术的测量精度。

1.3.2 数据滤波降噪技术

由于测量误差会降低 GNSS 和 RTS 监测技术的测量精度，故需对测量数据进行降噪处理，从而提高它们的测量精度。常用的信号降噪方法有小波变换(WT)(Yan et al，2006；钟萍 等，2007b)、经验模式分解(EMD)(Wu et al，2009)、自适应滤波(AF)(Ge et al，2000a；黄声享 等，2006a)等。

GNSS 测量误差包含卫星星历误差、卫星钟差、接收机钟差、电离层及对流层延迟误差、信号多路径误差、仪器测量噪声等(黄丁发 等，2006)。GNSS 监测中基线通常较短，采用差分解算技术可以消除卫星轨道误差、卫星钟差、接收机钟差、电离层与对流层延迟误差等，但无法消除多路径误差和仪器测量噪声。由于卫星信号易受到传感器周围的强反射体影响，多路径误差是GNSS变形监测中的最主要误差。RTS测量误差包括仪器对中误差、目标对中误差、测距误差、测角误差、照准误差和仪器测量噪声等(徐忠阳，2003)。在动态监测过程中RTS传感器固定不动，合作目标棱镜固定在监测目标上，故可以完全消除仪器和目标对中误差。RTS传感器具有自动目标识别功能，可以自动锁定和跟踪合作目标棱镜，故其照准误差较小。测距和测角误差是RTS变形监测中最主要的误差，且会随着基线长度的增加而变大。

为降低测量误差，研究者进行了大量的降噪方法研究。Ge等(2000b，2002)根据多路径误差的周期性，采用自适应滤波方法对连续两天的GNSS数据进行处理，从GNSS数据中提取出多路径误差。Roberts等(2002)采用自适应滤波方法处理GNSS实桥监测数据，测量出的桥面竖向位移的精度达到毫米级。Satirapod等(2005)根据多路径误差具有恒星日周期变化的特点，采用小波分解技术分离GNSS监测数据中的多路径误差。钟萍等(2005)提出一种联合交叉认证方法与Vondrak滤波方法的CVVF降噪方法，后期又提出一种交叉认证方法与小波变换相结合的信号降噪方法，都成功应用于GNSS信号多路径误差的提取(钟萍 等，2007a)。Chan等(2006a)提出一种自适应滤波与EMD联合处理GNSS和加速度计数据的方案，成功识别出毫米级别的振动位移。Pytharouli等(2008)提出一种标准化周期(Normperiod)法，可以对采集周期不稳定的数据进行频谱分析，如RTS传感器的动态位移测量数据。戴吾蛟等(2007)采用EMD滤波方法处理GNSS测量数据，可以最大限度地消除测量中的随机噪声。Yi等(2011)提出一种改进粒子滤波算法，有效消除GNSS信号中的仪器测量噪声，其后又提出一种基于小波的多重数据滤波方法，从GNSS和加速度计测量数据中识别桥梁动力响应参数(Yi et al，2013a)。Psimoulis等(2012)提出一种监督学习型识别算法，该方法能从被污染的GNSS或RTS数据中识别出结构实际振动幅值。

1.3.3 多传感器监测技术

1. GNSS和加速度计传感器联合监测

每类传感器都有各自优点，多传感器联合使用能发挥各自优势，从而提高结构健康监测完整性和准确性。GNSS接收机易识别结构振动低频成分，加速度计传感器易识别结构振动高频成分，两者结合可弥补各自的不足之处。Tolman等(1997)联合GNSS和加速度计传感器监测桥梁结构振动，并采用卡尔曼滤波方法融合两类传感器数据，联合监测方法的位移测量精度可达到1 mm。诺丁汉大学研究者(Meng et al，2003；Wang et al，2004；Meng et al，2005，2007)于2000年开始发展GNSS和加速度计传感器的组合监测系统，系统包含3台徕卡系列GNSS接收机，以及AT504扼流圈天线、AT302天线和三轴加速度计，并于2007年应用于英国一座中型跨径悬索桥环境激励动力响应监测。

Chan 等(2006a)采用联合 EMD 和 AF 的滤波方法处理 GNSS 和加速度计传感器联合监测数据,使位移测量精度显著提高。Li 等(2005,2006b)采用 GNSS 和加速度计联合监测系统监测日本东京某铁塔风致振动响应,测量出塔顶厘米级准静态位移、动态位移和振动基频。Moschas 等(2011)联合 GNSS 和加速度计监测一座跨径 40 m 的钢桥结构振动,成功地监测出最大振幅仅 6 mm 的位移和最大值 4.3 Hz 的模态频率,如图 1.9 所示。

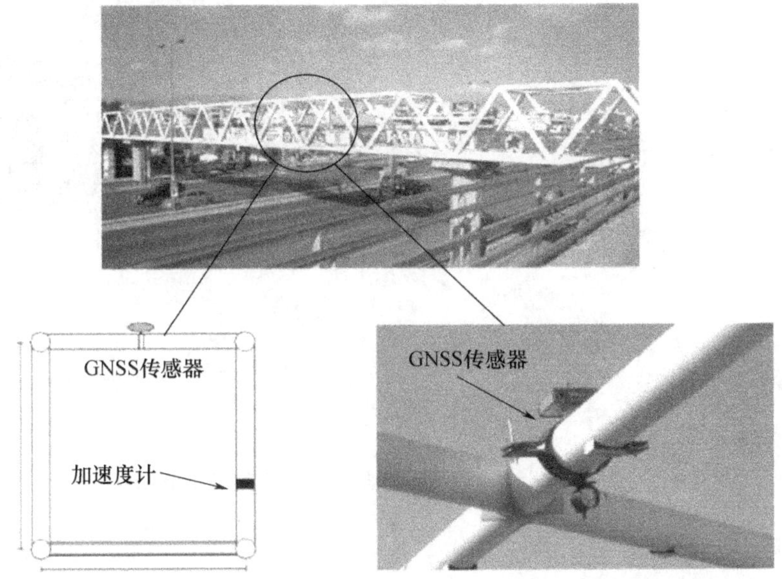

图 1.9 联合 GNSS 和加速度计传感器监测希腊雅典某钢桥

2. GNSS 和 RTS 传感器联合监测

在 GNSS 测量中准静态位移被多路径误差污染,而在 RTS 测量中准静态位移测量精度非常高,两类传感器联合使用将获得更好的监测结果。Tsakiri 等(2003)联合 GNSS 和 RTS 传感器监测主跨 215 m、边跨 90 m 的希腊艾甫里波斯跨海斜拉桥的结构动态参数(图 1.10),GNSS 和 RTS 传感器测量出的结构振动频率与加速度计结果吻合,亦与有限元计算结果吻合。

Psimoulis 等(2008b)采用 GNSS 和 RTS 传感器进行结构振动的评估试验,两类传感器数据采样率都为 10 Hz,它们分别识别出最高值为 4 Hz 和 1 Hz 的振动频率。2007 年他们采用 RTS 和 GNSS 联合测量一座铁路桥结构振动,由于 GNSS 接收机的多路径误差较大,仅从 RTS 测量数据识别出结构准静态和动态位移(Psimoulis et al,2007)。2008 年他们再次评估 GNSS 和 RTS 测量结构动态参数的精度(Psimoulis et al,2008b),并提一种监督学习型算法,从 GNSS 和 RTS 数据中识别结构振动幅值(Psimoulis et al,2012)。Moschas 等(2013a)对 GNSS 和 RTS 测量信号进行融合处理,克服各自信号的不足之处,精确识别出小跨径桥梁的振动位移。Erdoğan 等(2007,2009)采用 GNSS 和 RTS 传感器联合监测土耳其博斯普鲁斯海峡大桥的动态变形,GNSS 和 RTS 传感器分别识别出 14 阶和 22 阶模态频率,且两类传感器的监测结果相互吻合。

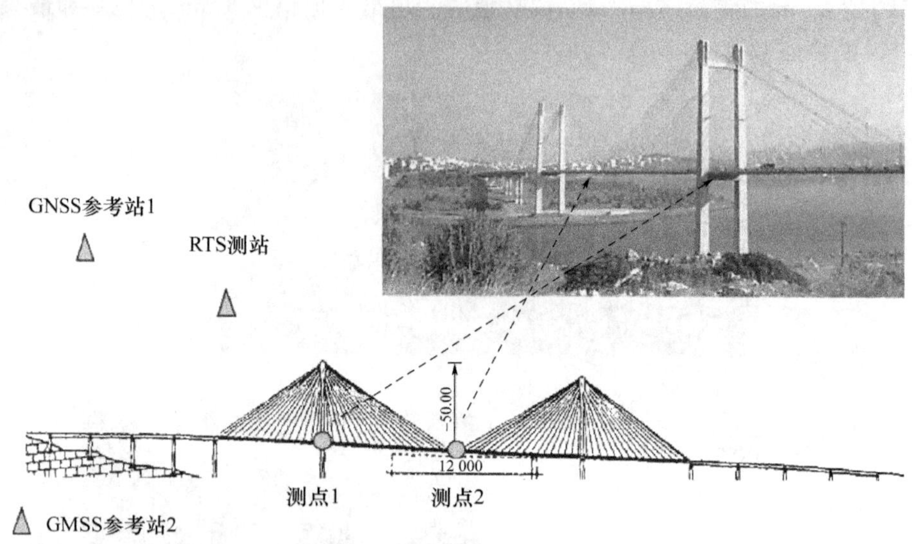

图 1.10 联合 GNSS 和 RTS 传感器监测希腊艾甫里波斯斜拉桥

3. **其他联合监测**

研究者还联合其他传感器进行动态变形监测方面的研究,如倾斜仪、光纤光栅等。Li 等(2004)集成光纤光栅、GNSS 和加速度计传感器监测结构变形,设计了一套低成本的光纤光栅应变测量系统。Lee 等(2011)研究采用 GNSS 和倾斜仪传感器测量桥墩倾斜度,在几座已竣工和在建的桥梁上进行试验,两类传感器相互验证监测结果。Kuchartz 等(2011)设计包含 7 台倾斜仪和 8 台 GNSS 接收机的结构健康监测系统,对一座在建高层建筑进行了 12 个月的施工监测。

1.3.4 增强伪卫星监测技术

在高层建筑、峡谷、高山等区域,GNSS 卫星信号容易被遮挡,导致 GNSS 接收机定位精度降低。针对这个问题,研究者提出采用伪卫星增强 GNSS 信号的方法。伪卫星能从地面安装位置发射类似于 GNSS 导航卫星的信号,其导航电文格式与 GNSS 卫星电文一致,通过此方法提高 GNSS 接收机的定位精度(黄声享 等,2006b;何秀凤 等,2008)。

Dai 等(2000)首次报道采用伪卫星和 GNSS 接收机进行变形监测,研究伪卫星对整周模糊度解算和定位精度的影响。研究表明，伪卫星方法可以提高 GNSS 接收机的测量精度，竖向位移达到水平方向的同等精度。

Barnes 等(2003,2005)采用伪卫星和 GNSS 接收机进行桥梁动态位移监测，监测现场使用了 3 套伪卫星系统，如图 1.11 所示。试验结果表明，东西向、南北向和竖直方向的精度分别提高了 41%、31%和 6%，且水平和竖直方向的测量精度都优于 1 cm。

Meng 等(2004b)采用伪卫星来增强 GNSS 信号，针对在高纬度地区进行 GNSS 测量时精度不均匀的问题，提高 GNSS 接收机测量精度。理论分析和实桥验证结果都证明，伪卫星方法能使三维定位精度提高到 1 cm。

Yang 等(2010)重点研究在不利测量环境下伪卫星对测量结果的影响，由于伪卫星信号高度角很低，所以伪卫星信号多路径误差显著，需要采用数学模型消除伪卫星信号的多路径误差。

(a) PL12　(b) PL32　(c) PL16

图 1.11 桥梁动态监测试验现场的 3 套伪卫星系统

1.3.5 单频接收机监测技术

大地测量型 GNSS 双频接收机可以同时接收卫星发射的 L1 和 L2 载波信号，而单频接收机仅接收 L1 载波信号。在 GNSS 动态监测研究和应用领域，为了保证测量精度，绝大部分试验选用价格昂贵的大地测量型双频接收机，而不选用价格便宜得多的单频接收机。

为了降低 GNSS 监测成本，研究者尝试采用单频 GNSS 接收机进行桥梁变形监测。Cosser 等(2003b)进行了单频和双频接收机的对比试验：双频接收机能快速完成整周模糊度在航解算，而单频接收机需要 15 分钟完成整周模糊度解算；单频和双频接收机能接收到信号的卫星数量基本一致，但单频接收机测量背景噪声较低；使用单频接收机测量桥梁动态位移时，基准站建议使用双频接收机。诺丁汉大学研究者(Cosser et al,2004a,2004b; Roberts et al,2004b)分别在不同跨径悬索桥上进行单频接收机监测试验:在中小跨径悬索桥监测试验中,单频接收机可以测量出桥梁振动基频和动态位移,但准静态位移被测量噪声掩盖;在大跨径悬索桥监测试验中,单频接收机测量出振幅20～25 cm的结构振动位移。他们对手持式GNSS接收机性能也进行了研究,每台测量型单频或双频接收机价格在5万～20万元,然而每台手持式Garmin接收机仅需0.1万～0.4万元。静态和动态对比试验研究表明,手持式接收机具有监测桥梁长周期准静态位移的可能性。

巴西研究者(Schaal et al,2002; Larocca et al,2010b)提出一种单频接收机测量竖向位移的数据处理算法,该方法采用干涉测量原理,只需要采集两颗导航卫星的L1载波信号,其中一颗卫星高度角应接近90°,另一颗卫星高度角应尽量小。他们采用该方法监测巴西一座小跨径斜拉桥的人群荷载激励动力响应,如图1.12所示。对单频接收机接收到的2颗导航卫星L1载波信号进行处理,识别出与位移传感器结果一致的结构振动位移和基频(Schaal et al,2009; Larocca et al,2010a)。他们采用该方法处理加拿大Hawkshaw大桥的监测数据,识别出桥梁振动位移和基频,再次证明该算法准确可靠(Larocca et al,2011; Schaal et al,2011)。Azar等(2009)使用6台徕卡单频GS20型GNSS接收机测量吉隆坡斯里宏愿大桥的动态参数,由于桥梁振动幅度很小,GNSS接收机没有监测出明显的振动位移,单频接收机应用范围受限。

(a) 人群荷载激励桥梁振动

(b) 单频GNSS接收机

图1.12 采用单频接收机监测桥梁的动态位移

1.3.6 一机多天线监测技术

GNSS接收机已广泛应用于大跨径桥梁健康监测,但是由于GNSS接收机价格昂贵,大规模使用受到一定限制。为了降低GNSS变形监测中的硬件成本,研究者开始研究一机多天线系统。一机多天线系统使用1台GNSS接收机连接多个

GNSS天线，也就是说只需要1套GNSS接收机实现多个点位的监测，成倍地降低监测成本(丁晓利 等，2004；冉崇宪 等，2006；Yi et al，2013c)。

Santerre等(1993)提出一机多天线监测技术的初步构想，并从理论角度分析该方法的可行性。香港理工大学研究者(Chen et al，2000；丁晓利 等，2004)研制出一机多天线转换器，该转化器有1个输出端口和多个输入端口。输出端口连接1台GNSS接收机，输入端口可以连接多个GNSS天线，实现1台GNSS接收机采集多个监测点振动信号，如图1.13(a)所示。他们将一机多天线系统应用于西安碾子沟公路边坡监测，该监测系统水平方向静态测量精度为3～5 mm，但竖直方向测量精度偏低(王利 等，2005；Ding et al，2007)。河海大学研究者(He et al，2004，2005；许斌 等，2005)也研制出相似的一机多天线转换器，如图1.13(b)所示，并应用于云南小湾电站边坡监测，获得与常规GNSS监测方法类似的静态解算精度。

一机多天线监测系统可以达到常规GNSS监测方法的精度，但是它有两大缺点：其一，它不是连续采集同一个监测点GNSS天线信号，而是通过切换的方式采集不同GNSS天线的数据(Chen et al，2000)；其二，一机多天线转换器在转换过程中，会丢失部分监测信号(Ragheb et al，2010)。一机多天线GNSS系统已应用于边坡变形监测，但要将其应用于桥梁变形监测，有许多问题尚待解决。

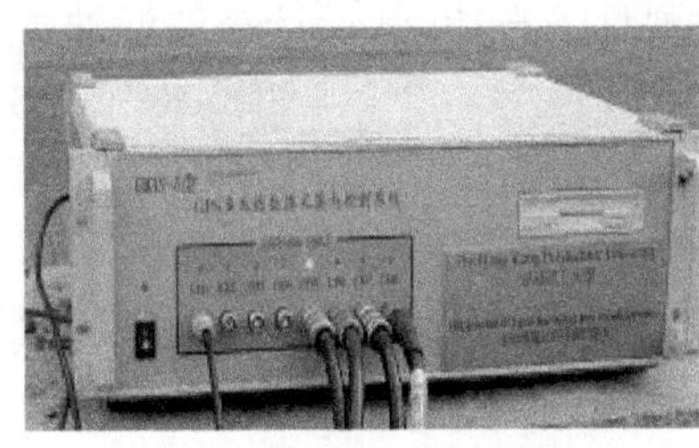
(a) 香港理工大学研制

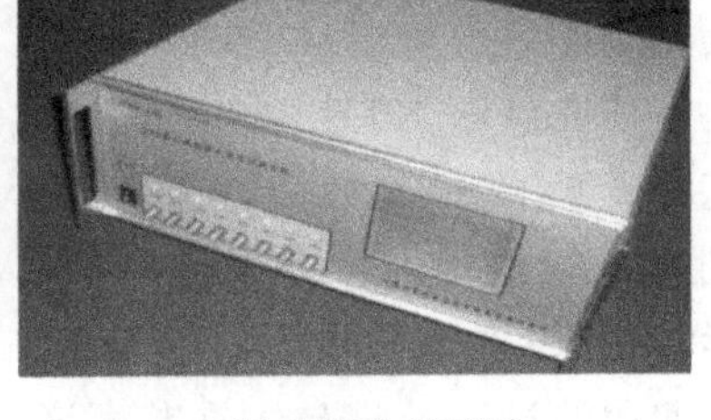
(b) 河海大学研制

图1.13　GNSS一机多天线信号转换器

§1.4　本书的研究内容

本书以英国诺丁汉威尔福德悬索桥和长沙湘江三汊矶大桥的试验数据为基础，研究了基于GNSS和RTS监测技术的桥梁动态变形监测方法。在GNSS和RTS传感器的噪声特性分析、监测方法、降噪方法、结构动态参数识别等方面做了较为详细的研究。本书的研究内容安排如下。

第1章为绪论。首先介绍采用GNSS和RTS监测技术进行桥梁健康监测的意义；然后介绍GNSS和RTS监测技术的精度评估进展、工程应用进展和新型技术发展；最后阐述了本书的课题来源、试验数据和研究内容。

第2章研究GNSS和RTS测量误差源及提高精度方法。分析GNSS和RTS测量误差来源，并提出消除各项误差的措施；试验研究GNSS和RTS传感器的背景噪声特性；分析GPS/Galileo组合导航的可见卫星数量和位置精度衰减因子(PDOP)，预报组合导航系统的动态测量精度。

第3章研究集成GNSS和加速度计的动态变形监测方法。重点研究集成GNSS和加速度计传感器的动态监测方法，提高桥梁结构动态监测结果的完整性和准确性；使用自制监测点装置解决多传感器同轴问题，使用精密时间采集器解决时间同步问题；提出一种多模式自适应滤波算法，并从GNSS多模式解算数据中识别出亚毫米级精度的结构振动位移。

第4章研究集成RTS和加速度计的动态变形监测方法。提出一种采用RTS传感器测量桥梁结构振动位移和模态频率的方法(发明专利申请号:201310223717.8)；设计一套安装方便的多传感器联合安装系统(发明专利申请号:201310222279.3)；在模拟和实桥试验基础上，研究集成RTS和加速度计传感器的动态变形监测方法。

第5章研究基于网络实时动态差分技术的GNSS监测方法。提出采用网络实时动态差分技术监测桥梁结构动态变形的方法，并通过模拟和实桥试验验证该方法的可行性和准确性；根据NRTK-GNSS测量噪声特性，设计小波滤波方案，并识别结构振动动态位移和频率。

第6章研究基于RTS技术的长沙湘江三汊矶大桥动态变形监测。采用RTS和加速度计传感器对长沙湘江三汊矶大桥进行动态变形监测，并采用MIDAS Civil软件对桥梁结构进行动力分析；深入研究采用RTS技术监测大跨径悬索桥动态变形，以及识别模态参数的可行性。

本书使用的试验数据包含在英国诺丁汉和湖南长沙采集的两部分监测数据。2011年9月—2012年9月，作者在英国诺丁汉大学交流学习期间，进行了大量监测试验，在该校的GNSS实验室进行静态监测试验，如短基线试验、零基线试验、PPK与RTK技术对比监测试验、RTK与NRTK技术对比监测试验等。在实验室进行了大量的模拟振动试验，包括PPK模拟试验、RTK模拟试验、NRTK模拟试验、RTS模拟试验等。对诺丁汉威尔福德悬索桥进行了大量监测试验，试验中使用了GNSS、RTS和加速度计传感器，采用了PPK、RTK和NRTK模式解算GNSS数据。2012年9月—2013年6月，作者在湖南大学校区和长沙湘江三汊矶大桥进行多次监测试验。在湖南大学校区进行了系列RTS评估试验，如RTS静态评估试验、RTS动态位移监测评估试验、RTS总体位移监测评估试验。在长沙湘江三汊矶大桥进行了实桥监测，采用RTS和加速度计监测运营桥梁的动态位移和模态频率，共采集6个工况的RTS和加速度计数据。

第 2 章　GNSS 和 RTS 测量误差源及提高精度方法

§2.1　引　言

变形是指变形体在各种荷载作用下，其形状、大小和位置在时间域和空间域中的变化。工程结构的变形如果超出允许值，则可能引发自然灾害，如滑坡、地表沉陷、溃坝、桥梁和建筑的倒塌等。变形监测是利用测量仪器对工程结构的变形现象进行监测的工作。其任务是确定在各种荷载作用下，变形体的形状、大小和位置变化的时空状态和时间特性(黄声享 等，2002)。受测量仪器、观测者和外界条件影响，任何测量数据中都包含变形信息和测量误差。根据测量误差对测量结果的影响性质，可分为偶然误差、系统误差和粗差。偶然误差又称为随机误差，误差的大小和符号都表现出偶然性，个体上没有任何规律性，但总体上服从正态分布的规律；系统误差是指误差在大小、符号上表现出系统性，或按一定规律变化；粗差是指在正常观测条件下所出现的比最大误差还要大的误差，即测量错误导致的异常值。系统误差和粗差对变形监测结果的危害性比偶然误差大得多，但是它们有规律可循，可以根据其误差特性采用一些数据处理方法来加以削弱或消除。

GNSS 变形监测中包含三大类误差源：与卫星有关的误差、与信号传播有关的误差和与接收机有关的误差。与卫星有关的误差包含卫星星历误差、卫星钟误差和相对论效应；与信号传播有关的误差包含电离层延迟、对流层延迟和多路径误差；与接收机有关的误差包含接收机钟误差、接收机位置误差和接收机测量噪声(李征航 等，2014)。RTS 变形监测中包含两大类误差源：测角误差和测距误差。角度误差包括度盘分划误差、基座位移误差、望远镜调焦时视准轴变动引起的测角误差、补偿器倾斜量的测量误差等；测距误差包含大气折射率误差、测距频率误差、相位测量误差、仪器常数改正误差等(徐忠阳，2003)。

§2.2　GNSS 动态定位数学模型

GNSS 包含美国全球定位系统、俄罗斯格洛纳斯导航卫星系统、欧盟伽利略导航卫星系统和中国北斗卫星导航系统等。各导航系统原理基本相同，本书是以 GPS 为例，介绍 GNSS 监测技术原理。全球定位系统由三部分组成：空间部分

(GNSS卫星)、地面控制部分和用户部分。GNSS卫星可连续向用户播发用于导航定位的测距信号和导航电文,并接收来自地面监控系统的各项指令;地面控制部分的主要功能是跟踪GNSS卫星、确定卫星运行轨道及卫星钟改正数、预报及编制导航电文、向卫星发布各项指令、调整卫星轨道等;用户部分则是用GNSS接收机测定传感器至多颗卫星的距离,并根据卫星星历所给出的观测瞬间卫星在空间的位置等信息计算GNSS接收机自身的三维坐标、速度、加速度等参数。

GNSS定位原理可简单理解为测距交会,GNSS卫星发射测距信号和卫星位置导航电文,监测点GNSS接收机在观测瞬间同时接收4颗以上的GNSS卫星信号,测量出GNSS接收机至4颗以上卫星的距离,并解算出该时刻GNSS卫星的空间坐标,最后可用距离交会解算GNSS接收机的空间坐标。定位关键问题之一是如何确定卫地距离,即获得卫星至地面接收机的距离。

2.2.1 卫地距离测量基本观测方程

1. 伪距与载波相位测量

测量GNSS卫星至地面GNSS接收机距离的方法包括伪距测量、载波相位测量以及载波相位观测值线性组合测量(李征航 等,2014)。伪距测量是由卫星发射的测距码信号到达GNSS接收机的时间乘以真空光速得到卫地距。由于卫星钟误差、接收机钟误差、电离层和对流层的延迟误差,所测的距离与实际卫地距有一定差值,故通常称之为伪距,伪距 $\tilde{\rho}_i$ 测量的观测方程为

$$\tilde{\rho}_i=\sqrt{(X^i-X)^2+(Y^i-Y)^2+(Z^i-Z)^2}-cV_{i_{\mathrm{R}}}+cV_{i_i^{\mathrm{S}}}-(V_{\mathrm{ion}})_i-(V_{\mathrm{trop}})_i \tag{2.1}$$

式中:$i=1,2,3,\cdots$,为卫星编号;坐标(X^i,Y^i,Z^i)为根据卫星星历所求得的卫星在空间的位置;坐标(X,Y,Z)为GNSS接收机观测瞬间在空间的位置;c为光速;$V_{i_{\mathrm{R}}}$为接收机钟差改正数;$V_{i_i^{\mathrm{S}}}$为卫星钟差改正数;V_{ion}为电离层延迟;V_{trop}为对流层延迟。

伪距测量是以测距码为量测信号,其量测精度约为码宽的百分之一,由于测距码的码元宽度较大,因而其测量精度较低,精码测距精度约为0.3 m,C/A码测距精度约为3 m,只能满足卫星导航和低精度定位的要求。GNSS信号载波是一种波长要短很多的余弦波,两个频率的波长分别为19.0 cm或24.4 cm,对载波进行相位测量,能达到很高的精度,目前测量型接收机的载波相位测量的噪声为0.2~0.3 mm,其测距精度比伪距测量的精度要高2~3个数量级。载波相位测量的观测方程为

$$\varphi_i\lambda=\sqrt{(X^i-X)^2+(Y^i-Y)^2+(Z^i-Z)^2}-cV_{i_{\mathrm{R}}}+cV_{i_i^{\mathrm{S}}}-N_i\lambda-(V_{\mathrm{ion}})_i-(V_{\mathrm{trop}})_i \tag{2.2}$$

式中:$i=1,2,3,\cdots$,为卫星编号;λ为载波波长;φ_i为不足一个整周期的相位差变

化；N_i为整周模糊度。

2. 观测值的线性组合

载波相位测量中增加了未知量整周模糊度 N_i，为了便于确定整周模糊度 N_i，可以对观测值进行线性组合形成虚拟观测值，包含单差、双差和三差观测方程。

不同接收机间的载波相位测量值相减求差称为站间单差，不同卫星间的载波相位值求差称为星间单差。在差分定位中常采用站间单差，并在此基础上进行双差观测方程。站间单差观测方程为

$$\Delta\varphi_{ij}^{p}(t_1)=\frac{f}{c}\Delta\rho_{ij}^{p}(t_1)-fV_{t_{ij}}(t_1)-\Delta N_{ij}^{p}-\frac{f}{c}(V_{\text{ion}}^{t_1})_{ij}^{p}-\frac{f}{c}(V_{\text{trop}}^{t_1})_{ij}^{p} \tag{2.3}$$

式中，$\Delta\varphi_{ij}^{p}(t_1)$为接收机求差后组成 t_1时刻的虚拟观测值，即单差观测值，f 为载波频率，c 为光速，$\Delta\rho_{ij}^{p}(t_1)$为接收机 i、j 与卫星 p 之间的卫地距离差值，$V_{t_{ij}}(t_1)$为接收机 i、j 的钟差改正数差值，ΔN_{ij}^{P} 为接收机 i、j 至卫星 p 的整周模糊度差值，$(V_{\text{ion}}^{t_1})_{ij}^{p}$为接收机 i、j 与卫星 p 的电离层延迟改正数差值，$(V_{\text{trop}}^{t_1})_{ij}^{p}$为接收机 i、j 与卫星 p 的对流层延迟改正数差值。通过站间单差的方法，式(2.2)中的卫星钟差已被消除，卫星星历误差、电离层延迟、对流层延迟等的影响也可以得到削弱。

在站间单差的基础上，接收机与卫星间求二次差后得到双差观测值。类似于式(2.3)，测站接收机 i、j 同时对卫星 q 的单差观测方程为

$$\Delta\varphi_{ij}^{q}(t_1)=\frac{f}{c}\Delta\rho_{ij}^{q}(t_1)-fV_{t_{ij}}(t_1)-\Delta N_{ij}^{q}-\frac{f}{c}(V_{\text{ion}}^{t_1})_{ij}^{q}-\frac{f}{c}(V_{\text{trop}}^{t_1})_{ij}^{q} \tag{2.4}$$

将式(2.3)减去式(2.4)进行第二次求差，得到双差观测方程

$$\Delta\varphi_{ij}^{pq}(t_1)=\frac{f}{c}\Delta\rho_{ij}^{pq}(t_1)-\Delta N_{ij}^{pq}-\frac{f}{c}(V_{\text{ion}}^{t_1})_{ij}^{pq}-\frac{f}{c}(V_{\text{trop}}^{t_1})_{ij}^{pq} \tag{2.5}$$

式中，$\Delta\varphi_{ij}^{pq}(t_1)$为 t_1时刻在接收机和卫星间求二次差所得到的双差观测值，$\Delta\rho_{ij}^{pq}(t_1)$为卫地距离二次差值，$\Delta N_{ij}^{pq}$为整周模糊度二次差值，$(V_{\text{ion}}^{t_1})_{ij}^{pq}$为电离层延迟改正数二次差值，$(V_{\text{trop}}^{t_1})_{ij}^{pq}$为对流层延迟改正数二次差值。通过星间二次求差，式(2.4)中的接收机钟差 $V_{t_{ij}}(t_1)$已被消除。

还可以在不同历元之间进行第三次求差，建立三差观测方程式，通过三差可以消除式(2.5)中的整周模糊度参数 ΔN_{ij}^{pq}。但在 GNSS 测量中广泛采用双差固定解而不采用三差解，三差解通常仅用于初始值确定、整周跳变探测、整周模糊度计算等问题。

2.2.2 GNSS载波相位相对动态定位

根据 2 台以上 GNSS 接收机同步跟踪相同 GNSS 卫星信号，计算确定 2 个 GNSS 接收机之间的相对位置，称之为相对定位。根据 1 台 GNSS 接收机的观测值来独立确定该传感器在地球坐标系中的绝对坐标的方法，称之为绝对定位，也称

为单点定位。按照待定点的运动状态，GNSS定位又可分为静态定位和动态定位。所谓静态定位，是指待定点在地固坐标系中的位置固定不动或非常缓慢变化；所谓动态定位，是指待定点在地固坐标系中的位置有显著变化，每个观测瞬间待定点的位置各不相同(李征航 等，2014)。

在桥梁结构动态变形监测中，通常采用载波相位相对动态定位方式。所谓相对动态定位，是利用安置在基准点(稳定的已知点)和桥梁监测点上的GNSS接收机进行的同步观测资料来确定监测点相对于基准点的位置，即基准点 i 与监测点 j 传感器之间的基线向量，如图2.1所示。

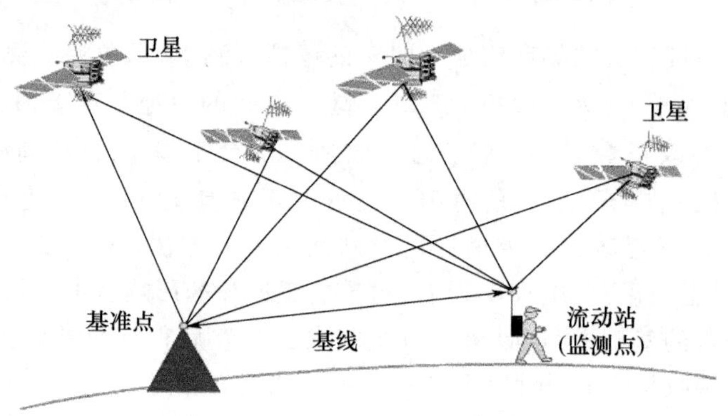

图2.1 GNSS相对动态定位原理

对式(2.2)载波相位观测方程用泰勒级数展开后可得到线性化的观测方程，在基准点 i、监测点 j 对卫星 p 进行同步观测后，其线性化的观测方程为

$$\lambda\varphi_i^p=(\rho_i^p)_0-l_i^p\mathrm{d}X_i-m_i^p\mathrm{d}Y_i-n_i^p\mathrm{d}Z_i-\lambda N_i^p-cV_{T_i}+cV_{t_p}-(V_{\mathrm{ion}})_i^p-(V_{\mathrm{trop}})_i^p \tag{2.6}$$

$$\lambda\varphi_j^p=(\rho_j^p)_0-l_j^p\mathrm{d}X_j-m_j^p\mathrm{d}Y_j-n_j^p\mathrm{d}Z_j-\lambda N_j^p-cV_{T_j}+cV_{t_p}-(V_{\mathrm{ion}})_j^p-(V_{\mathrm{trop}})_j^p \tag{2.7}$$

其中，φ 为不足一个整周期的相位差变化，$(\mathrm{d}X_i,\mathrm{d}Y_i,\mathrm{d}Z_i)$ 为站坐标改正数，λ 为载波波长，$(\rho_i^p)_0$、$(\rho_j^p)_0$ 为测站 i、j 近似位置至卫星 p 的距离，l^p、m^p、n^p 为测站近似位置至卫星 p 在 X、Y、Z 轴方向上的方向余弦，N_i^p、N_j^p 为整周模糊度，c 为光速，V_{T_i}、V_{T_j} 为接收机钟差改正数，V_{t_p} 为卫星钟差改正数，V_{ion} 为电离层延迟，V_{trop} 为对流层延迟。由于 i 点的坐标已知，则式(2.6)可改写为

$$\lambda\varphi_i^p=\rho_i^p-cV_{T_i}+cV_{t_p}-\lambda N_i^p-(V_{\mathrm{ion}})_i^p-(V_{\mathrm{trop}})_i^p \tag{2.8}$$

将式(2.7)减去式(2.8)，则可得到相对动态定位单差观测值 $\Delta\varphi_{ij}^p$，如果在测站 i、j 上还对卫星 q 进行了同步观测，则可得到双差观测值 $\Delta\varphi_{ij}^{pq}$。单差和双差观测方程分别为

$$\lambda\Delta\varphi_{ij}^{p}=-l_j^p\mathrm{d}X_j-m_j^p\mathrm{d}Y_j-n_j^p\mathrm{d}Z_j-cT_{ij}-\lambda N_{ij}^{p}-(V_{\mathrm{ion}})_{ij}^{p}-(V_{\mathrm{trop}})_{ij}^{p}+L_{ij}^{p} \tag{2.9}$$

$$\begin{aligned}\lambda\Delta\varphi_{ij}^{pq}=&-(l_j^q-l_j^p)\mathrm{d}X_j-(m_j^q-m_j^p)\mathrm{d}Y_j-(n_j^q-n_j^p)\mathrm{d}Z_j-\lambda N_{ij}^{pq}-\\&(V_{\mathrm{ion}})_{ij}^{pq}-(V_{\mathrm{trop}})_{ij}^{pq}+L_{ij}^{pq}\end{aligned} \tag{2.10}$$

其中,L_{ij}^{p}、L_{ij}^{pq} 为常数项。当对 m 个卫星进行观测时,可以列出($m-1$)个类似于式(2.10)的观测方程,式中仅包含 3 个坐标未知数及($m-1$)个双差整周模糊度参数。由于未知量个数大于观测方程数,无法直接解算出结果,因此必须先确定整周模糊度,减少未知量个数。

在航解算模糊度技术常用于 GNSS 相对动态定位的整周模糊度参数,首先以待定点的近似位置(X_0,Y_0,Z_0)为中心,并根据近似坐标的标准差 σ_X、σ_Y、σ_Z 确定搜索区域,搜索区域是以 $X_0\pm3\sigma_X$、$Y_0\pm3\sigma_Y$、$Z_0\pm3\sigma_Z$ 为界的长方体空间。然后依据一定的评定标准,在搜索区域内找出最佳模糊度组合,确定信号整周模糊度。确定整周模糊度后,只要基准站 i 和监测点 j 的 GNSS 接收机能动态同步接收 4 颗以上的卫星信号,就可实时解算出监测点位置的瞬间坐标。根据不同历元的瞬间坐标,即可计算出桥梁结构动态变形量。

§2.3　GNSS 动态测量误差分析及提高精度方法

GNSS 动态测量误差分为三大类:与卫星有关的误差、与信号传播有关的误差,以及与接收机有关的误差。上述各类误差的影响可达数十米,有时甚至可超过百米,比桥梁结构自身的变形量高出几个数量级。为了提高 GNSS 动态测量精度,需采取必要措施消除误差的影响,提高 GNSS 动态测量精度(徐绍铨 等,2003)。消除误差方法包括三类:误差改正模型法、观测值求差法和数据滤波降噪法。

2.3.1　与卫星有关的误差

1. 卫星星历误差分析

与卫星有关的误差包含卫星星历误差、卫星钟误差和相对论效应。所谓卫星星历误差是指由卫星星历所给出的卫星在空间的位置及运动速度与卫星的实际位置和运动速度之差。由于卫星在运行中受到多种摄动力的复杂影响,因此在星历预报时会产生较大的误差。基线越长,卫星星历误差对定位精度的影响越大。采用精密星历和相对定位模式可以削弱或消除卫星星历误差。精密星历是为了满足大地测量、地球动力学研究等领域的需求而研制产生的一种高精度的事后星历,能提供更精确的卫星位置信息,由国际 GNSS 服务组织(IGS)提供的精密星历的精度优于 5 cm。利用广播星历进行单点定位时,其定位精度一般只能达到数米或数十米。而采用相对定位模式,当基线小于 10 km 时,广播星历误差的影响可忽略不计。利用 GNSS 接收机进行桥梁结构变形监测时，基准站与监测站之间的基线长度通常小于 10 km，采用载波相位相对定位方法进行基线解算，广播星历误差对桥梁结构变形监测结果影响可忽略。

2. 卫星钟误差分析

卫星钟误差是由钟差、频偏、频漂等产生的系统误差，也包含钟的随机误差。尽管 GNSS 卫星钟均设置了高精度的原子钟，其精度可达到几十微秒，但与理想的时间之间不可避免地存在误差。当时间偏差为 1 μs 时，由此引起的等效距离误差约 300 m。在高精度定位中，卫星导航电文中钟参数提供的卫星钟差已不能满足时间精度要求，可以通过其他渠道获取更高精度的卫星钟差值，如国际 GNSS 服务组织提供的卫星钟差，其精度可以达到 0.1 ns。利用载波相位进行相对定位时，2 台地面 GNSS 接收机具有相同的卫星钟差，可以把卫星钟差作为 1 个未知参数，采用观测值求差法消除卫星钟差参数，在式(2.3)中是采用站间单差法消除卫星钟差参数。

3. 相对论效应分析

相对论效应是由于卫星钟和接收机钟的运动速度以及地球引力不同而引起它们之间的相对钟误差现象。根据狭义相对论理论，高速运动卫星中的卫星钟原始频率 f 将产生频率偏差 f_1；根据广义相对论理论，同一台钟在不同的重力场中将产生频率偏差 f_2，计算公式分别为(李征航 等，2014)

$$f_1 = f\left[1-\left(\frac{V_S}{c}\right)^2\right]^{\frac{1}{2}} - f \tag{2.11}$$

$$f_2 = \frac{\mu}{c^2} f\left(\frac{1}{R} - \frac{1}{r}\right) \tag{2.12}$$

其中，c 为真空中的光速，V_S 为卫星在惯性坐标系中的速度，μ 为万有引力常数和地球质量的乘积，R 为接收机至地心的距离，r 为卫星至地心的距离。总的相对论效应影响约为

$$\Delta f = f_1 + f_2 = 4.449 \times 10^{-10} f \tag{2.13}$$

根据式(2.13)，一台标准频率 10.23 MHz 的钟从地面放到 GNSS 卫星上后频率会增加 $4.449\times10^{-10} f$。消除此误差的方法是在地面制造卫星钟时将频率降低为 10.229 999 995 4 MHz，当卫星钟进入卫星轨道，由于相对论效应其频率变为标准频率 10.23 MHz。

2.3.2 与信号传播有关的误差

1. 电离层延迟误差分析

与信号传播有关的误差包含电离层延迟、对流层延迟和多路径误差。在高度 60～1 000 km 空间，在各类射线作用下中性分子被电离而形成电离层。当 GNSS

信号通过电离层时，其传播速度和路径会发生改变，信号传播时间乘以光速后不等于卫星到地面传感器的实际距离，产生的误差达到几十米，比桥梁结构变形值高出几个数量级。为了消除电离层延迟误差，可采用双频观测求差法或误差改正模型法。在双频观测求差法中，对同时发射的两个不同频率信号 L1 和 L2 的观测方程求差，抵消电离层延迟产生的误差。在误差模型改正法中，根据电离层中的电子密度及温度、离子密度及温度、电子及离子含量等参数建立误差改正模型，改正模型的精度可以达到 2 mm。

2. 对流层延迟误差分析

对流层延迟泛指 GNSS 卫星信号在通过高度 40 km 以下的未被电离的中性大气层时所产生的信号延迟。对流层的温度随着高度的上升而下降，卫星信号的传播路径在通过对流层时发生弯曲，导致距离测量产生偏差。对流层延迟对距离测量的影响可达到数米或数十米。为了消除对流层延迟误差，采用改正模型可修正观测值，如霍普菲尔德改正模型、萨斯塔莫伊宁模型、布莱克模型等。当基线长度小于 20 km 时，也可以采用观测值求差法来减弱对流层延迟的影响。

3. 多路径误差分析

在 GNSS 测量中，监测点接收机周围的水面、桥面、建筑墙面等强反射体会反射卫星信号从而产生反射波，接收机接收到的卫星信号直射波与反射波产生干涉，使观测值偏离真值从而产生多路径误差，如图 2.2 所示。由于测站间的多路径效应相关性非常弱，难以用前述的观测值求差法和改正模型法来消除，因此多路径误差是 GNSS 变形监测中的重要误差源。选择合适的测站点、GNSS 接收机和数据降噪方法可以削弱多路径效应影响。

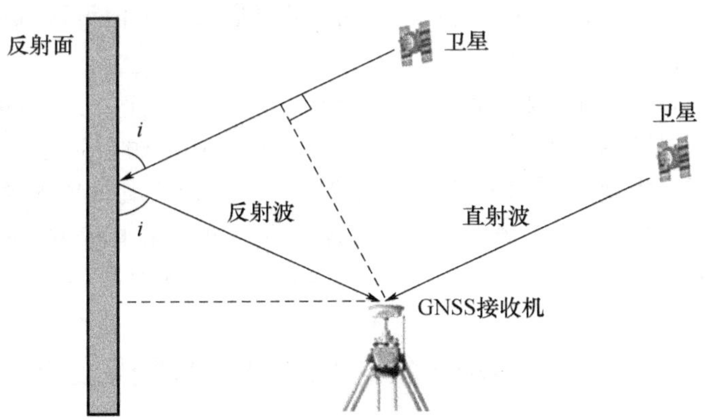

图 2.2　多路径效应原理

桥梁结构监测中，监测点位置无法自由选择，但基准点可以尽量远离强反射面，降低多路径误差影响；接收机选择合适的扼流圈天线，可以减少大约 1/3 的多路径误差;改进接收机软件和硬件,采用多路径锁相环路技术(MEDLL)可以减少90%的多路径误差;选择合适的数据降噪方法,对解算出的坐标进行滤波处理,可以削弱多路径误差的影响,如小波变换、经验模式分解、粒子滤波、自适应滤波等方法。

2.3.3 与接收机有关的误差

与接收机有关的误差包含接收机钟差、接收机位置误差和接收机测量噪声。

1. 接收机钟误差分析

接收机一般使用石英钟,比GNSS卫星的原子钟精度低。削弱接收机钟差的方法类似卫星钟差的处理措施,可采用观测值求差法,通过卫星间求差来消除接收机钟误差,在式(2.5)中接收机的钟差已被消除。也可以将接收机钟差作为一个未知参数,与监测点的未知三维坐标参数一起求解。

2. 接收机位置误差分析

接收机位置误差包含天线对中误差、天线高测量误差和天线相位中心误差。在变形监测中,采用强制对中观测墩可以有效消除天线的对中误差和天线高测量误差。天线的相位中心误差是指相位中心瞬间位置与实际位置不同而引起的误差,不同的输入信号强度会引起相位中心位置的变化。在GNSS短基线测量中,天线按照它的指北方向标志安置,通过测站间求差法来抵消相位中心误差。

3. 接收机内部噪声分析

接收机内部噪声是指接收机自身和外界环境变化引起的随机噪声,内部噪声的大小由接收机的质量和测量环境决定。通常情况下仪器内部噪声包含高斯白噪声和有色噪声,其大小远小于前述各类误差,可以通过数据滤波降噪法来削弱仪器内部噪声的影响。

综合上述GNSS动态测量误差消除措施:可通过误差改正模型法削弱电离层延迟误差、对流层延迟误差等;可通过观测值求差法来削弱卫星星历误差、卫星钟及接收机钟误差、电离层延迟误差、对流层延迟误差、接收机位置误差等;可通过数据滤波降噪法削弱多路径误差、仪器内部测量噪声等。用上述方法可以消除绝大部分GNSS测量误差,提高GNSS动态测量精度,但在测量值中仍有少量残差。

§2.4 RTS动态测量原理及提高精度方法

2.4.1 RTS自动目标识别原理

全站仪(TS)是由电子测角、电子测距和微处理系统组成,测量结果能自动显示、计算和存储,并能与外围设备自动交换信息的多功能测量仪器(徐忠阳,2003)。

按系统功能方面分类，电子系统可以分光电测量子系统和微处理子系统。光电测量子系统由电子测距、测角传感器、倾斜补偿器、马达板等部分组成，其主要功能包括水平角测量、竖直角测量、距离测量、仪器电子整平、轴系误差自动补偿、目标自动跟踪等。微处理子系统主要由中央处理器、内存、键盘和显示器组件等部件以及有关软件组成。微处理子系统功能包括：控制和检核各类测量程序和指令，确保全站仪部件有序工作；实现测角电子测微，距离精读数、粗读数等内容的逻辑判断与数据链接，全站仪轴系误差的补偿与改正；实现距离测量的气象改正和其他归化改算等；管理数据的显示、处理与存储，以及外围设备的信息交换等。

20 世纪 90 年代中期，自动目标识别与照准技术的出现，突破了角度测量中需要人工照准目标的重大缺陷，使全站仪的自动化角度测量发生质的飞跃。以徕卡自动型全站仪（RTS）为例，它们使用了自动目标识别技术（ATR）。ATR 技术集成了步进马达、电荷耦合器件（CCD）和计算机传感器，使他们成为有机、协调的整体，实现自动识别并精确照准目标的功能（梅文胜 等，2011b）。

ATR 装置可以精确照准合作目标棱镜，其工作原理如图 2.3 所示。首先自动型全站仪发射照准红外发光束，光束被光学部件同轴投影到望远镜的视准轴上，发射出的红外光束被反射棱镜沿着平行的方向反射回望远镜；然后望远镜的光学部件将接收到的红外光束引导至线性 CCD 阵列，形成光电并转换为图像；最后通过图像处理方法识别出图像中心位置，并根据图像中心与 CCD 阵列中心的相对位置，计算出反射棱镜与望远镜视准轴的偏离关系。

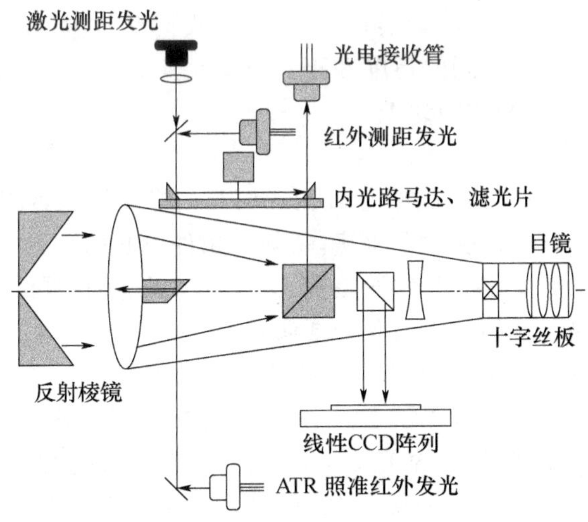

图 2.3　徕卡 TCA2003 自动型全站仪望远镜结构

ATR 装置照准及测量包括三个步骤：①目标搜索、目标照准和精确测量。人工粗略照准后启动 ATR 功能，RTS 传感器在马达驱动下按螺旋方式或矩形方式自动搜索合作目标棱镜,找到反射棱镜后传感器停止搜索,如图 2.4(a)所示;②反射棱镜将照准红外光束反射回传感器 CCD 阵列,在 CCD 阵列上形成代表棱镜中心位置的光点,光点与 CCD 阵列中心的水平和竖直偏移量代表棱镜中心与望远镜十字丝之间的偏移量,马达根据偏移量反复驱动轴系精确照准目标,如图 2.4(b)所示;③精确测量水平角、竖直角和距离,并计算出棱镜中心的坐标。

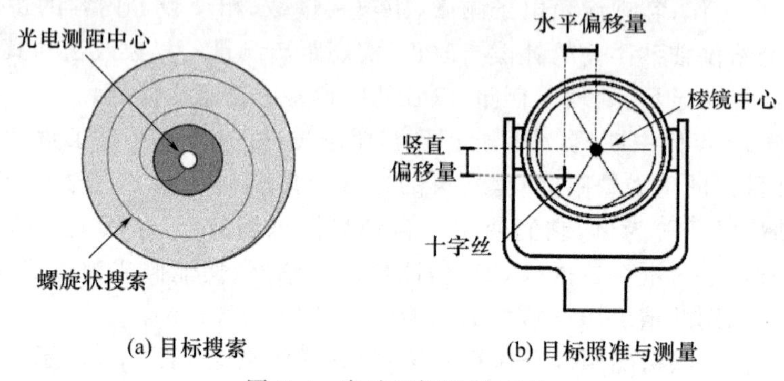

图 2.4　自动目标识别过程

2.4.2　RTS 动态测量误差源

在 RTS 动态变形测量中,测角和测距误差是主要误差源。测角误差包括度盘分划误差、基座位移误差、望远镜调焦误差、补偿器误差等;测距误差包含大气折射率误差、测距频率误差、相位测量误差、仪器常数改正误差等。RTS 动态变形监测中的瞬时坐标是由 RTS 所测的角度和距离计算而来,为了提高坐标测量精度,应采取系列措施削弱测角和测距误差。

1. 测角误差分析

RTS 测角误差来源分为三类:①观测者引起的操作误差,如目标照准误差、仪器对中误差、照准部旋转正确性误差等;②外界条件引起的误差,如大气折光误差、气象代表性误差、温度变化引起的误差等;③仪器误差,如仪器的视准轴误差、横轴误差、竖轴误差、照准部偏心差、度盘分划误差等。

为了降低测角误差,RTS 在传统全站仪基础上进行了一系列改进。目标照准误差是主要的误差来源之一,RTS 使用了自动目标识别装置,不需要人工照准目标,大幅降低了目标照准误差;为了动态补偿 RTS 仪器垂直轴倾斜对角度测量的影响,RTS 中安装了角度双轴补偿系统,可自动补偿垂直轴纵向倾斜分量对垂直度盘读数的影响,以及垂直轴横向倾斜分量对水平度盘读数的影响;RTS 在微处理器的支持下,根据预先置入的修正值,可以自动补偿和改正轴系误差对角度观测的影响。

以徕卡 TS30 型 RTS 为例，其角度测量标称精度为 0.5″。在桥梁结构动态监测过程中，将 RTS 安装在强制对中观测墩上，合作目标棱镜固定在监测点上，仪器和目标的对中误差可以忽略不计；由于采用了自动照准技术，不需要人工照准目标，故目标照准误差非常小；由于试验前对仪器轴线进行了严格校正，故 RTS 轴系误差非常小。总之，通过系列改进和修正措施，试验中使用的徕卡 TS30 型 RTS 测角精度优于 0.5″。

2. 测距误差分析

RTS 距离测量主要受系统误差和偶然误差影响。系统误差表现出系统性，误差随着观测次数的增加而不断增加，具有累积性，危害性大。必须对包含有系统误差的观测值进行修正，具体方法包括斜距系统差改正、斜平改正和归算改正。斜距系统差改正包括气象改正、测距频率改正、仪器加常数改正、棱镜加常数改正、波道弯曲改正等。斜平改正是将 RTS 测量的倾斜距离改算为水平距离，可采用垂直角法或高差法进行斜平改正；归算改正是将地球自然表面上的距离归算到规定的数学曲面上，有参考椭球面归算改正、测区平均高程面归算改正和高斯投影面归算改正。

经过系统误差改正后的测量距离还包含偶然误差，主要有大气折射率误差、测距频率误差、相位测量误差和测距常数改正数误差。

其中，大气折射率误差由多方面原因引起，如经验公式误差、气象元素测定误差、气象代表性误差等。可通过以下措施降低大气折射率误差：①依据测距精度要求选择高精度气象仪器，严格按照规范进行操作和获取气象数据；②合理选择测线，测站点和监测点高差不宜过大，因为高差越大，温差越大，气压的变化越明显；③合理选择观测时间，如阴天在近地表层具有稳定的气象分布，不同高度处的温度分布趋于一致，具有均匀的气象分布规律，是最佳的野外观测时间；④采用连续观测的方法建立气象代表性误差 24 小时周期模型，对所测的距离进行经验模型改正。

测距频率误差包含频率校准误差和频率漂移误差。前者影响频率的准确性，后者影响频率的稳定性。采用测距专用的频率计校准频率，其误差优于 10^{-7}，校正后的频率测量误差可忽略。频率漂移是由于仪器振荡器元件老化、温度变化、电源电压不稳定等因素引起，此项误差大小取决于仪器的质量。可以通过以下措施降低测距频率误差：①采用温度补偿晶体振荡器，使振荡器在一个恒定的温度环境中工作，从而提高频率的稳定性；②采用频率综合锁相技术，用频率合成的方法得到需要的频率，使各个频率之间严格相关；③晶体器件在初期老化进程最快，为了避免这种变化，工厂在仪器制造时，先进行晶体老化工作；④采用动态频率校正技术降低频率误差，对晶体在整个温度范围内的变化进行严格测试，得出标准温度下的频率，求出晶体振荡器频率随着温度变化的多项式函数曲线及表达式，利用该曲线关系式实时修正频率。

相位测量误差主要是指仪器本身的测相误差和外界条件引起的相位测量误差。相位测量误差包含仪器相位计测量误差、幅相误差、发光管相位不均匀性误差和周期误差。在 RTS 的发射和接收系统中安装自动减光装置，可降低幅相误差；采用混相等技术，可降低发光管相位不均匀性误差的影响；加强电路间的屏蔽，实现光路间的合理隔离，可有效减弱周期误差的影响。

测距常数改正误差是指经过加常数和乘常数改正后的残余改正数误差。采用六段基线法测量仪器加常数和乘常数，检定基线本身距离的准确性对仪器常数测量影响较大，基线本身的误差导致测距常数改正误差。因此，基线本身的测量应该采用更高精度的测量方法。

试验中使用的徕卡 TS30 型 RTS 传感器，标准测距模式测距精度为 1 mm$+1\times10^{-6}D$，同步跟踪模式测距精度为 3 mm$+1\times10^{-6}D$，其中，D 表示测量的距离。测距误差可以归纳为：对中误差 σ_1、反射镜对准仪器误差 σ_2、测距信号调制频率误差 σ_3、光速测量误差 σ_4、测相误差 σ_5、幅相误差 σ_6、光束相位不均匀误差 σ_7、周期误差 σ_8、气象代表性误差 σ_9。试验过程中测站点的仪器固定不动，监测点的合作目标被固定在监测目标上，故系统误差中的对中误差 σ_1、反射镜对准仪器误差 σ_2、测距信号调制频率误差 σ_3 和光速测量误差 σ_4 可以被自动抵消掉；偶然误差中的测相误差 σ_5、幅相误差 σ_6、光束相位不均匀误差 σ_7 和周期误差 σ_8 总体误差值小于 0.2 mm（张学庄 等，1996）；监测时选择较好的气象条件，并将距离控制在 500 m 内时，能有效削弱气象代表性误差 σ_9。综上所述，在结构动态监测中，当测站点与监测点距离小于 500 m 时，距离测量精度优于 2 mm。

2.4.3　RTS 坐标测量精度分析

RTS 直接测量测站点至监测点的角度和距离参数，微处理系统根据所测参数计算监测点的三维坐标(x,y,z)，即

$$\left.\begin{aligned} x&=D\cdot\cos\beta\cdot\cos\alpha\\ y&=D\cdot\cos\beta\cdot\sin\alpha\\ z&=D\cdot\sin\beta \end{aligned}\right\}\tag{2.14}$$

式中，D 为斜距，α 为水平角，β 为竖直角。依据最小二乘原理推导坐标测量标准差，用 σ_x、σ_y、σ_z 分别为坐标 x、y、z 的标准差，σ_D、σ_β、σ_α 分别为距离 D、竖直角 β、水平角 α 的标准差，对式(2.14)求导得

$$\left.\begin{aligned} \sigma_x&=\left[(\cos\beta\cdot\cos\alpha)^2\sigma_D^2+(\sin\beta\cdot\cos\alpha\cdot D/\rho'')^2\sigma_\beta^2+(\cos\beta\cdot\sin\alpha\cdot D/\rho'')^2\sigma_\alpha^2\right]^{\frac{1}{2}}\\ \sigma_y&=\left[(\cos\beta\cdot\sin\alpha)^2\sigma_D^2+(\sin\beta\cdot\sin\alpha\cdot D/\rho'')^2\sigma_\beta^2+(\cos\beta\cdot\cos\alpha\cdot D/\rho'')^2\sigma_\alpha^2\right]^{\frac{1}{2}}\\ \sigma_z&=\left[(\sin\beta\cdot\sigma_D)^2+(\cos\beta\cdot D\cdot\sigma_\beta/\rho'')^2\right]^{\frac{1}{2}} \end{aligned}\right\}\tag{2.15}$$

依据上一小节中角度和距离测量精度分析结论，当距离小于 500 m 时，角度测量精度优于 0.5″，距离测量精度优于 2 mm，不妨直接取值 $\sigma_\alpha=\sigma_\beta=0.5''$，$\sigma_D=2$ mm。计算在不同距离、竖直角和水平角时，RTS 坐标测量标准差理论值，如表 2.1所示。当距离小于 500 m 时，位移测量精度优于 2 mm；当水平角和竖直角都不变时，坐标测量标准差随距离的增加而变大；当竖直角不变，水平角增加时，x 轴方向标准差增加，y 轴方向标准差减小；当水平角不变，竖直角变大时，坐标测量标准差减小。

表 2.1　RTS 坐标测量误差标准差　　单位：mm

角度值/(°)	方向	测站点与监测点距离						
		25 m	50 m	100 m	200 m	300 m	400 m	500 m
$\beta=0;\alpha=0$	x	2.0	2.0	2.0	2.0	2.0	2.0	2.0
$\beta=0;\alpha=0$	y	0.1	0.1	0.2	0.5	0.7	1.0	1.2
$\beta=0;\alpha=0$	z	0.1	0.1	0.2	0.5	0.7	1.0	1.2
$\beta=0;\alpha=15$	x	1.9	1.9	1.9	1.9	1.9	1.9	2.0
$\beta=0;\alpha=15$	y	0.5	0.5	0.6	0.7	0.9	1.1	1.3
$\beta=0;\alpha=15$	z	0.1	0.1	0.2	0.5	0.7	1.0	1.2
$\beta=0;\alpha=30$	x	1.7	1.7	1.7	1.7	1.8	1.8	1.8
$\beta=0;\alpha=30$	y	1.0	1.0	1.0	1.1	1.2	1.3	1.4
$\beta=0;\alpha=30$	z	0.1	0.1	0.2	0.5	0.7	1.0	1.2
$\beta=0;\alpha=45$	x	1.4	1.4	1.4	1.5	1.5	1.6	1.7
$\beta=0;\alpha=45$	y	1.4	1.4	1.4	1.5	1.5	1.6	1.7
$\beta=0;\alpha=45$	z	0.1	0.1	0.2	0.5	0.7	1.0	1.2
$\beta=15;\alpha=45$	x	1.4	1.4	1.4	1.4	1.5	1.5	1.6
$\beta=15;\alpha=45$	y	1.4	1.4	1.4	1.4	1.5	1.5	1.6
$\beta=15;\alpha=45$	z	0.1	0.2	0.3	0.5	0.7	1.0	1.2
$\beta=30;\alpha=45$	x	1.2	1.2	1.2	1.3	1.3	1.4	1.5
$\beta=30;\alpha=45$	y	1.2	1.2	1.2	1.3	1.3	1.4	1.5
$\beta=30;\alpha=45$	z	0.3	0.3	0.3	0.5	0.8	1.0	1.2
$\beta=45;\alpha=45$	x	1.0	1.0	1.0	1.1	1.1	1.2	1.3
$\beta=45;\alpha=45$	y	1.0	1.0	1.0	1.1	1.1	1.2	1.3
$\beta=45;\alpha=45$	z	0.4	0.4	0.4	0.6	0.8	1.0	1.3

§2.5 GNSS 和 RTS 传感器背景噪声特性试验研究

背景噪声是指在监测点静止不动的情况下，安装在监测点的传感器测量出的所谓位移。在 GNSS 和 RTS 传感器监测桥梁结构动态变形过程时，虽然采用观测值求差法、模型改正法等方法消除了绝大部分测量误差，但是测量值不可避免地包含有少量残余误差，可以近似地认为背景噪声就是残余误差。为了分析残余误差的特性，进行了 GNSS 和 RTS 监测技术背景噪声测量试验。

2.5.1 背景噪声测量试验

在英国诺丁汉大学 GNSS 实验室，进行了 GNSS 和 RTS 传感器背景噪声测量试验，如图 2.5 所示。

GNSS 天线和 360°棱镜固定在铁质的三脚架上，RTS 传感器安装在 NG6 号强制对中观测柱上，GNSS 基准站传感器安置在附近的 NG1 号强制对中观测柱上。GNSS 接收机采样频率为 20 Hz，RTS 传感器采样频率为 10 Hz。监测点 GNSS 天线和 360°棱镜固定不动，测量基线长度 30 m，两类传感器都持续采集 30 分钟数据。GNSS 和 RTS 传感器投影解算的坐标系保持一致，分别以北、东、高程方向为坐标系的 x、y、z 轴。

(a) GNSS接收机和360°棱镜

(b) RTS传感器

图 2.5 GNSS 和 RTS 传感器的背景噪声测量试验

2.5.2 GNSS 背景噪声特性分析

采用后处理动态差分(PPK)技术对 GNSS 接收机测量数据进行后处理，计算测量噪声序列，如图 2.6 所示。对于 GNSS 短基线测量，由于采用了差分技术进行数据解算，因此卫星星历误差、卫星钟误差、接收机钟误差、电离层延迟误差、对流层延迟误差等均可通过卫星间和测站间的差分技术消除或削弱。然而测站间的多路径效应相关性很小，无法通过差分技术消除。背景噪声主要成分是多路径误差和仪器内部噪声。

如图 2.6 所示：x 轴方向的背景噪声在 −8.4～7.1 mm 变化，测量序列标准差为 2.4 mm；y 轴方向的背景噪声在 −8.2～10.1 mm 变化，测量序列标准差为 2.2 mm；z 轴方向的背景噪声在 −12.5～17.6 mm 变化，测量序列标准差为 4.4 mm。在水平和竖直方向上，GNSS 测量噪声的最大绝对值分别小于 10 mm 和 20 mm，该精度与其他研究者所获得结论吻合（Kijewski-Correa et al，2006a；Ogundipe et al，2014）。采用快速傅里叶变换（FFT）对各方向背景噪声进行频谱分析，背景噪声主要分布在 0～0.2 Hz 频段，如图 2.7 所示。根据多路径效应的特点，0～0.2 Hz 频段的背景噪声主要是多路径误差。

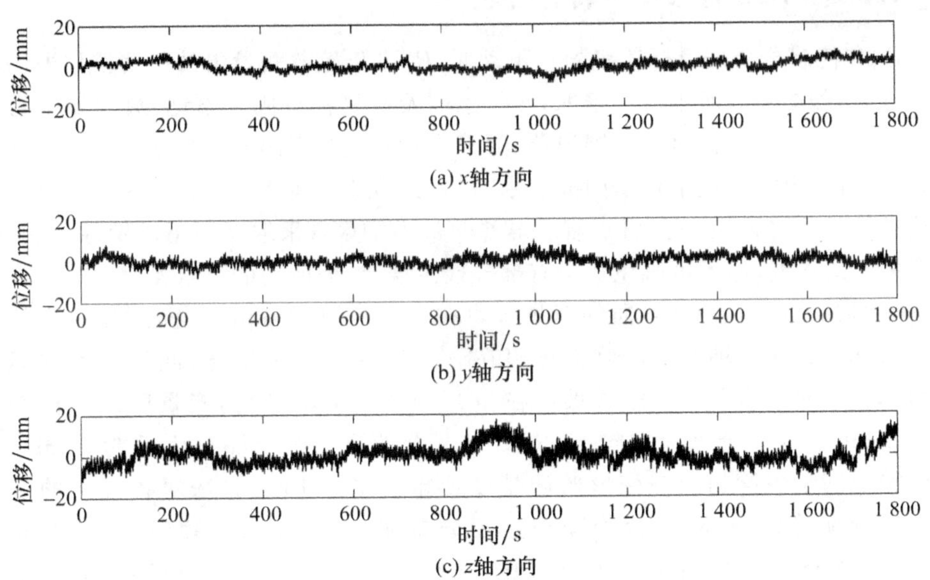

图 2.6　GNSS 接收机的背景噪声时程图

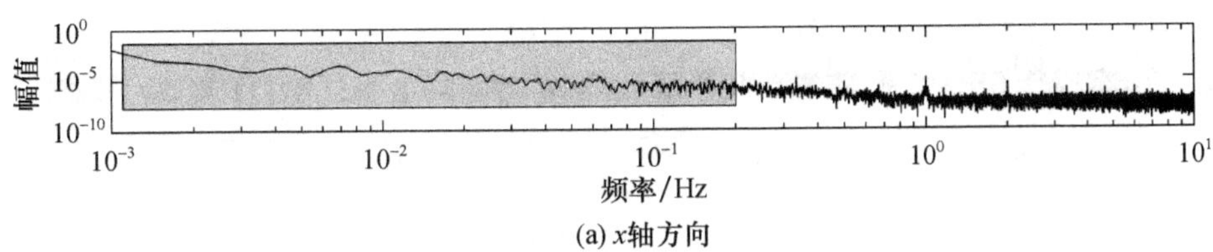

图 2.7　GNSS 接收机的背景噪声频谱图

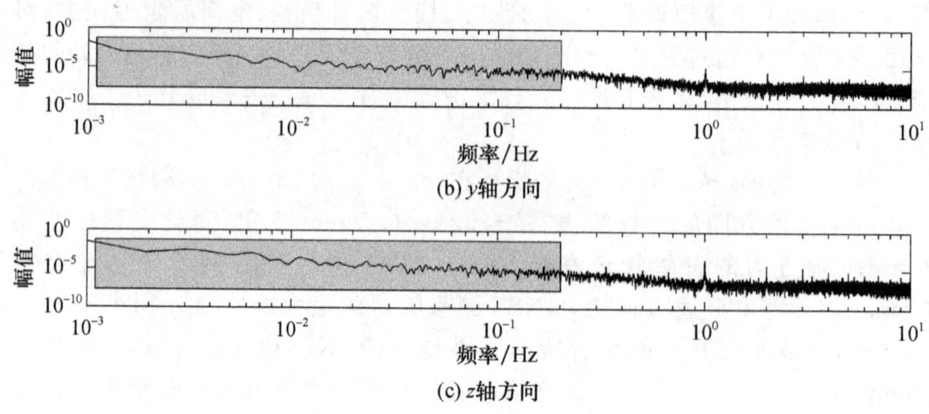

(b) y轴方向

(c) z轴方向

图 2.7(续) GNSS 接收机的背景噪声频谱图

2.5.3 RTS 背景噪声特性分析

RTS 传感器合作目标棱镜静止不动时,RTS 传感器测量出的所谓位移即测量背景噪声,如图 2.8 所示。由于 RTS 传感器及棱镜都是固定不动,故仪器及目标的对中误差、反射棱镜对准仪器误差、测距信号调制频率误差和光速测量误差都可以忽略不计;由于采用了自动照准技术,目标照准误差非常小;由于试验前对仪器轴线进行了严格校正,故 RTS 轴系误差非常小。尽管采取系列措施消除 RTS 传感器的测量误差,但不可避免仍会有部分残余误差,即所谓的背景噪声。

如图 2.8 所示:x 轴方向的背景噪声在 −0.8～1.3 mm 变化,测量序列的标准差为 0.5 mm;y 轴方向的背景噪声在 −0.5～0.5 mm 变化,测量序列的标准差为 0.1 mm;z 轴方向的背景噪声在 −0.6～0.5 mm 变化,测量序列的标准差为 0.2 mm。在 3 个坐标方向上,RTS 传感器的最大测量噪声大约为 1 mm,该精度完全满足桥梁的动态变形监测精度要求。采用 FFT 方法对各方向的背景噪声进行频谱分析,RTS 背景噪声主要分布在 0～0.02 Hz 频段,如图 2.9 所示。与 GNSS 接收机的背景噪声对比,在短基线测量中,RTS 传感器的测量噪声幅值要小 1～2 个数量级,其噪声分布的频带要小 1 个数量级,其测量精度远高于 GNSS 接收机。

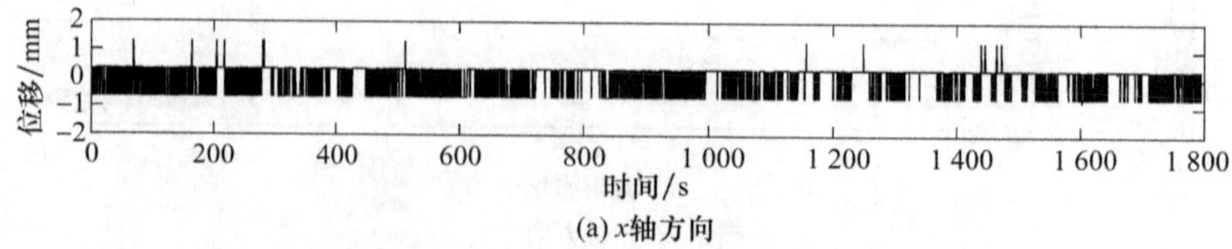

(a) x轴方向

图 2.8 RTS 传感器的背景噪声时程图

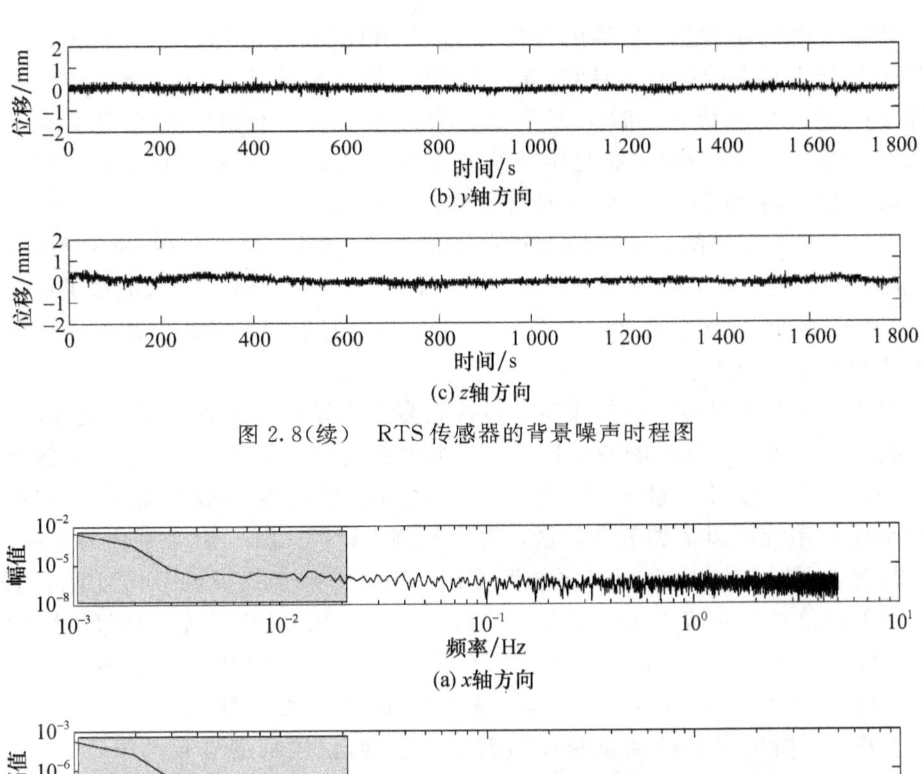

(b) y轴方向

(c) z轴方向

图 2.8(续)　RTS 传感器的背景噪声时程图

(a) x轴方向

(b) y轴方向

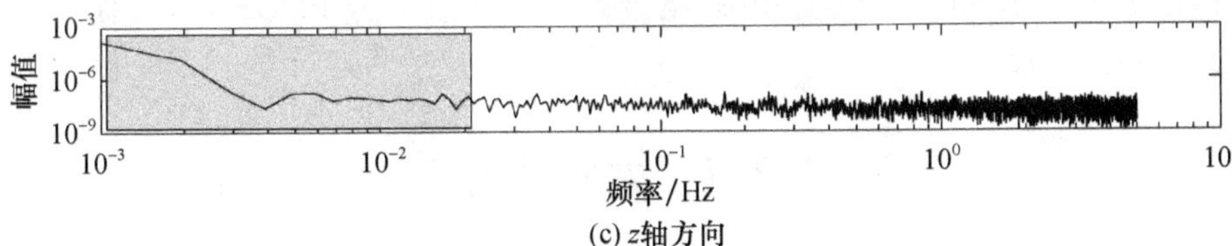

(c) z轴方向

图 2.9　RTS 传感器的背景噪声频谱图

§2.6　GPS/Galileo 组合导航定位精度预报

全球导航卫星系统包含 GPS、GLONASS、Galileo、BDS 导航定位系统等。从 1973 年到 1994 年，美国海陆空三军联合建立 GPS 导航定位系统，该系统具有全球性、全天候、连续性、实时性的导航、定位和授时等功能；从 1982 年到 1996 年，俄罗斯研制第二代导航卫星系统 GLONASS，该系统也采用距离交会原理进行工作，为全球用户提供连续的、精确的三维坐标、速度和时间信息；2002年欧盟启动Galileo导航卫星系统的组建计划，原计划2014年开始运行，但由于欧盟内部资金问题，尚无法确定系统完工时间，Galileo系统不仅具备导航定位功能，还具有全球搜救等功能；2003年中国完成北斗导航试验系统研制，之后开始研制第二代导航卫星系统BDS，并计划2020年完成全球系统的组建。

在过去二十多年的GNSS监测技术研究中，研究者主要集中在GPS导航定位系统的应用研究。而正在建设的Galileo系统完全从民用角度出发，能提供更高精度的、更开放的导航定位服务，将GPS/Galileo组合导航定位系统应用于结构健康监测具有非常好的前景。

安装在监测点的GNSS接收机通过接收多个卫星信号来进行瞬间坐标测量，卫星数量和空间分布是影响测量精度的两个主要因素。在深山峡谷和高楼密集的城市中，卫星信号极易被遮挡，使得能接收到信号的卫星数量降低，而GPS/Galileo组合系统可以增加卫星数量。为了预测GPS/Galileo组合系统的精度，根据运行轨道和周期分析了GPS系统和GPS/Galileo组合系统的平均可见卫星数量。当卫星信号高度截止角设置为10°时，在中国区域GPS系统卫星可见数量为6～9颗，而GPS/Galileo组合系统卫星可见数量为14～16颗。组合系统极大地增加了能接收到信号的卫星数量，可提高桥梁结构变形测量精度。

卫星空间分布是影响测量精度的第二个因素，位置精度衰减因子(PDOP)是衡量空间分布对定位精度的影响标准。PDOP值越小，定位精度越高。将高度截止角设置为10°，分析GPS系统和GPS/Galileo组合系统的PDOP值。在中国区域，GPS系统的PDOP值分布在2.15～2.32，而GPS/Galileo组合系统的PDOP值分布在1.30～1.60。GPS/Galileo组合系统能有效降低PDOP值，可提高桥梁结构变形测量精度。

§2.7 本章小结

采用GNSS和RTS传感器进行桥梁动态变形监测时，各类误差的影响可达数十米，有时甚至可超过百米，比桥梁结构自身的变形量高出几个数量级。为了提高两类传感器进行动态变形测量的精度，本章研究了消除测量误差的方法，如改正模型法、观测值求差法等。本章主要结论如下：

(1) 在GNSS动态测量中：可通过误差改正模型法削弱电离层延迟误差、对流层延迟误差等；可通过观测值求差法来削弱卫星星历误差、卫星钟及接收机钟误差、电离层延迟误差、对流层延迟误差、接收机位置误差等；可通过数据滤波降噪法削弱多路径误差、仪器内部噪声等。

(2) 在RTS动态测量中：通过仪器强制对中方法可消除仪器及合作目标的对

中误差;通过目标自动识别技术可降低目标照准误差;通过试验前仪器轴线校正可降低仪器轴线误差。

(3) 试验研究表明:GNSS 接收机的水平方向的背景噪声小于 10 mm,竖直方向的背景噪声小于 20 mm,背景噪声主要分布在 0～0.2 Hz 频段;RTS 传感器在各方向上的背景噪声大约为 1 mm,主要分布在 0～0.02 Hz 频段,其短基线测量的精度远高于 GNSS 接收机。

(4) 在中国区域:GPS/Galileo 组合系统的卫星可见数量为 14～16 颗,而 GPS 系统为 6～9 颗;GPS/Galileo 组合系统的 PDOP 值分布在 1.30～1.60,而 GPS 系统分布在 2.15～2.32。GPS/Galileo 组合系统可以增加卫星可见数量和降低 PDOP 值,从而有效提高 GNSS 测量精度。

第3章 集成GNSS和加速度计的动态变形监测方法

§3.1 引言

GNSS定位技术作为一种新型桥梁结构动态监测方法，由于其硬件和软件不断发展，尤其是采样率不断提高，其在桥梁振动监测方面表现出独特的优越性。首先，GNSS技术不仅能测量高精度三维绝对位移，还能获取精度高于 3×10^{-5} s 的时间信息；其次，GNSS技术能进行全天候监测，在风雪雨雾中仍能正常工作，不受外界气候条件的影响；最后，GNSS技术不受视线条件限制，不要求测站点之间互相通视(Meng et al，2004b)。而传统测量方法有其不足之处，例如加速度计难以监测 0.2 Hz 以下的结构振动，尤其是结构的缓慢摆动(Li et al，2006b)。此外，地面定位系统、三维激光扫描技术及摄影测量技术已经开始应用于结构动态监测，但它们易受天气影响及视距影响(Im et al，2013)。GNSS技术凭借其独特的优势，能克服上述传统方法的不足之处。

然而GNSS监测技术的发展面临两个技术问题。其一，GNSS监测技术主要用于大跨径桥梁动态位移监测，很少用于中小跨径桥梁的动态位移监测。主要原因是中小跨径桥梁动态位移通常只有数毫米，毫米级的动态位移信息容易被GNSS测量噪声掩盖(Roberts et al，2004c)。其二，通常使用的GNSS接收机采样率为 10 Hz 或 20 Hz，不易识别大于 2 Hz 的结构振动频率(Li et al，2006b)。由于GNSS定位技术是直接测量结构振动的瞬时坐标，故其易识别低频振动信息，例如温度变化引起的缓慢摆动。加速度计通过二次积分获得结构动态位移，由于积分过程中产生趋势项，因此加速度计对低频信号不敏感，难以监测 0.2 Hz 以下的振动。但由于加速度计采样频率高，可以达到 100 Hz，甚至 1 000 Hz，故其易识别高频振动信息。为解决上述GNSS动态监测中遇到的问题，本章提出了一种集成GNSS和加速度计传感器的结构动态变形监测方法。

§3.2　GNSS 和加速度计数据采集装置和方法

3.2.1　多传感器监测装置设计

采用多传感器监测结构动力响应，为保证不同传感器监测相同点位，且避免传感器之间的相对移动，试验合作方诺丁汉大学设计了多传感器监测装置。多传感器监测装置能使 GNSS 天线与加速度计的竖轴重合，GNSS 天线的北标志指向北方向，加速度计的 x 轴与桥梁纵轴方向平行。GNSS 天线、360°棱镜、笼状监测装置及基座上下相连，加速度计安装在笼状监测装置内，如图 3.1 所示。

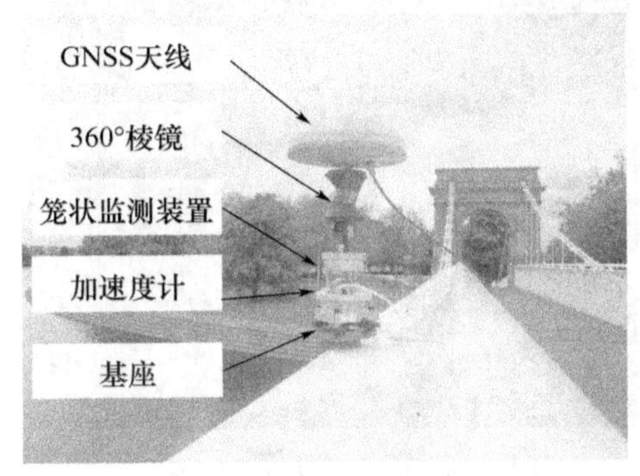

(a) 监测点装置

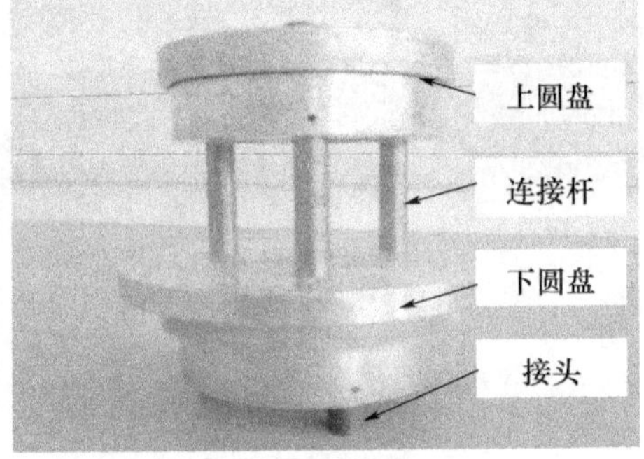

(b) 笼状监测装置

图 3.1　多传感器监测装置设计

笼状监测装置上下各有可旋转的圆盘，即上圆盘和下圆盘，上下两部分用 3 根铜质连接杆连接，该笼状监测装置由试验合作方诺丁汉大学研究者设计。上圆盘中焊接的螺杆可与 GNSS 天线或 360°棱镜直接连接，通过旋转上圆盘，可使 GNSS 天线北标志对准北方向。上圆盘旋转过程中，下部仪器装置不会转动。加速度计可以安装在下圆盘中，即安装在 3 根铜质连接杆之间。通过旋转下圆盘，水平转动加速度计，可使加速度计 x 轴与桥梁纵轴平行。下圆盘转动时，上圆盘不动，则不会影响 GNSS 天线方向。下圆盘底部有 3 个标准尺寸的基座接头，可以直接插入通用的三角基座中。制作了 1 个 U 型铁夹，用它将三角基座固定在监测点位置的铁栏杆上。安装好各装置后，调节基座的 3 个脚螺旋使其气泡居中，此时 GNSS 天线、360°棱镜、加速度计及基座中心同轴且轴线铅垂，能保证多传感器监测相同位置的结构振动。

3.2.2　精密时间数据采集器设计

为解决 GNSS 接收机和加速度计时间同步问题，必须保证两种传感器采集的数据都包含高精度时间信息。GNSS系统的主要功能是导航、定位和授时，其信号本身就包含纳米级精度的GPS时间信息。为使加速度信号中增加GPS时间信息，设计了用于加速度计信号采集的精密时间数据采集器(PTDL)，如图3.2所示。精密时间数据采集器由蓄电池电源、加速度计数据线、精密时间数据采集器和低成本U-blox GPS天线组成，该设备由试验合作方诺丁汉大学设计制作。蓄电池电源同时给精密时间数据采集器和加速度计供电，电压为12 V；加速度计数据线连接加速度计和精密时间数据采集器，用于数据传输和电源供应；低成本U-blox GPS天线采集GPS信号，其作用是获取GPS时间信息，只需要采集1颗卫星信号即可。

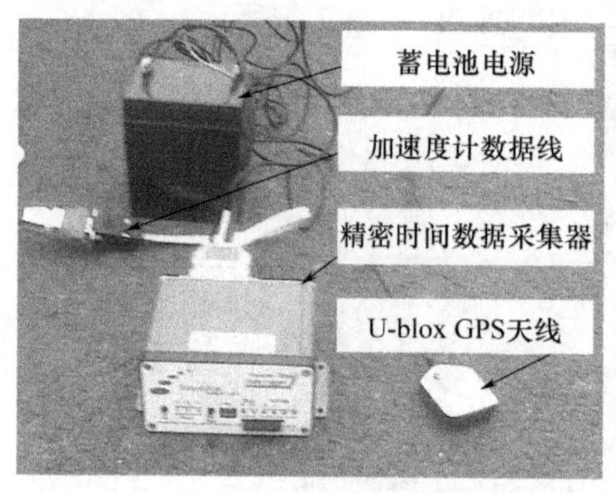

(a) 精密时间数据组件

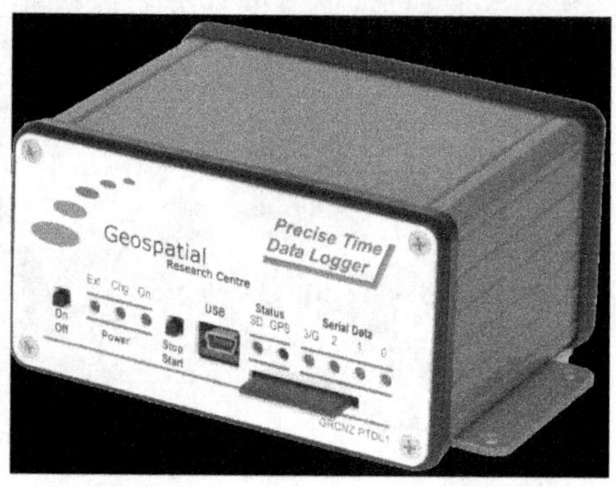

(b) 精密时间数据采集器

图3.2　精密时间数据采集器

精密时间数据采集器是系统核心部分，包含GPS芯片、加速度计信号采集芯片、SD数据存储卡等组件。通过GPS时间秒脉冲信号触发加速度计，获取加速度信号，时间信息被加入到加速度信号中。该采集器正面面板上有电源开关键、信号采集重启键和指示灯。指示灯包括电源指示灯、充电指示灯、数据输入输出端口状态指示灯、SD数据存储卡输出存储指示灯和GPS信号指示灯。采集器背部面板有4个信号和电源接口，其中2个为9针串口，另外2个为25针并口。采集加速度数据时使用其中的2个25针并口，1个并口连接电源供电，1个并口连接加速度计数据线。

3.2.3　多元信号采集方法

采用GNSS接收机和加速度计两类传感器同步监测桥梁结构振动，同步获得GNSS位移数据和加速度计加速度数据，其中GNSS数据采用实时动态(RTK)、网络实时动态(NRTK)和后处理动态(PPK)差分三种模式进行基线解算。为进行GNSS数据多模式处理，每个监测点使用了2台GNSS接收机，它们通过GNSS信号分线器与同一 GNSS 天线连接，如图 3.3 所示。1＃ GNSS 接收机以传统 RTK 模式解算数据(S_a)，2＃ GNSS 接收机以 NRTK 模式解算数据(S_m)，2 台接收机同时采集原始信号，使用徕卡综合办公软件(LGO)解算各自的 PPK 数据(S_b、S_n)，数据采样率均为 20 Hz。同时，采用精密时间数据采集器采集监测点加速度计数据，数据采样率为 100 Hz。每个监测点可同步获得 5 路结构振动信号，如表 3.1 所示。

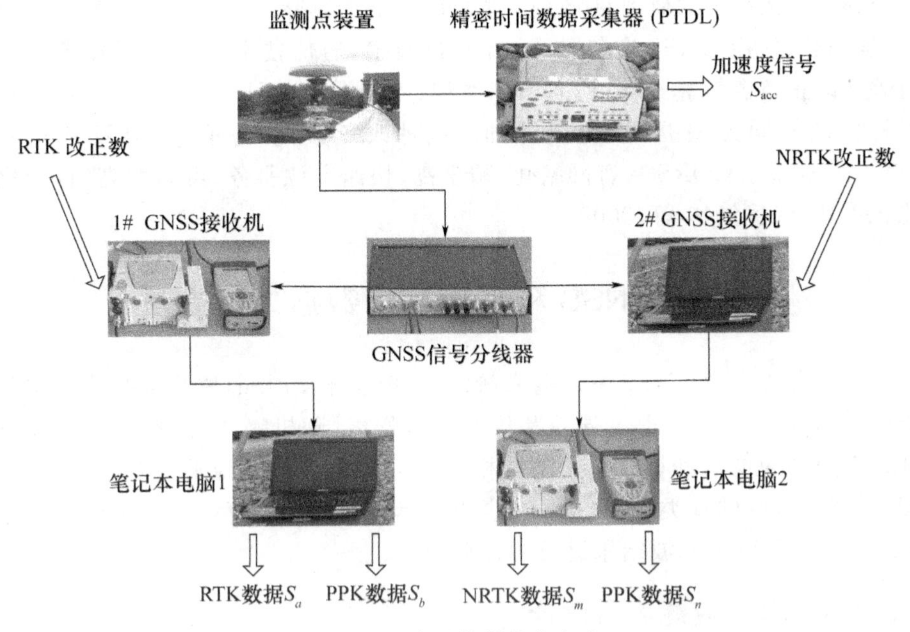

图 3.3 多元数据采集方法

表 3.1 GNSS 和加速度计采集数据参数

编号	仪器	采集模式	变量	采样率/Hz
S_a	1＃ GNSS 接收机	RTK	位移	20
S_b	1＃ GNSS 接收机	PPK	位移	20
S_m	2＃ GNSS 接收机	NRTK	位移	20
S_n	2＃ GNSS 接收机	PPK	位移	20
S_{acc}	加速度计	—	加速度	100

在 RTK 数据解算模式中，用户需在监测桥梁附近建立自己的 GNSS 基准站，该基准站通过无线电台实时发送差分改正数。移动站则利用监测点 GNSS 接收机自己采集到的 GNSS 信号和接收到的基准站改正数，实时解算监测点动态坐

标。基准站和移动站 GNSS 接收机数据采样率为 20 Hz,但受电台硬件的限制,基准站发送改正数的频率为 1 Hz。由于改正数变化较慢,1 Hz 的发送频率并不影响解算结果。NRTK 模式不需要单独建立基准站,利用本地区内已建立的连续运行基准站(CORS)实时发送的差分改正信息进行实时差分定位,实时解算监测点动态坐标。后处理模式是利用专业软件在计算机上解算 GNSS 基准站和流动站记录的原始数据,获得监测点动态坐标。

CORS 是在一定的研究区域内,建立有若干连续运行的基准站、数据通信链路、数据中心,使用 GNSS 定位技术、计算机技术、通信技术和互联网技术来进行实时差分改正信息解算,实时地向不同类型、不同需求、不同层次的用户自动提供经过检验的不同类型的 GNSS 观测值、各种改正数、状态信息,以及其他有关 GNSS 服务信息。CORS 具有网络化、精度高、快速定位服务、可靠性高、自动化和智能化等特点(黄俊华 等,2009)。

§3.3 GNSS 和加速度计数据处理方法

结构动态监测中 GNSS 基线通常较短,一般小于 10 km,故 GNSS 信号主要包含结构实际振动信息、多路径误差和仪器测量噪声(随机噪声)。本书提出最小均方(LMS)自适应滤波和切比雪夫滤波相结合的多模式自适应滤波(MAF)。采用 MAF 削弱信号中的各类噪声,提取结构振动动态位移。最后,对 MAF 与总体经验模式分解(EEMD)滤波结果进行对比分析。

3.3.1 自适应滤波器设计

自适应滤波器是统计信号处理的一个重要组成部分。凡是需要处理位置统计环境下运算结果所产生的信号或处理非平稳信号,自适应滤波器都可提供一种十分吸引人的解决方法,而且其性能通常优于常规方法设计的固定滤波器。自适应滤波能根据环境的改变,使用自适应算法来改变滤波器系数,即其系数自动连续地适应于给定信号,以获得期望响应。它的最大优点是不需要知道信号和噪声的统计特性先验知识,就可以实现信号最佳滤波处理,因此自适应滤波器成功地应用于地震、控制、雷达等领域(Haykin,2002)。LMS 自适应滤波器在随机输入维纳(Wiener)滤波器递归计算过程中采用确定性梯度,LMS 算法包含两个基本过程:

(1) 信号滤波。首先计算线性滤波器对输入信号的响应,然后比较输出信号与期望信号推导出估计误差,此部分工作由参数可变横向滤波器完成。

(2) 自适应过程。利用上述步骤中推导的估计误差来调整滤波器的参数,此部分由自适应控制算法完成,它对横向滤波器的抽头权值进行自适应控制。该自适应过程与前面的滤波过程形成一个反馈环来完成数据的滤波。

LMS 自适应滤波器进行信号处理时需要两路 GNSS 信号：一组信号 $x(n)$ 作为滤波器输入信号，另一组信号 $d(n)$ 作为参考信号，如图 3.4 所示。利用信号中的随机噪声不相关的特性，采用 LMS 算法设计自适应滤波器消除随机噪声。参数可变滤波器采用有限脉冲响应结构，其脉冲响应等于滤波器系数，p 阶滤波器系数 $\boldsymbol{W}_n$ 定义为

$$\boldsymbol{W}_n=[w_n(0)\quad w_n(1)\quad \cdots\quad w_n(p)]^{\mathrm{T}} \tag{3.1}$$

可变滤波器将输入信号 $x(n)$ 与脉冲响应作卷积计算，输出信号 $y(n)$，即

$$y(n)=\boldsymbol{W}_n^{\mathrm{T}}\boldsymbol{X}(n) \tag{3.2}$$

式中

$$\boldsymbol{X}(n)=[x(n)\quad x(n-1)\quad \cdots\quad x(n-p)]^{\mathrm{T}} \tag{3.3}$$

参考信号与输出信号相减得到随机噪声信号 $e(n)$，即

$$e(n)=d(n)-y(n) \tag{3.4}$$

可变滤波器每次都采用更新的滤波器系数 $\boldsymbol{W}(n+1)$，即

$$\boldsymbol{W}_{n+1}=\boldsymbol{W}_n+\Delta\boldsymbol{W}_n \tag{3.5}$$

式中，$\Delta\boldsymbol{W}_n$ 是滤波器系数的校正因子。输出信号 $e(n)$ 即随机噪声，与 $y(n)$ 相关性小。输出信号 $y(n)$ 即已经消除大部分随机噪声的桥梁结构动态位移。但该过程不能消除输入信号和参考信号中相关性较强的误差，如多路径误差。

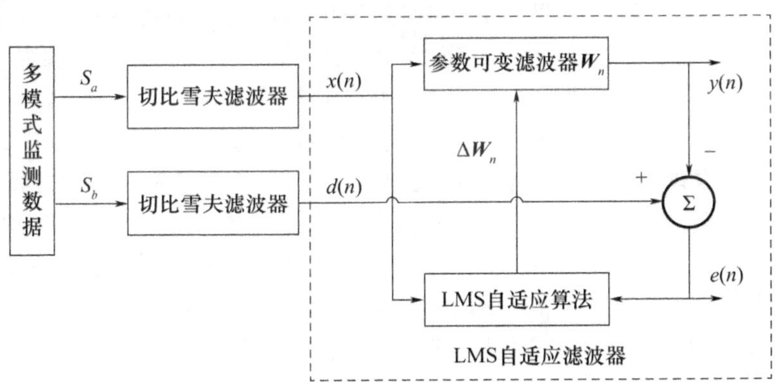

图 3.4　多模式自适应滤波器

3.3.2　多模式自适应滤波器设计

采用 GNSS 接收机进行结构动态变形监测，有多方面因素引起测量误差。GNSS 短基线双差解算过程中，虽然对流层和电离层延迟产生的误差已被削弱，但是有些误差不能被削弱，如多路径误差、随机噪声(Yu et al，2014)。研究者已提出多种数据降噪方法削弱 GNSS 数据中的多路径误差和随机噪声，提取结构实际振动信息。在目前 GNSS 数据处理方法中，能识别出厘米级桥梁结构动态位移，其

精度可达到毫米级别。

然而中小型桥梁结构振动幅度只有数毫米，目前的数据处理方法很难识别此类振动位移。为解决上述问题，本书提出了一种多模式自适应滤波算法，该方法结合LMS自适应滤波器和切比雪夫高通滤波器来处理GNSS数据。多路径误差主要分布在0～0.2 Hz频带(Moschas et al,2013b)，随机噪声分布在较宽频带，但能量较低。国内外学者研究GNSS测量误差特性，获得相似的结论(Chan et al,2006b；Kijewski-Correa et al,2006a；Yi et al,2013b)。

采用多元信号采集方法可同步获得4组多模式GNSS数据(S_a、S_b、S_m、S_n)，如表3.1所示。多模式数据是相同时间段相同测点的桥梁结构振动信号，故它们监测的结构实际振动信息应该相同，但它们的测量误差不同。选择多模式数据中的2组数据(S_a、S_b)，忽略次要成分，2组信号可以表示为

$$S_a = M_a(n) + V_a(n) + N_a(n) \tag{3.6}$$

$$S_b = M_b(n) + V_b(n) + N_b(n) \tag{3.7}$$

其中，n为数据长度，$M_a(n)$和$M_b(n)$为各自信号的多路径误差，$V_a(n)$和$V_b(n)$为各自信号的桥梁实际振动信息，$N_a(n)$和$N_b(n)$为各自信号的随机噪声。由于$V_a(n)$和$V_b(n)$为相同时段相同监测点的桥梁实际振动信息，从理论上讲它们应该完全相等。MAF滤波方法是利用它们的强相关性，提取“共同成分”，从而识别桥梁振动位移。MAF滤波过程分为两个步骤：首先采用切比雪夫高通滤波器消除多路径误差，然后采用自适应滤波器削弱随机噪声，如图3.4所示。详细步骤如下。

步骤一：设计Ⅰ型切比雪夫滤波器消除多路径误差，即$M_a(n)$和$M_b(n)$。切比雪夫滤波是在通带或阻带上频率响应幅度等波纹波动的滤波器，常用于结构振动信号滤波。根据理论计算选择合适的通带频率设计切比雪夫高通滤波器，分离长周期和短周期振动信号，长周期信号中包含多路径误差和结构准静态位移，短周期信号中包含随机噪声和结构实际振动成分。有限元计算出试验桥梁振动基频为1.74 Hz，故设计1.0 Hz通带频率的8阶Ⅰ型切比雪夫高通滤波器，采用此滤波器处理GNSS监测数据(S_a、S_b)，获得消除多路径误差$M_a(n)$和$M_b(n)$后的信号$x(n)$、$d(n)$，即

$$x(n) = V_a(n) + N_a(n) \tag{3.8}$$

$$d(n) = V_b(n) + N_b(n) \tag{3.9}$$

步骤二：设计自适应滤波器削弱信号中的随机噪声，即$N_a(n)$和$N_b(n)$。信号$x(n)$、$d(n)$中都包含结构实际振动成分和随机噪声。$V_a(n)$和$V_b(n)$代表相同时段相同监测点的桥梁实际振动成分，故可认为

$$V_a(n) = V_b(n) \tag{3.10}$$

利用随机噪声$N_a(n)$和$N_b(n)$的弱相关性，采用LMS算法设计自适应滤波器来削弱随机噪声，获得降噪后的桥梁振动位移。信号$x(n)$作为自适应滤波器输入

信号，$d(n)$作为自适应滤波器的参考信号，滤波器输出数据 $y(n)$即结构实际振动信号 $V_a(n)$，则

$$y(n) = \sum_{i=0}^{M-1} \widehat{w}_i(n)x(n-i) \tag{3.11}$$

$$V_a(n)=y(n) \tag{3.12}$$

其中，M 为 LMS 滤波器长度，$\widehat{w}_i(n)$为滤波器系数，表示自适应滤波算法权重。估算误差 $e(n)$为

$$e(n)=d(n)-y(n) \tag{3.13}$$

从式(3.9)、式(3.10)和式(3.13)可推算得

$$N_b(n)=e(n) \tag{3.14}$$

采用上述的多模式自适应滤波算法，可以从两组同步监测的 GNSS 信号中识别桥梁结构的实际振动位移 $V_a(n)$。

3.3.3　EEMD 数据处理方法

Huang 等(2005)提出新信号处理方法——经验模式分解(EMD)，将非平稳信号从高频到低频分解为有限个本征模函数(IMF)，即单分量信号。Hilbert-Huang 变换第二部分内容是将 IMF 分量进行希尔伯特(Hilbert)变换，求解出单分量的瞬时频谱，然后将分量频谱累加，获得分解前的原始信号的瞬时频谱。

EMD 方法作为一种自适应的时频信号分析方法，已经被成功应用于地震、海洋等领域的非线性、非平稳信号处理。它的基本原理是使复杂的信号分解为有限个本征模函数，其各分量由原信号不同时间尺度的局部特征信号组成。本征模函数具备两个特点：①函数在整个时间范围内，过零点与局部极值点的数量需相等或相差一个；②在任意时刻点，上包络线与下包络线的平均值需为零。

EMD 基本分解过程如下：

(1) 找出原始数据序列 $x(t)$中的极大值，用三次样条插值拟合而形成上包络线序列 $u_{\max}$；找出原始数据序列中的极小值，同样的方法拟合出下包络线序列 $u_{\min}$。

(2) 计算上包络线与下包络线的均值，计算出平均包络线序列 $m_1=(u_{\max}+u_{\min})/2$。

(3) 原始数据序列 $x(t)$减去平均包络线序列 m_1，获得细节信号 $h_1(t)$。把 $h_1(t)$作为新的数据处理对象，重复上述的过程 k 次，直到细节信号 $h_{1,k}(t)$满足 IMF 分量的两个特点，那么 $h_{1,k}(t)$序列命名为 c_1，其即第 1 阶 IMF 分量。

(4) 新的数据处理序列 $r_1=x(t)-c_1$，重复上述步骤，获得第 $2,3,\cdots,j$ 阶 IMF 分量，直到 r_n 成为一个单调函数或仅有一个极值点的函数。

然而，EMD 算法有其不足之处，它的主要缺陷是出现的模态混叠现象。所谓模态混叠就是一个 IMF 分量中包含不同尺度的信号，或者一个类似尺度的信号分

布在不同的 IMF 分量中。为解决这个尺度分解问题，Wu 等(2009)提出了一种噪声辅助算法——总体经验模式分解(EEMD)，其在信号中加入白噪声，利用白噪声频谱均匀性消除模态混叠现象。当附加的白噪声均匀分布在整个时频空间时，该时频空间就由滤波器分割成的不同尺度成分组成。当信号与白噪声叠加时，不同尺度的信号区域会映射到与白噪声相关的尺度上。由于附加白噪声的影响，每次单独测试都会产生包含噪声的信号成分。每次测试中产生不同的噪声，当测试次数足够多时，采用求均值的方法可以消除噪声影响，所求的平均值即降噪后的结果。

EEMD 具体分解步骤如下：

(1) 将待分解原始信号 $x(t)$加入一组白噪声 $w(t)$，获得总体信号 $X(t)$，即

$$X(t)=x(t)+w(t) \tag{3.15}$$

(2) 对总体信号 $X(t)$进行 EMD 分解，获得 IMF 分量，即

$$X(t)=\sum_{j=1}^{n}c_j+r_n \tag{3.16}$$

(3) 将原始信号 $x(t)$加入不同的白噪声 $w_i(t)$，重复上述处理步骤，即

$$X_i(t)=x(t)+w_i(t) \tag{3.17}$$

分解后的 IMF 分量组表示为

$$X_i(t)=\sum_{j=1}^{n}c_{ij}+r_{in} \tag{3.18}$$

(4) 对加入不同噪声的 IMF 分量求平均，获得最后总体平均 IMF 组 c_j，即

$$c_j=\frac{1}{N}\sum_{i=1}^{N}c_{ij} \tag{3.19}$$

式中，N 为总体样本个数。当样本数量足够多时，能完全消除噪声影响，其总体平均值被认为是真值。实际分解出的结果总会有一些残余误差，为了达到更好的降噪效果，加入的白噪声幅值应为原始信号幅值的 0.1～0.2 倍。

3.3.4 多传感器数据处理流程

采用 GNSS 和加速度计传感器监测结构动力响应，其数据处理步骤为：数据预处理、动态位移识别、模态频率识别、加速度分析和滤波方法对比分析，如图 3.5 所示。具体步骤如下：

(1)对 GNSS 和加速度计传感器采集的原始信号进行预处理，解算出多模式坐标序列(S_a、S_b、S_m、S_n)，然后进行坐标系转换、剔除异常值、修复遗漏值等工作，并对加速度计数据(S_{acc})进行类似处理。

(2)采用三种方案(A、B、C)对 GNSS 数据进行 MAF 多模式自适应滤波，识别各自的动态位移序列(A_1、B_1、C_1)。三种滤波方案是从 GNSS 坐标序列 (S_a、S_b、

S_m、S_n）中选取不同数据作为输入信号和参考信号。另外，同时对加速度计采集的加速度序列进行二次积分，计算对应的位移序列（D_1）。

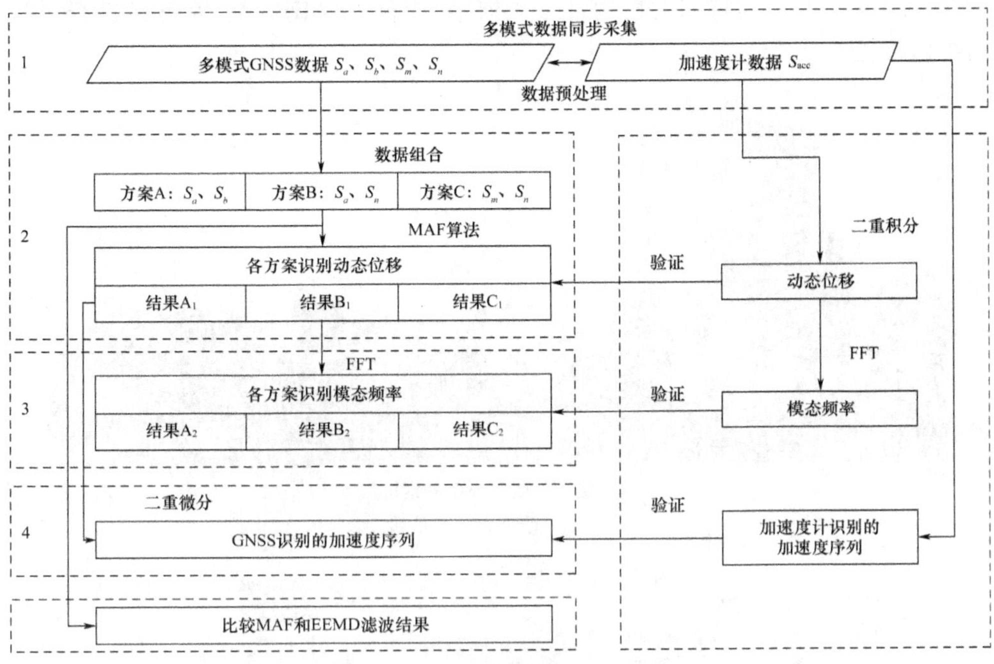

图 3.5　多传感器数据处理流程

（3）采用 FFT 方法对三组 GNSS 动态位移序列（A_1、B_1、C_1）进行频谱分析，识别对应的结构振动频率（A_2、B_2、C_2）。同时，对加速度计测量的加速度序列（S_{acc}）进行频谱分析，亦获得桥梁结构振动频率。

（4）对方案 A 识别的 GNSS 位移序列（A_1）进行两次微分处理，计算出对应的加速度序列（A_3），并采用 FFT 方法分析其频谱。最后，对比分析 GNSS 和加速度计识别的加速度序列。

（5）为验证 MAF 的滤波效果，同时采用 EEMD 方法对 GNSS 数据进行滤波降噪，对比 MAF 和 EEMD 算法的优缺点。

§3.4　实桥监测试验

3.4.1　试验桥梁

2011 年 9 月至 2012 年 9 月本书作者在英国访问学习，期间在英国诺丁汉威尔福德悬索桥进行了多次桥梁监测试验。威尔福德悬索桥位于英国诺丁汉市区附近的特伦特河上，是一座跨径69 m、宽度3.7 m的双主缆重力式锚碇人行桥。该桥修建于1904年，已使用100多年，主要用于两岸居民通行和承载自来水管道，如图3.6所示。2010年桥面破损构件坠入河中，为保证居民安全，对该桥进行了封闭维修改造。

(a) 诺丁汉威尔福德悬索桥

(b) 桥面跨中监测点

(c) GNSS基准站

图3.6 英国诺丁汉威尔福德悬索桥监测试验

诺丁汉威尔福德悬索桥是英国诺丁汉大学变形监测试验基地，诺丁汉大学已在该桥进行多个研究项目的监测试验。例如，2002年英国工程与物理科学研究理事会资助的GNSS桥梁健康监测项目（Meng et al，2004a）、2013年欧空局资助的基于GNSS和对地观测技术的桥梁健康监测项目（Meng，2013）。2006年研究者根据野外测量的桥梁结构尺寸和材料，对该桥上部结构进行了有限元分析（Meo et al，2006）。本书作者在该桥进行了多次监测试验，区别于其他研究者监测试验，试验过程中同时考虑3种GNSS数据处理模式（RTK、NRTK、PPK），并且设计和使用MAF滤波方法对数据进行处理。

3.4.2　试验设备

监测试验使用 3 套 GNSS 接收机、1 台三轴加速度计、1 个数据采集器、1 个监测点装置等，如图 3.6 所示。在桥梁变形监测过程中，河水、桥面、主缆、墩台等都可能反射 GNSS 信号，引起多路径效应，多路径误差是主要误差来源。为了削弱多路径误差，选用 2 个新型扼流圈天线。型号分别为徕卡 AR10 和徕卡 T504，其中徕卡 AR10 天线具有扼流圈天线的功能，其尺寸和重量较小，非常适于结构监测。其他研究者已使用该系列 GNSS 接收机进行动态位移监测，其测量精度可达到毫米级别（Meng，2002；Chan et al，2006b；Kijewski-Correa et al，2006a）。加速度计型号为 Kistler 8392A2，其最大采样率为 150 Hz，测程为 ±19.6 m/s^2。该加速度计噪声低、灵敏度高，非常适用于桥梁结构健康监测。

3.4.3　试验过程

试验中采用 GNSS 和加速度计传感器监测桥梁结构动力响应，其中 GNSS 定位技术同时使用 RTK、PPK、NRTK 数据解算模式。RTK 和 PPK 数据解算模式是使用本地基准站发送的差分改正数，本地基准站建立在被监测桥梁附近。NRTK 数据解算模式是使用 CORS 系统发送的差分改正数，英国政府已建立覆盖大不列颠岛和爱尔兰岛的 CORS 系统。离试验现场最近的基准站是诺丁汉基沃斯 CORS 基准站，至监测点的直线距离为 7.4 km。该基准站作为本次 NRTK 解算的主站，其他相邻的几个基准站为辅站。

监测点布置在悬索桥跨中下游侧，1＃ GNSS 和 2＃ GNSS 接收机通过信号分线器与监测点 GNSS 天线连接，1＃ GNSS 接收机采用传统 RTK 模式采集数据，2＃ GNSS 采用 NRTK 模式采集数据，2 台传感器都同时记录原始数据用于后处理解算。本地基准站安置在试验桥梁河堤附近，使用 3＃ GNSS 接收机和徕卡 T504 扼流圈天线，按 1 s 时间间隔为 RTK 数据解算发送差分改正数，按 0.05 s 时间间隔记录原始数据。采用上述的采集方式，获得相同时间段相同监测点的多模式 GNSS 解算数据（S_a、S_b、S_m、S_n）。另外，加速度计安装在监测点多传感器装置中，其竖轴与 GNSS 天线竖轴重合，横轴与桥梁纵轴方向平行。采用精密时间数据采集器，采集包含精密 GPS 时间的加速度计数据（S_{acc}）。采用上述方式，GNSS 和加速度计传感器同步采集 5 组数据（S_a、S_b、S_m、S_n、S_{acc}），如表 3.1 所示。

共进行 5 个工况监测试验，各工况激励荷载或信号类型不同，如表 3.2 所示。在工况 1 和工况 4 中 3 名体重共 180 kg 的试验人员在跨中监测点同步跳跃激励振动，在工况 2 中试验人员非同步跳跃激励振动，每组跳跃时间为 10 s，间隔时间为 3 分钟。在工况 3 和工况 5 中，主要是风和行人荷载激励振动。在工况 4 中 GNSS 接收机采集了 2 类 GNSS 卫星信号，即 GPS 和 GLONASS 导航系统信号，其他工况中仅采集 GPS 导航系统信号。本章重点分析工况 1 监测数据，并绘制 10:14:40—10:26:00 时间段 680 s 的监测数据。

表 3.2　实桥监测试验工况

工况	时间/分钟	试验说明
1	47	3 人同步跳跃，GNSS 采集 GPS 数据
2	37	3 人不同步跳跃，GNSS 采集 GPS 数据
3	78	未跳跃，小风，偶尔有行人通过，GNSS 采集 GPS 数据
4	26	3 人同步跳跃，GNSS 采集 GPS 和 GLONASS 数据
5	70	未跳跃，小风，偶尔有行人通过，GNSS 采集 GPS 数据

3.4.4　试验结果

在悬索桥主跨跨中监测点，GNSS 接收机采集结构振动位移信号，加速度计采集结构振动加速度信号。共获得 5 组监测数据：1＃ GNSS 接收机 RTK 解算数据（S_a）和 PPK 解算数据（S_b），2＃ GNSS 接收机 NRTK 解算数据（S_m）和 PPK 解算数据（S_n），以及加速度计数据（S_{acc}），如图 3.7 所示。由于多路径误差和随机噪声的干扰，GNSS 数据中结构实际振动信息被噪声掩盖，将采用多模式自适应滤波对被污染的 GNSS 数据进行处理。另外，在加速度计测量的加速度数据中，跳跃激励振动波形较明显。

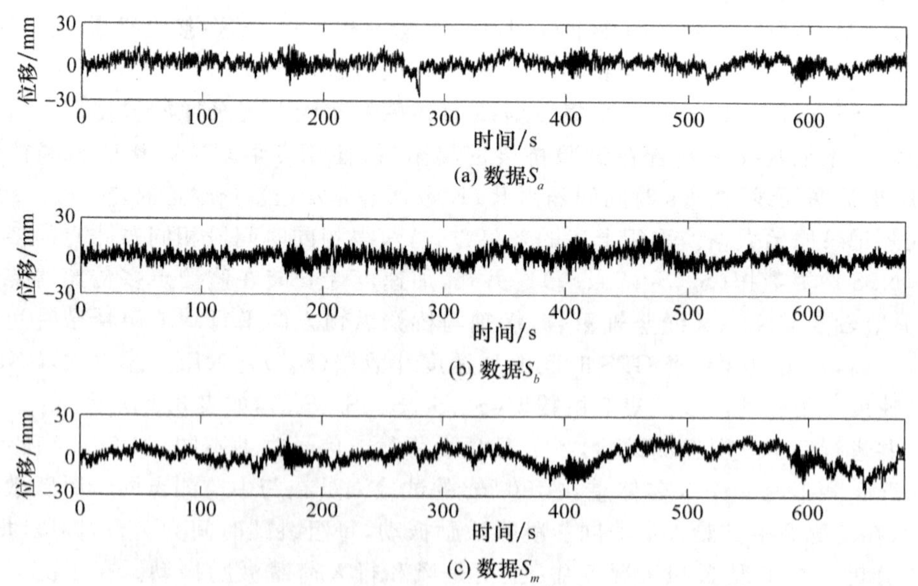

图 3.7　GNSS 和加速度计测量原始数据

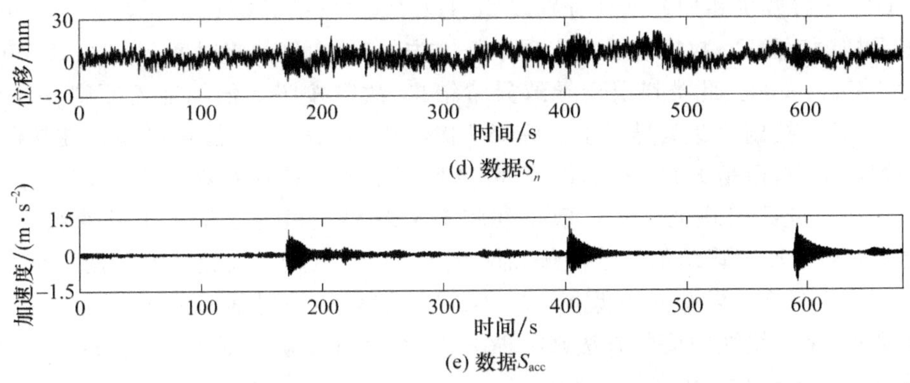

(d) 数据S_n

(e) 数据S_{acc}

图 3.7(续)　GNSS 和加速度计测量原始数据

§3.5　试验数据处理与分析

3.5.1　数据预处理

GNSS 和加速度计采集的数据使用不同的坐标系统，需统一两类传感器坐标系统。GNSS 使用 1984 世界大地测量系统(WGS-84)，加速度计使用本地桥梁坐标系统。首先将 GNSS 的 WGS-84 坐标转换为英国本地测量坐标系统 OSGB NG 坐标，其转换公式为(Roberts et al，2004c)

$$\begin{bmatrix} X \\ Y \\ Z \end{bmatrix}_{\text{OSGB-36}} = \begin{bmatrix} t_X \\ t_Y \\ t_Z \end{bmatrix} + \begin{bmatrix} 1+s & -r_Z & r_Y \\ r_Z & 1+s & -r_X \\ -r_Y & r_X & 1+s \end{bmatrix} \begin{bmatrix} X \\ Y \\ Z \end{bmatrix}_{\text{WGS-84}} \tag{3.20}$$

式中，t_X、t_Y、t_Z 为各坐标轴方向的平移参数，r_X、r_Y、r_Z 为各坐标轴的旋转参数，s 为比例因子减去 1 的值。采用横向墨卡托投影将上述的椭球坐标(X,Y,Z)转换为平面坐标(E,N,H)。在把平面坐标(E,N,H)转换到本地桥梁坐标系。本地桥梁坐标系是分别以桥梁纵向为 x 轴，以横向为 y 轴，以竖向为 z 轴，其转换公式为

$$\begin{bmatrix} x \\ y \\ z \end{bmatrix} = \begin{bmatrix} \cos\alpha & \sin\alpha & 0 \\ -\sin\alpha & \cos\alpha & 0 \\ 0 & 0 & 1 \end{bmatrix} \begin{bmatrix} E \\ N \\ H \end{bmatrix} \tag{3.21}$$

式中

$$\alpha = \arctan[(E_1 - E_2)/(N_1 - N_2)] \tag{3.22}$$

α 为桥梁纵向在平面坐标系中的方位角，(E_1, N_1)和(E_2, N_2)分别为 GNSS 接收机测量的桥梁纵向 2 个点的坐标。

GNSS 接收机和加速度计分别以 20 Hz、100 Hz 的频率记录原始数据。由于数据采样频率较高，数据记录中出现字符缺失的现象，例如将时间 11:24:45.00 记录为 1:24:45.00。此类错误会导致异常结果，故需按照 3 倍标准差原则(99.7% 置信区间)直接剔除此类异常值。GNSS 接收机的原始观测值直接保存在接收机内部存储卡中，但是 RTK 和 NRTK 解算数据不能直接保存在内部存储卡中，否则会出现大量数据缺失。通过数据线将 GNSS 接收机与笔记本电脑直接连接，RTK 和 NRTK 解算结果直接传输和保存在笔记本电脑。大量试验数据统计结果表明，RTK 解算结果遗漏率低于 1%，NRTK 解算结果遗漏率低于 3%。对于遗漏的数据，采用线性插值的方法修补遗漏值，t_1 时刻与 t_2 时刻之间遗漏的 t 时刻的坐标(x,y,z)计算式为

$$\left.\begin{aligned} x&=x_1+\frac{(t-t_1)x_2-(t-t_1)x_1}{t_2-t_1}\\ y&=y_1+\frac{(t-t_1)y_2-(t-t_1)y_1}{t_2-t_1}\\ z&=z_1+\frac{(t-t_1)z_2-(t-t_1)z_1}{t_2-t_1} \end{aligned}\right\} \tag{3.23}$$

式中，(x_1,y_1,z_1)为 t_1 时刻的测量坐标，(x_2,y_2,z_2)为 t_2 时刻的测量坐标。对于数据记录间隔为 0.05 s 的 GNSS 接收机，上述的时刻值 t_1、t_2、t 都为 0.05 s 的倍数。GNSS 接收机记录三维坐标序列，坐标序列分别减去各自对应的初始值即可获得三维位移序列。

3.5.2 MAF 方法识别动态位移序列

首先采用 MAF 方法从 GNSS 数据中识别结构动态位移，接着采用二次积分方法从加速度计数据中计算结构动态位移，最后对比分析 GNSS 和加速度计动态位移。

采用 MAF 方法从多模式数据中识别动态位移，需要输入信号、参考信号 2 组数据。为了对比 MAF 方法的降噪效果，共设计 3 种滤波方案：方案 A 使用 1# GNSS 接收机的 RTK 和 PPK 解算数据，方案 B 使用 1# GNSS 接收机 RTK 解算数据和 2# GNSS 接收机 PPK 解算数据，方案 C 使用 2# GNSS 接收机 NRTK 解算数据和 1# GNSS 接收机 RTK 解算数据，如表 3.3 所示。

表 3.3 多模式自适应滤波方案

方案	输入信号	参考信号
A	RTK 位移序列 S_a	PPK 位移序列 S_b
B	RTK 位移序列 S_a	PPK 位移序列 S_n
C	NRTK 位移序列 S_m	RTK 位移序列 S_a

注：S_a、S_b 为 1# GNSS 接收机数据，S_m、S_n 为 2# GNSS 接收机数据。

以方案A为例，MAF滤波器输入信号为S_a，参考信号为S_b，如图3.7(a)、图3.7(b)所示。首先采用通带频率为1.0 Hz的8阶Ⅰ型切比雪夫高通滤波器处理信号S_a和S_b，消除多路径误差。滤波后的信号分别为$x(n)$和$d(n)$，如图3.8(a)、图3.8(b)所示。然后采用自适应滤波器对信号$x(n)$和$d(n)$进行降噪处理，削弱信号中的随机噪声，滤波后信号分别为$e(n)$和$y(n)$，如图3.8(c)、图3.8(d)所示。识别出的位移序列$y(n)$为结构振动位移，$e(n)$为测量过程中的随机噪声。

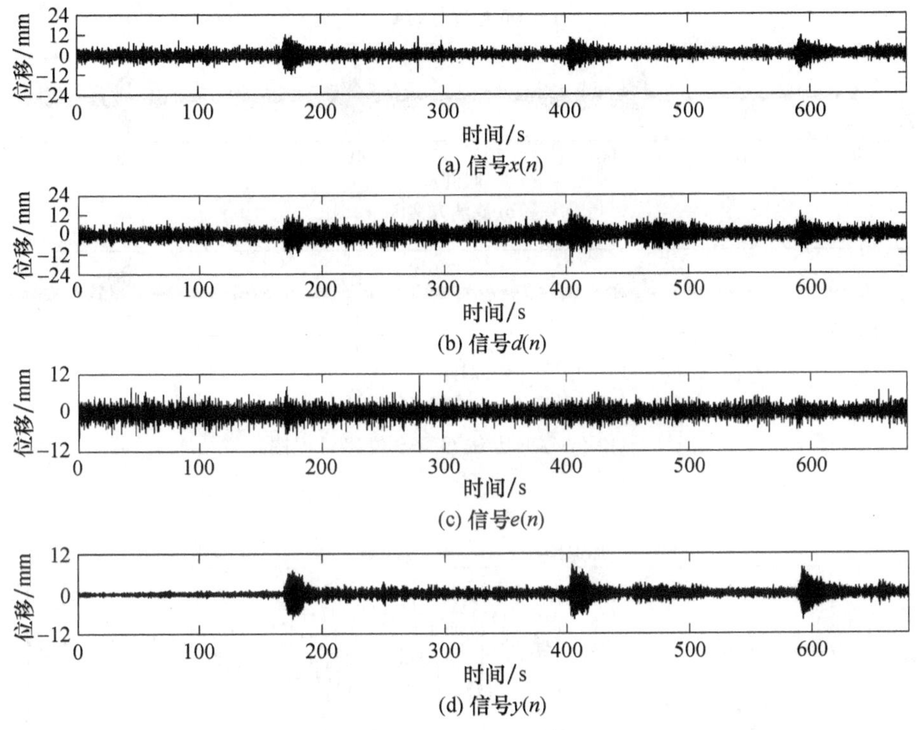

图3.8 MAF方法滤波结果

采用MAF方法滤波，3种方案(A、B、C)都识别出幅值大约为8 mm的结构振动的动态位移序列，加速度计数据二次积分后亦计算出结构振动的动态位移序列，如图3.9所示。对比分析GNSS和加速度计的动态位移序列，其曲线非常相似，但GNSS位移振幅比加速度计位移振幅略大，这是由于GNSS位移序列中包含有残余的随机噪声。

放大图3.9中150～200 s区间GNSS和加速度计位移曲线，如图3.10所示。动态位移的第Ⅰ部分是由微风和偶尔通过的行人激励，位移振幅较小，最大位移振动和测量误差综合值小于2 mm，表明2类传感器测量动态位移的误差小于2 mm。

振动位移的第Ⅱ部分是由试验人员跳跃激励，位移峰值明显，其位移振动小于 8 mm。2 类传感器识别的位移曲线差异较小，由于残留的随机噪声影响，GNSS 位移振幅略大。

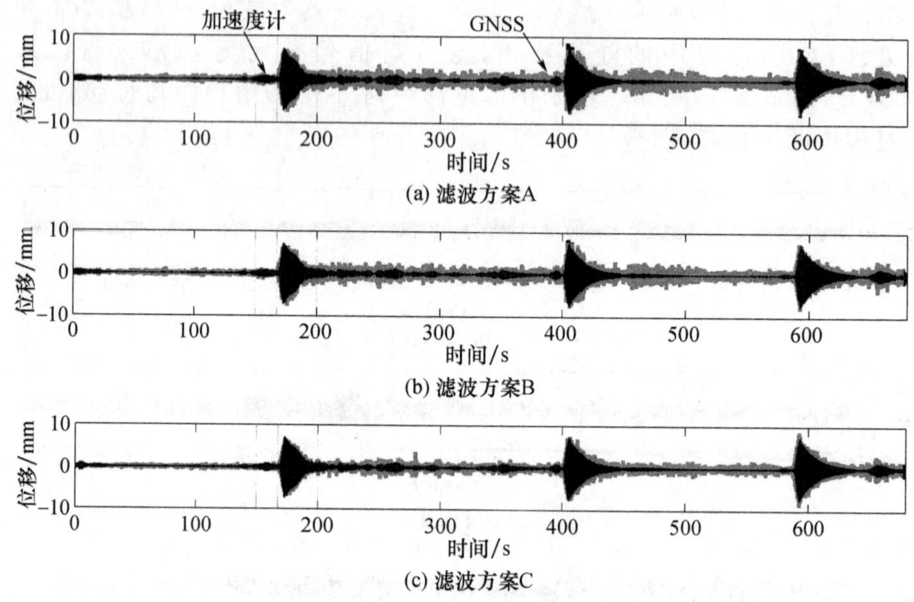

(a) 滤波方案A

(b) 滤波方案B

(c) 滤波方案C

图 3.9 MAF 方法 GNSS 位移时程图

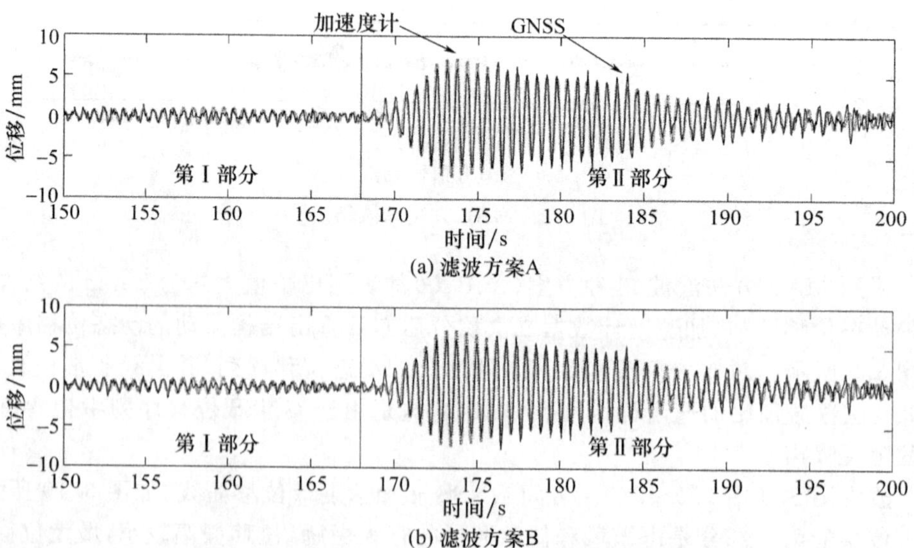

(a) 滤波方案A

(b) 滤波方案B

图 3.10 MAF 方法 GNSS 位移序列放大时程图

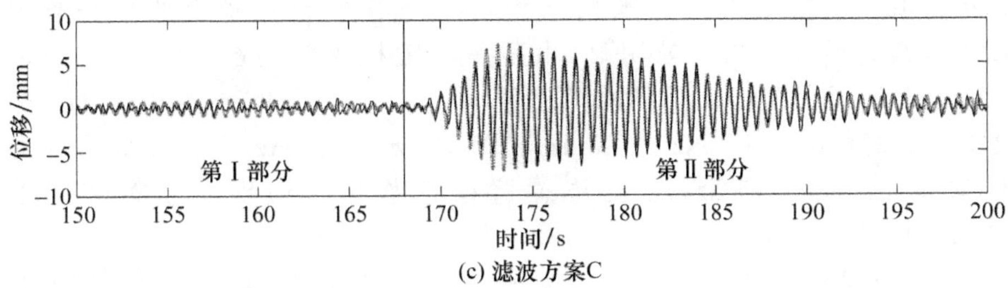

(c) 滤波方案C

图 3.10(续)　MAF 方法 GNSS 位移序列放大时程图

为了量化分析 3 种方案识别的 GNSS 位移序列与加速度计位移序列的差别，首先计算它们之间的差值序列，然后计算差值序列的标准差 σ_{SD} 和平均差 $|\overline{x}|$，即

$$\sigma_{SD}=\sqrt{\frac{1}{N}\sum_{i=1}^{N}[g(i)-a(i)]^2} \tag{3.24}$$

$$|\overline{x}|=\frac{1}{N}\sum_{i=1}^{N}[|g(i)-a(i)|] \tag{3.25}$$

其中，N 为信号长度，$g(i)$为 20 Hz 采样频率的 GNSS 位移序列，$a(i)$为20 Hz采样频率的加速度计位移序列。如表 3.4 所示，3 种方案中标准差最大值为 0.8 mm，平均差最大值为 0.7 mm，两者都小于 1 mm。结果表明 3 种滤波方案提取的 GNSS 动态位移与加速度动态位移曲线高度相似，证明 MAF 方法准确可靠。取 3 倍标准差(99.7%置信区间)作为可探测的最小振动量，GNSS 接收机完全可以探测振幅大于 3 mm 的结构振动位移。

表 3.4　MAF 方法滤波结果标准差和平均差　　　单位：mm

比较指标	方案 A 与加速度计		方案 B 与加速度计		方案 C 与加速度计	
	Ⅰ部分	Ⅱ部分	Ⅰ部分	Ⅱ部分	Ⅰ部分	Ⅱ部分
标准差	0.2	0.8	0.2	0.7	0.2	0.6
平均差	0.2	0.7	0.1	0.6	0.1	0.4

3.5.3　FFT 方法识别结构模态频率

如图 3.10 所示，从 GNSS 和加速度计数据中识别的动态位移都包含 2 部分，第Ⅰ部分为微风、偶尔通过的行人激励桥梁结构振动，第Ⅱ部分为试验人员跳跃激励结构振动。由于桥梁结构振动频率通常在 0.1～10 Hz，因此采用 FFT 方法仅分析 0～10 Hz 频谱。

方案 A 中的位移序列如图 3.10(a)所示，采用 FFT 方法分析其频谱。第

Ⅰ部分是跳跃激励前的环境随机振动，GNSS 接收机识别出的模态频率为 1.68 Hz，其高频部分噪声较明显，由残留的随机噪声引起，如图 3.11(a)所示。加速度计识别出峰值明显的模态频率 1.68 Hz、2.90 Hz、5.29 Hz，还有峰值不明显的频率 1.15 Hz、1.43 Hz、1.78 Hz、5.19 Hz，是由于频谱泄漏而产生，如图 3.11(c)所示。2 类传感器在重叠频带识别的模态频率都为 1.68 Hz，结果完全吻合。

第Ⅱ部分是试验人员跳跃激励受迫振动。GNSS 接收机识别出模态频率 1.68 Hz，其幅值比第Ⅰ部分的幅值高；加速度计识别出峰值明显的模态频率 1.69 Hz、2.77 Hz、5.20 Hz，与第Ⅰ部分信号的模态频率基本相同，由于频谱泄漏，也产生 1.20 Hz、1.95 Hz、3.04 Hz 的较弱峰值。2 类传感器在重叠频带区域识别的模态频率分别为 1.68 Hz、1.69 Hz，结果基本吻合。

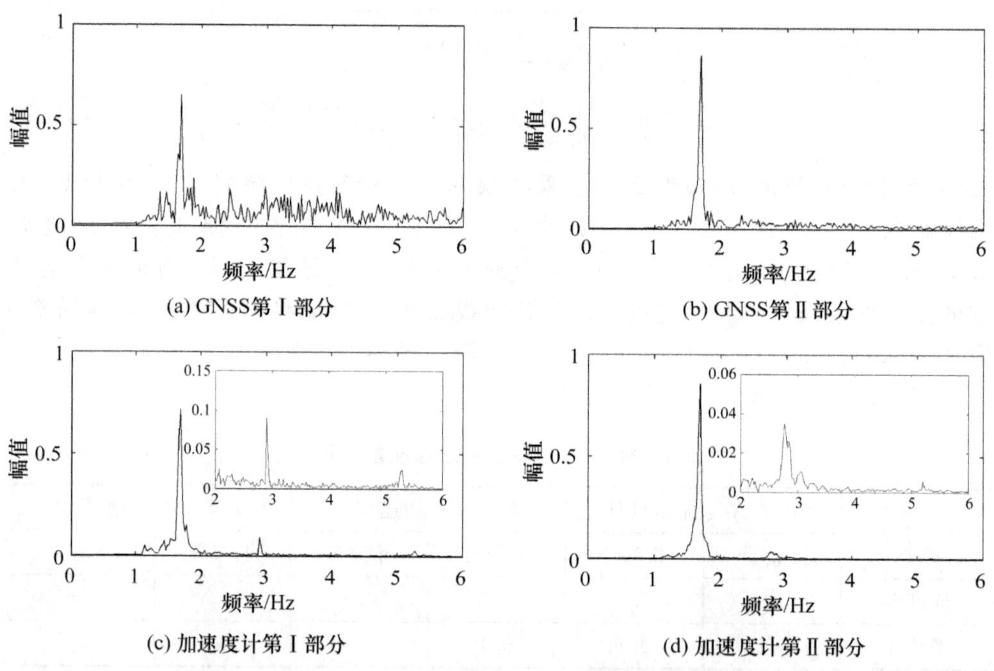

图 3.11　GNSS 和加速度计位移序列频谱图

表 3.5 综合了 GNSS 和加速度计识别的结构模态频率。GNSS 接收机较易识别低频信号，其结果与加速度计结果吻合；而加速度计对高频信号更敏感，能识别出高频部分的模态频率。集成 GNSS 和加速度计的方法能弥补各自不足，既能监测振动的低频部分，也能监测振动的高频部分，保证了振动监测的完整性。

表 3.5　GNSS 和加速度计识别模态频率　单位：Hz

模态频率	第Ⅰ部分			第Ⅱ部分		
	①	②	③	④	⑤	⑥
GNSS	1.68	—	—	1.69	—	—
加速度计	1.68	2.90	5.29	1.69	2.77	5.20

3.5.4　由 GNSS 位移序列计算加速度序列

由 GNSS 位移序列可计算加速度序列，加速度计直接测量加速度序列，对比两类传感器获得的加速度序列，可评定 GNSS 接收机测量精度。有限元计算的试验桥梁振动基频为 1.74 Hz，故首先采用通带频率 1.1 Hz、阻带频率 2.2 Hz 的Ⅰ型切比雪夫带通滤波器对 GNSS 位移序列进行滤波，然后采用二次微分方法求得 GNSS 的加速度序列，如图 3.12(a)所示。采用七点数值微分方法由 GNSS 位移序列计算 GNSS 速度序列(Roberts et al，2004c)，即

$$v_i=\frac{1}{60\Delta t}(2y_{i+3}-13y_{i+2}+50y_{i+1}-50y_{i-1}+13y_{i-2}-2y_{i-3}) \tag{3.26}$$

式中，v_i 为在 i 点的速度，y_i 为在 i 点的位移。然后由 GNSS 速度序列计算 GNSS 加速度序列，即

$$a_i=\frac{1}{60\Delta t}(2v_{i+3}-13v_{i+2}+50v_{i+1}-50v_{i-1}+13v_{i-2}-2v_{i-3}) \tag{3.27}$$

式中，a_i 为在 i 点的加速度。

另外，对加速度计测量的采样率为 100 Hz 的加速度序列重采样，获得 20 Hz 数据采样率的加速度序列，如图 3.12(b)所示。分别分析 GNSS 和加速度计识别的加速度序列，两者曲线基本一致，但 GNSS 加速度序列中残留有较多的随机噪声。采用 FFT 方法分析上述 2 组加速度序列的频谱，2 组数据频谱曲线基本一致，识别出的结构振动基频都为 1.690 Hz，如图 3.13 所示。分析结果表明，GNSS 和加速度计分别识别的加速度时程图和频谱图基本一致，再次验证 GNSS 监测技术的可靠性。

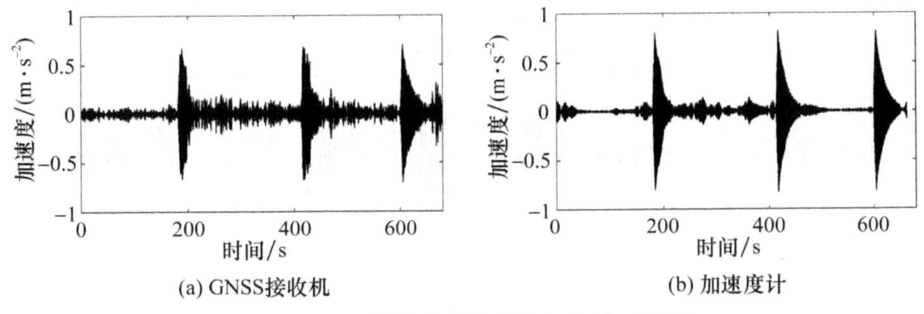

图 3.12　两类传感器识别的加速度时程图

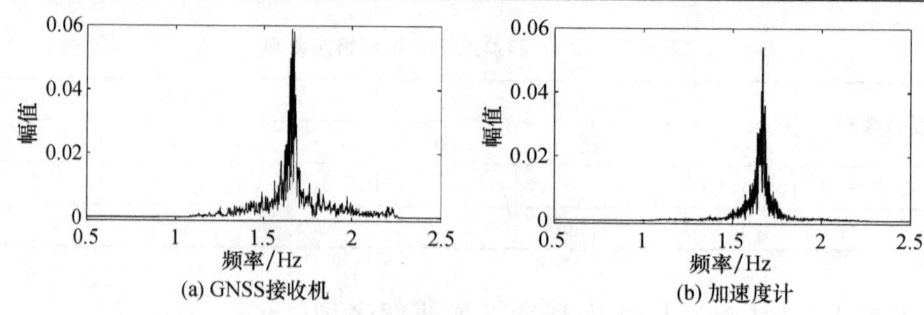

图 3.13　两类传感器的加速度序列频谱图

3.5.5　EEMD 与 MAF 方法对比分析

在经验模式分解基础上，Wu 等(2009)提出一种自适应时频分析方法——总体经验模式分解(EEMD)，该方法能从被污染数据中分离原始信号，已成功应用于地震信号分析、机械振动信号分析、纹理分析、声音处理等领域(薛嫚，2007；张超等，2010)。为评估 MAF 方法降噪效果，本小节采用 EEMD 方法分别处理 GNSS 多模式数据(S_a、S_b、S_m、S_n)。首先采用 EEMD 方法分解加入白噪声的 GNSS 信号，获得 IMF 分量，然后对 IMF 分量进行频谱分析，重新组合与振动相关的 IMF 分量，从而获得结构振动位移。对 4 组 GNSS 数据分别进行上述处理，每组数据都可以获得相应的结构振动位移，如图 3.14 所示。对比分析 GNSS 和加速度计位移序列，EEMD 方法识别的 GNSS 位移幅值明显偏大，主要是因为它们含有较多的残余白噪声。计算出 GNSS 和加速度计识别的动态位移的差值序列，再计算差值序列的标准差和平均差，结果如表 3.6 所示。

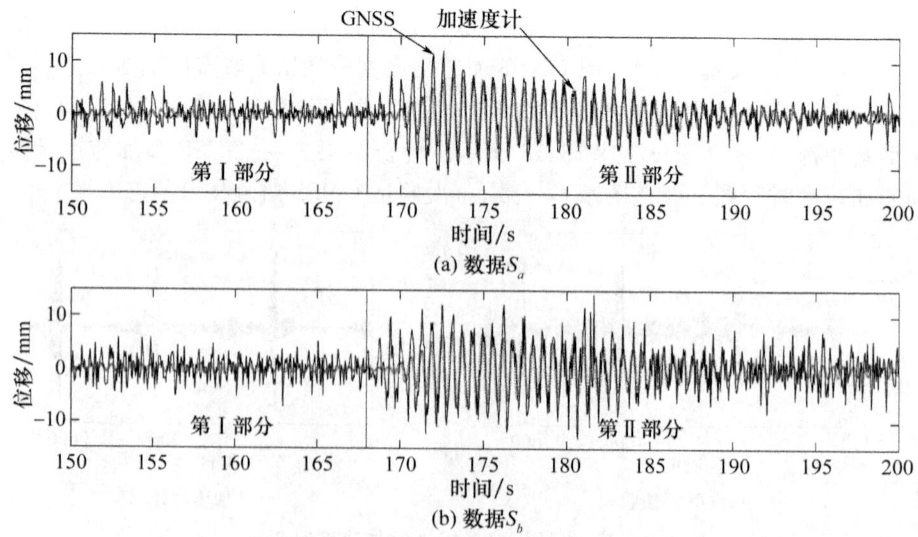

图 3.14　EEMD 方法 GNSS 位移时程图

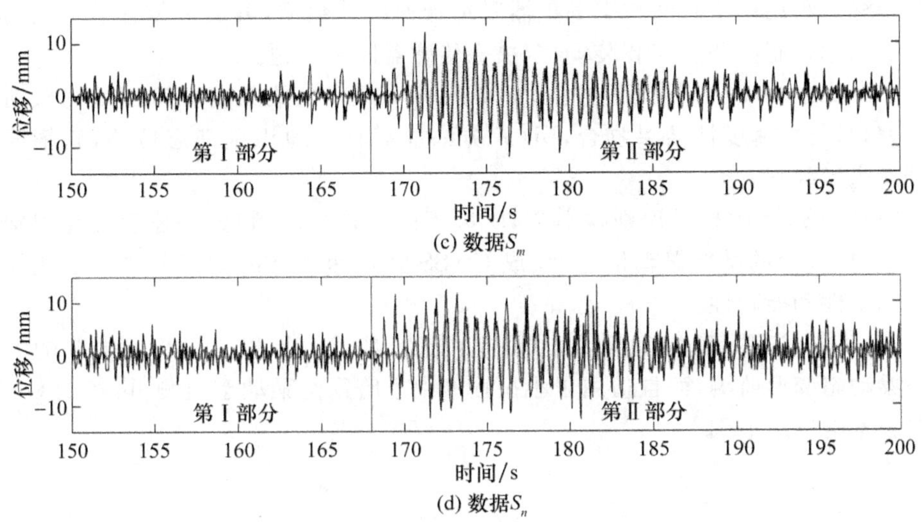

图 3.14(续)　EEMD 方法 GNSS 位移时程图

表 3.6　EEMD 方法滤波结果标准差和平均差　　单位：mm

比较指标	振动类型	S_a	S_b	S_m	S_n
标准差	Ⅰ	2.0	2.1	1.9	2.1
	Ⅱ	2.1	3.2	2.3	3.2
平均差	Ⅰ	1.6	1.7	1.5	1.6
	Ⅱ	1.7	2.5	1.8	2.5

对比分析 MAF 和 EEMD 方法的滤波结果，MAF 方法识别的 GNSS 位移序列更精确(图 3.10 和图 3.14)。对比分析 MAF 和 EEMD 方法滤波结果的标准差和平均差(表 3.4 和表 3.6)，MAF 方法精度指标都小于 1 mm，而 EEMD 方法精度指标都大于 1 mm，最大值达到 3.2 mm。结果表明，尽管 EEMD 方法已被证实是可靠的数据处理方法，但作者设计的 MAF 方法精度更高，可以达到亚毫米级别。

§3.6　本章小结

以英国诺丁汉威尔福德悬索桥为试验对象，自制监测点装置和精密时间数据采集器，采用多元数据采集方法和 MAF 数据处理方法，成功识别桥梁结构动态位移和模态频率。本章的主要结论如下：

(1) 设计 GNSS 多元数据采集方法，同步获得 NRTK、RTK、PPK 模式 GNSS

解算坐标。采用精密时间数据采集器采集加速度计数据，解决多传感器时间同步问题。采用自制监测点安装装置，解决多传感器同轴问题。

(2) 设计 MAF 数据处理方法，成功从 GNSS 多模式数据中识别结构振动动态位移，且与加速度计结果吻合，MAF 方法能高精度地识别动态位移，其精度可达到亚毫米级别。

(3)GNSS 接收机易识别频率 2 Hz 以下的结构振动信息，加速度计易识别频率 0.2 Hz 以上的结构振动信息，集成 GNSS 和加速度计的动态监测方法能保证监测完整性和准确性。

(4)集成 GNSS 和加速度计的结构动态监测方法，不仅适用于大振幅的大跨径桥梁动态变形监测，而且适用于小振幅的中小跨径桥梁动态监测，可拓展 GNSS 监测技术的应用范围。

第4章　集成RTS和加速度计的动态变形监测方法

§4.1 引　言

监测桥梁结构动力响应，识别结构损伤状态，评估结构安全，对提高桥梁运营效率，预警突发事件，避免重大人员伤亡和财产损失有着重大意义(李宏男 等，2008)。桥梁结构振动位移、振动频率是反映结构安全的重要指标。结构振动位移包括准静态位移和动态位移，准静态位移是指由温度变化等原因引起的缓慢变形。监测振动中长周期准静态位移和短周期动态位移，是目前结构健康监测的难点(Yi et al，2010a)。

加速度计、应变仪、位移传感器、光纤传感器常用于结构动态参数测量，然而此类仪器一般只能测量结构振动相对位移，无法测量绝对位移(Moschas et al，2011)。由于需采用高通滤波器消除积分过程中产生的趋势项，加速度计只能测量出动态位移，无法测量准静态位移。自动型全站仪(RTS)测量精度高，常用于边坡、桥梁等工程的长周期变形监测。最近新一代采样率10 Hz的徕卡RTS上市，为进行结构振动监测创造了条件。新型RTS传感器不仅测量精度高，而且能测量结构振动过程中的绝对位移，包括准静态部分和动态部分。

由于RTS传感器数据采样率通常低于10 Hz，其只能测量出结构振动位移和超低频率，对于结构振动中的高频部分难以识别。加速度计能测量大型结构振动位移和频率中的高频部分，却难以准确测量超低频部分，如温度变化而引起的高层建筑整体偏移量等。对于大型土木工程结构健康监测，要求能够同时监测工程结构振动位移和频率中的超低频和高频信息。集成RTS和加速度计两类传感器进行结构动态测量就能解决上述问题。RTS传感器是测量桥梁结构绝对位移，即使出现仪器故障等异常情况，也能根据测量初始值恢复到原来的工作状态，故适用于各类桥梁结构的长期监测。本研究采用新型徕卡TS30 RTS传感器监测桥梁结构动力响应，分别在英国诺丁汉大学GNSS实验室和诺丁汉威尔福德悬索桥进行模拟和实桥监测试验，并使用加速度计验证RTS传感器监测结果的精度。

§4.2　RTS 动态监测方法

余加勇等(2016a)、Yu 等(2017)发明了一种采用 RTS 测量桥梁结构动态位移和振动频率的方法。RTS 具有自动目标识别、自动目标跟踪、自动测量、自动记录、测量精度高等优点,其测量精度达到毫米级甚至亚毫米级,故常被用于边坡、大坝、桥梁、隧道等工程结构的高精度变形监测,但不会用于桥梁结构动态变形和振动频率测量。主要原因是 RTS 传感器时间分辨率低、测量数据遗漏、噪声干扰等因素。采用目前的测量方法,RTS 只能测量出工程结构的准静态位移,无法测量工程结构的短周期动态位移及振动频率。另外,由于 RTS 采用石英晶体震荡电路产生的电信号来计时,其时间精度难以达到结构振动测量的要求。

采用 RTS 测量结构振动位移的方法通过采集高精度 GNSS 时间和位移信息、坐标系统投影转换、切比雪夫滤波器分解位移、线性插值修补遗漏值、快速傅里叶变换频谱分析等过程实现结构动态测量,同步测量结构振动的长周期准静态位移和短周期动态位移,识别结构振动频率。其原理如图 4.1 所示,包括以下几个具体步骤。

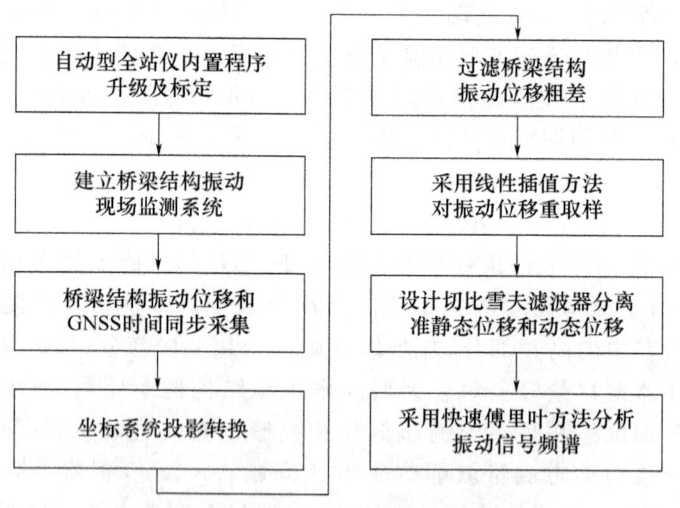

图 4.1　RTS 结构动态监测原理与方法

4.2.1　升级 RTS 内置程序及仪器标定

对 RTS 内置程序进行升级,优化 RTS 内置程序,使其时间分辨率由 1 s 提高到 0.01 s。在标准基线上标定 RTS,获取测距加常数。加常数的计算公式为

$$k = D_{AC} - D_{AB} - D_{BC} \tag{4.1}$$

式中，D_{AC}、D_{AB}、D_{BC} 分别为 RTS 传感器测量的线段 AC、AB、BC 的水平距离，且 A、B、C 在同一直线上。线段 AB、BC 在同一直线上，AB 和 BC 组成线段 AC。

4.2.2　同步采集振动位移和 GNSS 时间

在第一基准点处设置圆棱镜，作为后视点。在被监测桥梁的桥面或桥塔监测点安装 360°棱镜，360°棱镜与基座连接，基座通过 U 型支架固定在被监测桥梁上，调节基座脚螺旋，使 360°棱镜的竖轴铅垂。在第二基准点处安置 1 台 RTS，并在 RTS 传感器顶部安装 1 台 GNSS 接收机，GNSS 接收机可与 RTS 传感器通过自带接口无缝连接。根据第一基准点、第二基准点的已知三维坐标值，利用第一基准点的圆棱镜定向，在监测现场建站，组成包含三维振动位移和 GNSS 时间信息的振动监测系统。GNSS 接收机实时采集纳秒级精度的 GNSS 时间，并实时更新 RTS 传感器时间，RTS 传感器同步采集桥梁结构振动三维位移和时间信号，数据按下面格式记录

编号 P_1，GNSS 时间 T_1，东坐标 E_1，北坐标 N_1，高程 H_1

编号 P_2，GNSS 时间 T_2，东坐标 E_2，北坐标 N_2，高程 H_2

…

编号 P_i，GNSS 时间 T_i，东坐标 E_i，北坐标 N_i，高程 H_i

…

其中，$i=1,2,3,\cdots,n$，n 为记录总量。

4.2.3　坐标系统投影转换

RTS 传感器采集以本地坐标系为基准的结构振动位移信号，首先推算本地坐标系与桥梁独立坐标系之间的投影参数，然后将所测结构振动坐标投影转换到桥梁独立坐标系，将监测点在本地坐标系统中的坐标和时间 (E,N,H,T) 转换到桥梁独立坐标系中的坐标和时间 (x,y,z,t)，坐标投影转换公式为

$$\begin{bmatrix} x_i \\ y_i \\ z_i \\ t_i \end{bmatrix} = \begin{bmatrix} \cos\alpha & \sin\alpha & 0 & 0 \\ -\sin\alpha & \cos\alpha & 0 & 0 \\ 0 & 0 & 1 & 0 \\ 0 & 0 & 0 & 1 \end{bmatrix} \begin{bmatrix} E_i \\ N_i \\ H_i \\ T_i \end{bmatrix} \tag{4.2}$$

式中，$i=1,2,3,\cdots,n$，n 为记录总量，α 为被监测桥梁纵轴方向在本地坐标系中的方位角，即

$$\alpha=\arctan[(E_2-E_1)/(N_2-N_1)] \tag{4.3}$$

式中，(E_1,N_1)、(E_2,N_2) 为桥面纵轴方向上 2 个点在本地坐标系中的坐标。本地坐标系为被监测桥梁所在地常用的直角坐标系；桥梁独立坐标系是分别以桥梁纵向、横向、竖向为 x、y、z 轴的直角坐标系。

4.2.4 过滤桥梁结构振动位移粗差

依据桥梁结构振动的先验信息，设置位移边界值，剔除粗差；根据每行数据记录中的时间信息，过滤由于数据记录错误而引起的时间信息相同的数据行。桥梁结构振动的先验信息依据桥梁结构实际尺寸和材质，采用有限元方法计算出位移峰值 τ，取 3τ 为位移边界值，直接剔除大于 3τ 的位移值。RTS 传感器的跟踪模式数据采样率达到 10 Hz，仪器实时记录包含点号、时间、纵向坐标、横向坐标及竖向坐标数据。由于数据更新和记录频率高，会出现重复和遗漏数据的现象，可根据数据记录中的时间 t，直接剔除重复数据记录。

4.2.5 采用线性插值方法对振动位移重采样

遗漏的数据分布不均匀，如果直接采用此数据进行动态位移和频谱分析，精度明显降低，必须依据 RTS 传感器的标称采样率，采用线性内插的方法对所测信息进行重采样，修补遗漏值。修补 t_1、t_2 时刻之间遗漏的 t 时刻位移值，计算 t 时刻的位移值 (x,y,z) 公式为

$$\left.\begin{aligned} x&=x_1+\frac{(t-t_1)x_2-(t-t_1)x_1}{t_2-t_1}\\ y&=y_1+\frac{(t-t_1)y_2-(t-t_1)y_1}{t_2-t_1}\\ z&=z_1+\frac{(t-t_1)z_2-(t-t_1)z_1}{t_2-t_1}\end{aligned}\right\} \tag{4.4}$$

式中，(x_1,y_1,z_1) 为 t_1 时刻的位移值，(x_2,y_2,z_2) 为 t_2 时刻位移值，采用标称采样率为 10 Hz 的 RTS 传感器，数据记录间隔为 0.1 s，故上述的时刻值 t_1、t_2、t 为 0.1 s的倍数。

4.2.6 分离位移中的准静态和动态部分

外部荷载作用下引起的长周期准静态位移的变化周期达数分钟或更长，其变化频率通常小于 0.01 Hz，工程结构振动频率通常为 0.1～10 Hz，故可选取 0.01 Hz 为分离准静态位移和动态位移的截止频率，Ⅰ型切比雪夫高通滤波器为

$$G_n(w)=|H_n(jw)|=\frac{1}{\sqrt{1+\varepsilon^2 T_n^2\left(\dfrac{w}{w_0}\right)}} \tag{4.5}$$

式中，ε 为波纹系数，n 为阶数，w_0 为截止频率，$T_n(w/w_0)$ 为 n 阶切比雪夫多项式，即

$$T_n\left(\frac{w}{w_0}\right)=\begin{cases}\cos\left(n\cdot\arccos\frac{w}{w_0}\right) & (0\leqslant w<w_0)\\ \cosh\left(n\cdot\arccos\frac{w}{w_0}\right) & (w_0\leqslant w)\end{cases} \tag{4.6}$$

设计波纹系数 ε 为 0.1，截止频率 w_0 为 0.01 Hz，阶数 n 为 8，通带波纹的Ⅰ型切比雪夫高通滤波器分解振动位移中的准静态部分和动态部分。采用上述设计的切比雪夫滤波器分解结构振动位移。

4.2.7　采用快速傅里叶方法分析振动信号频谱

采用特定的窗函数对修正后结构振动信号进行时域到频域的转换，进行结构振动信号频谱分析，获取结构振动频率。分别对测量的 $x(n)$、$y(n)$、$z(n)$位移序列进行频谱分析，可以获得桥梁结构纵向、横向、竖向的振动频率。

下面以 $z(n)$位移序列为例，对时域的 $z(n)$进行离散傅里叶变化，获得频域函数 $Z(k)$，即

$$Z(k)=\sum_{n=0}^{N-1}z(n)\mathrm{e}^{-\mathrm{j}\frac{2\pi}{N}kn} \tag{4.7}$$

式中，$k=0,1,2,\cdots,N-1$，$z(n)$的长度为 M，N 为离散傅里叶变化区间长度，取值 $N=M$。令

$$W_N=\mathrm{e}^{-\mathrm{j}\frac{2\pi}{N}} \tag{4.8}$$

则

$$Z(k)=\sum_{n=0}^{N-1}z(n)W_N^{kn} \tag{4.9}$$

式中，$k=0,1,2,\cdots,N-1$，采用时间域抽取方法将 N 点离散傅里叶变换分解为短的傅里叶变化，降低运算量。对式(3.9)按 n 的奇偶性分解成 $z(n)$的两个数据序列进行计算，减少运算量，提高效率。

§4.3　RTS 与加速度计联合监测方法

4.3.1　RTS 与加速度计联合安装系统设计

为保证 RTS 和加速度计传感器测量相同位置的结构动力响应，余加勇等(2015)设计了一套多传感器联合安装系统。联合安装系统包括基盘组件、底盘组件，以及安装于基盘组件上的水准管、指南针、棱镜、透明保护罩等，如图 4.2 所示。底盘组件固定于待监测部位，它包括呈对称状布置的上底盘和下底盘，上底盘与下底盘之间设有 3 个可调节高度脚螺旋部件。下底盘的中心处预留有用来固定待监测部位的安装

孔，上底盘的边侧处安装燕尾制动螺栓，上底盘的中心处安装有轴承。基盘组件安装于底盘组件上并可转动，包括基盘、U 型外板和 U 型内板。基盘上表面的中心处焊接 U 型外板，基盘下表面的中心处设有连接轴，连接轴插入轴承内。通过锁紧螺钉将 U 型内板固定在 U 型外板中，U 型内板的表面与基盘的表面平行。三维加速度计平行安装在 U 型内板上，指南针的南北方向刻画线与三维加速度计的 x 轴平行。透明保护罩固定于基盘组件上，插入基盘上周边处的凹槽中并采用强力胶粘接。水准管、指南针、棱镜以及三维加速度计均安装于透明保护罩内，棱镜应对准全站仪。棱镜的底部插入连接杆中，连接杆连接于 U 型外板的中心处。

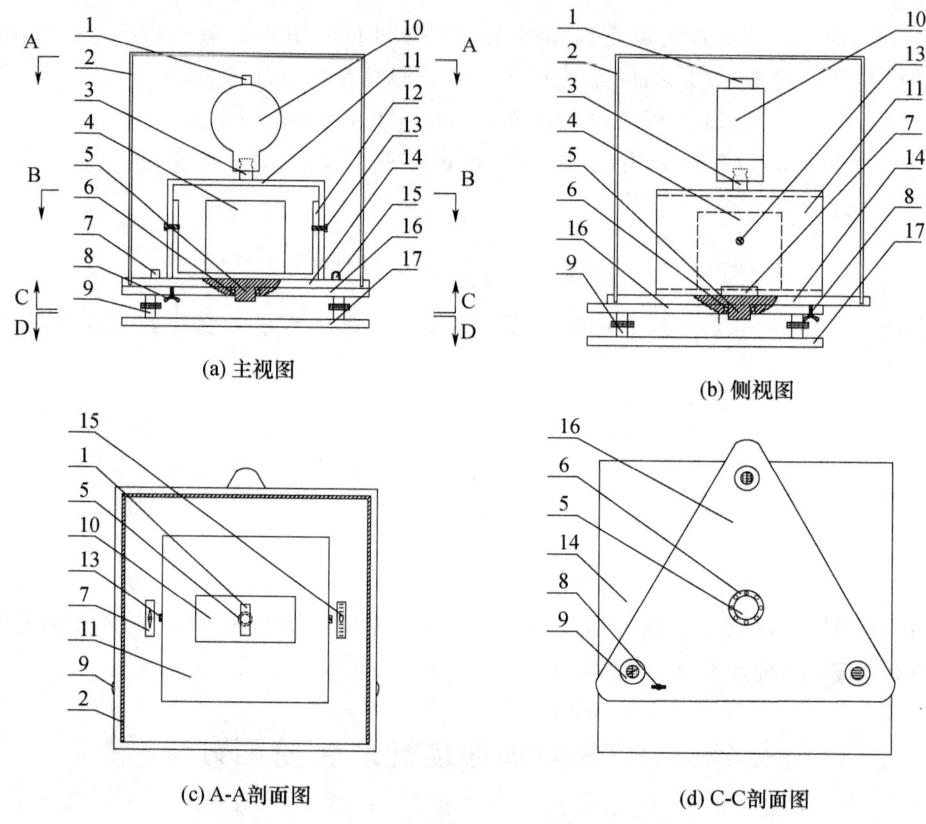

图 4.2　集成 RTS 和加速度计的安装装置设计

1—瞄准器；2—透明保护罩；3—连接杆；4—三维加速度计；5—连接轴；6—轴承；7—指南针；8—燕尾制动螺栓；9—可调节高度脚螺旋部件；10—棱镜；11—U 型外板；12—U 型内板；13—锁紧螺钉；14—基盘；15—水准管；16—上底盘；17—下底盘

多传感器联合安装系统的详细使用步骤如下：

(1) 通过安装孔将联合安装系统固定在土木工程结构的待监测部位。

(2) 首先水平转动基盘，使水准管与任意 2 个可调节高度脚螺旋部件连线方向大致平行；调节可调节高度脚螺旋部件，使水准管上的气泡居中；再水平转动基盘，旋转 90°后调节第三个可调节高度脚螺旋部件，使水准管内的气泡居中，完成装置的整平。

(3) 水平转动基盘，使指南针的北端指向刻度盘上的北方向，拧紧燕尾制动螺栓。

(4) 通过瞄准器使棱镜对准 RTS 传感器，RTS 传感器跟踪锁定棱镜中心，并连续测量结构振动引起的超低频振动信息，而三维加速度计则连续测量结构振动引起的高频振动信息。

所设计的多传感器联合安装系统具有结构简单紧凑、成本低廉、安装操作十分简便等优点。它能够联合三维加速度计和 RTS 传感器进行测量，同时获得工程结构振动位移和频率中的超低频部分和高频部分；通过装置中的轴承可以非常容易地调整三维加速度计轴向，使三维加速度计和全站仪的轴线方向一致；通过装置中的防风防雨透明保护罩，能有效保护棱镜和三维加速度计，且不影响棱镜光线；通过脚螺旋部件可以非常容易地整平三维加速度计和棱镜，使它们的竖轴铅垂且重合，保证它们测量相同位置的振动位移和频率。综上所述，用于加速度计和 RTS 传感器测量的联合安装系统，可以广泛应用于高层建筑、桥梁等大型土木工程结构健康监测，具有广阔的应用前景。

4.3.2　RTS 与加速度计时间同步方法

数据采集时采用了 RTS 和加速度计两类传感器，时间同步是进行多传感器数据处理的关键问题。通过加装硬件的方法，使两类传感器同时采集 GNSS 时间，解决多传感器时间同步问题。首先，通过升级内置软件，提高 RTS 传感器时间分辨率，并加装 GNSS 接收机，使其在采集位移信息时同步获得精密的 GNSS 时间；其次，采用精密时间数据采集器采集加速度计信号，采集的信号中嵌入了精密 GNSS 时间；最后，采用皮尔逊积矩相关系数(PPMCC)法修正时滞，时滞是在传感器自身引起的时间滞后现象。处理流程如图 4.3 所示。

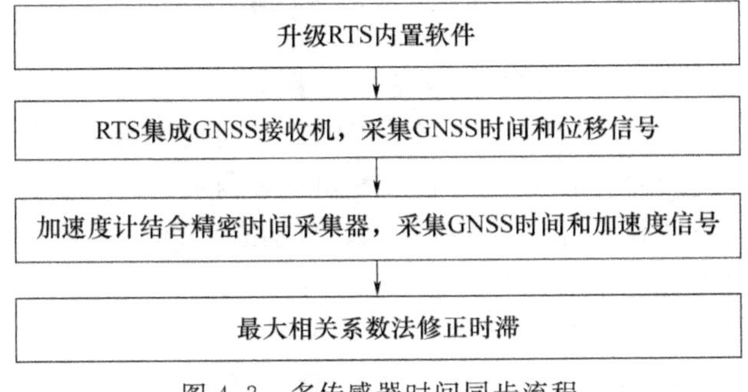

图 4.3　多传感器时间同步流程

RTS 传感器内置程序中时间分辨率为 1 s，当采样率大于 1 Hz 时，时间分辨率不能满足要求。以徕卡 TS30 仪器为例，其数据标准采样率为 10 Hz，但实际采样率为 5～7 Hz，中间出现不规律的数据遗漏。每条记录只有秒级时间信号，无法确定每条记录对应的精确时刻。如果采用线性内插的方法确定每条记录的精确时间，将极大降低监测结果的准确性，甚至导致错误结果。为此，作者编写了升级程序，升级了 RTS 传感器内置程序中的配置软件，使 RTS 传感器时间分辨力提高到 0.01 s。另外，在 RTS 传感器顶部安装 GNSS 接收机，接收机能采集纳秒级精度的 GNSS 时间，如图 4.4(a)所示。RTS 传感器能获得包含 GNSS 时间的结构振动三维位移数据，并直接保存在仪器内部存储卡中。通过上述方法，使 RTS 每组数据都包含有高精度、高分辨率的 GNSS 时间信息。

加速度计内部的时间系统不能满足结构动态监测精度需要，故采用精密时间数据采集器采集加速度计信号，如图 4.4(b)所示。精密时间数据采集器由试验合作方诺丁汉大学研究者自主设计，通过内置 GNSS 芯片的方法，使仪器同步采集高精度、高分辨率的 GNSS 时间。3.2.2 小节详细介绍了精密时间数据采集器的工作原理与方法。

(a) RTS传感器　　(b) 精密时间数据采集器

图 4.4　加速度计和 RTS 时间同步装置

上述的数据采集方法使 RTS 和加速度计数据中都包含有高精度的 GNSS 时间，统一了时间尺度，但还需要解决 RTS 传感器的时滞问题。RTS 传感器主要是用于静态测量，通过对合作目标棱镜的角度和距离测量，实现对观测目标的坐标测量，但仪器的时间系统设计标准不高。在 RTS 动态测量过程中，多方面原因可能引起时间滞后，时滞是指信号采集时间滞后于信号实际发生时间。在角度测量时，仪器的自动识别装置采用逐步趋近方式精确照准目标，精确测量角度并获取时间信息，照准目标的过程会引起时间滞后；在测量距离时，采用相位法识别激光或红外光的传播时间，在比相过程中，会引起时滞；在坐标计算时，由于角度测量与距离测量时刻不一致，会导致时滞；在数据传输时，数据传输时间与传输速率相关，会引起时滞。大量对比试验分析表明，RTS 传感器在测距、测角的过程中会引起 0.1～0.2 s 时滞，在振动监测中不能忽视该类时间偏差。很难通过硬件方式解决时滞现象，理想的方式是通过软件方法修正。

本书提出采用皮尔逊积矩相关系数法解决多传感器之间的时差问题。首先对 RTS 测量的时间序列 $R_i(i=1,2,\cdots,n)$ 与加速度计测量的时间序列 $A_i(i=1,2,\cdots,n)$ 重采样，使它们数据间隔都为 0.1 s；然后通过皮尔逊积矩相关系数法计算时间序列 R、A 之间的相关系数，计算公式为

$$r=\begin{cases}\dfrac{\sum\limits_{i=1}^{n-\tau}(R_{i+\tau}-\overline{R})(A_i-\overline{A})}{\sqrt{\sum\limits_{i=1}^{n-\tau}(R_{i+\tau}-\overline{R})^2}\sqrt{\sum\limits_{i=1}^{n-\tau}(A_i-\overline{A})^2}} & (\tau\geqslant 0)\\[2ex] \dfrac{\sum\limits_{i=1}^{n-\tau}(R_i-\overline{R})(A_{i+\tau}-\overline{A})}{\sqrt{\sum\limits_{i=1}^{n-\tau}(R_i-\overline{R})^2}\sqrt{\sum\limits_{i=1}^{n-\tau}(A_{i+\tau}-\overline{A})^2}} & (\tau<0)\end{cases} \tag{4.10}$$

式中，A 为 RTS 数据，R 为加速度计数据，$\overline{R}$、$\overline{A}$ 分别为数据序列 A 和 R 的均值，n 为数据长度，τ 为起始点数据前移或后退数量。当 $\tau\geqslant 0$ 时，表示 RTS 起始点数据前移，数据取值 $R_{1+\tau}\sim R_n$，加速度计数据取值 $A_1\sim A_{n-\tau}$；当 $\tau<0$ 时，表示加速度数据起始数据前移，RTS 数据取值 $R_1\sim R_{n-\tau}$，加速度计数据取值 $A_{1+\tau}\sim A_n$。r 序列中最大值对应的位置即所求的 RTS 和加速度数据时间匹配点。

§4.4　RTS 和加速度计数据处理方法

RTS 和加速度计多传感器监测系统可同步采集多传感器数据，两类传感器监测结果可以相互验证、相互补充，提高监测结果的可靠性、完整性和有效性。另外，根据多传感器和多测点数据，可识别导致数据异常的原因，如结构超载、监测系统故障等。RTS 和加速度计数据处理流程包括 RTS 静态和动态测量精度评估、转换 RTS 坐标系、多传感器时间同步、测量数据预处理、RTS 位移数据处理、加速度计数据处理、多传感器测量的动态位移和振动频率分析，如图 4.5 所示。具体数据处理步骤为：

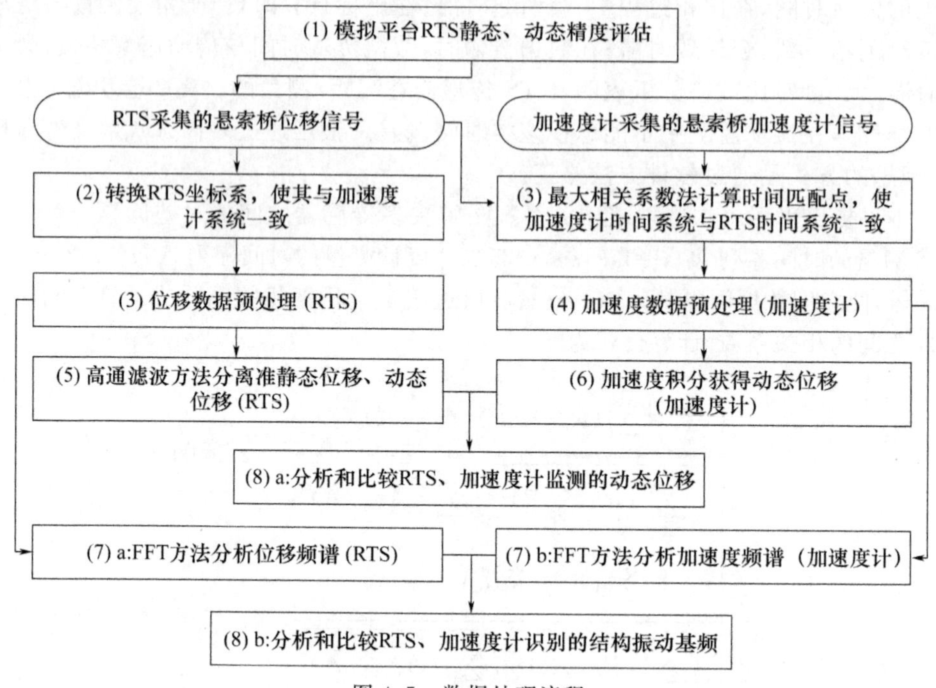

图 4.5　数据处理流程

(1) RTS 静态和动态测量精度评估。在室外选择 25 m、50 m、100 m、200 m、300 m 和 400 m 的基线进行 RTS 静态精度评估；在实验室木质模拟平台上进行 RTS 动态测量评估，同时采用加速度计验证 RTS 传感器测量精度。分析静态和动态的测量精度，计算静态和动态位移测量标准差 σ_s、σ_d，计算公式为

$$\sigma_s = \sqrt{\frac{1}{N}\sum_{i=1}^{N} R_i^2} \tag{4.11}$$

$$\sigma_d = \sqrt{\frac{1}{N}\sum_{i=1}^{N} (R_i - A_i)^2} \tag{4.12}$$

式中，N 为数据长度，R 为 RTS 测量的位移序列，A 加速度计数据计算的位移序列。

(2) 转换 RTS 坐标系。RTS 使用英国本地 OSGB NG 坐标系，加速度计使用桥梁独立坐标系，两类传感器坐标系不一致。采用线性变换公式将 RTS 坐标(E, N, H)转换为桥梁独立坐标系坐标(X, Y, Z)，统一两者坐标系统。

(3) 采用上一节中所述的时间同步方法实现 RTS 和加速度计数据时间同步。

(4) RTS 和加速度计信号预处理。预处理主要包括删除异常值、重复值，修复遗漏值，严格按采样间隔重采样。误差大于 3σ(99.7%置信区间)的异常值及重复值直接删除。RTS 传感器标称采样率为 10 Hz，但实际采样率仅为 5～7 Hz。需采用线性插值方法对数据重采样，使数据采样间隔为标准的 0.1 s；加速度计采

样率为 100 Hz，用线性插值方法重采样使间隔为标准的 0.01 s。

(5) 分解 RTS 位移中准静态和动态部分。准静态位移是指外部荷载作用下引起的长周期变化，周期达数分钟或更长；动态位移是指外部荷载作用下的短周期变化，工程结构振动周期通常在 0.1～10 s。故可选取 0.01 Hz 为分离 RTS 准静态、动态位移的截止频率。设计截止频率 0.01 Hz 的 8 阶Ⅰ型切比雪夫高通滤波器，分别提取 RTS 传感器监测的结构振动准静态位移、动态位移。

(6) 加速度信号积分获得位移信号。采用梯形法则数值积分方法计算速度和位移，并采用Ⅰ型切比雪夫高通滤波方法消除积分过程中产生的趋势项，其流程如图 4.6 所示。加速度计直接测量结构振动加速度信号 $a(t)$，一次和二次积分可获得速度信号 $v(t)$ 和位移信号 $x(t)$，即

$$v(t)=v(0)+\int_0^t \alpha(\tau)\mathrm{d}\tau \tag{4.13}$$

$$x(t)=x(0)+\int_0^t v(\tau)\mathrm{d}\tau=x(0)+v(0)t+\int_0^t\int_0^t \alpha(\tau)\mathrm{d}\tau\mathrm{d}\tau \tag{4.14}$$

其中，$v(0)$、$x(0)$ 分别为初始速度和位移，$v(t)$、$x(t)$ 分别为 t 时刻的速度和位移，$\alpha(\tau)$ 为时间 $t=\tau$ 时的加速度。监测数据为离散信号，故按梯形法则数值积分，被积分函数近似为直线函数，积分部分近似为梯形，则式(4.13)、式(4.14)可简化为

$$v(i)=\frac{a(i)+a(i+1)}{2}\Delta t \tag{4.15}$$

$$x(i)=\frac{v(i)+v(i+1)}{2}\Delta t \tag{4.16}$$

其中，Δt 为数据采集的时间间隔，$a(i)$、$v(i)$、$x(i)$ 分别为 i 时刻的加速度、速度和位移。计算式假定速度和位移的初始值都为 0，计算出的速度、位移中包含趋势项。趋势项变化周期较长，可用上步中设计的Ⅰ型切比雪夫高通滤波器滤波，消除趋势项影响。准静态位移变化周期也较长，亦被同时过滤，故积分后获得动态位移，但不包含准静态位移。

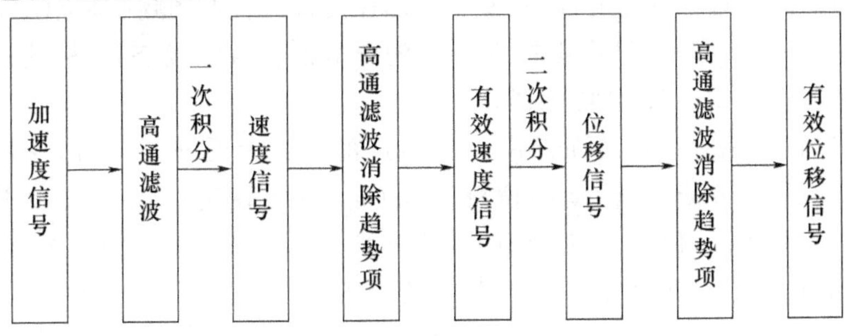

图 4.6　加速度序列计算位移序列方法

(7) 采用FFT方法获得信号频谱。重采样后的RTS、加速度计采样频率分别为10 Hz、100 Hz，按照香农(Shannon)采样定理，采样频率 f_s 与信号最大频率 f_{max} 应满足

$$f_{max} < f_s/2 \tag{4.17}$$

FFT方法分析测量数据频谱时，要避免混频和频率泄漏。先使用低通滤波方法滤除信号中频率大于 $f_s/2$ 的成分，可以降低混频。RTS数据采样频率为10 Hz，则过滤阈值为5 Hz；加速度计数据采样频率为100 Hz，则过滤阈值为50 Hz。为避免频谱泄漏，需保证窗长 τ 为被截函数周期 T 的整数倍，即

$$\tau = nT \tag{4.18}$$

随机振动信号属于非周期信号，难确定周期 T，故采用特定的汉宁(Hanning)窗函数抑制旁瓣，减少在远邻频带上的泄漏。

(8) 对比分析从RTS和加速度计信号中识别的位移及模态频率。比较激励事件中RTS与加速度计监测的桥梁结构动态位移序列，以及他们对应的峰值，分析监测精度；比较RTS和加速度计识别的桥梁结构振动基频，分析监测精度。根据分析结论，评定RTS传感器桥梁结构动态监测方法的可靠性。

§4.5　RTS测量精度评估与分析

4.5.1　精度评估试验配置

为验证RTS动态位移测量精度，作者在湖南大学、英国诺丁汉大学分别进行了静态位移、动态位移和总体位移测量评估试验，如表4.1所示。静态位移试验($a_1 \sim a_6$)是评估不同基线长度时RTS传感器的测量误差。动态位移试验($b_1 \sim b_6$)是在模拟振动平台上测量不同频率和振幅的动态位移，包括水平和竖直振动试验。为验证RTS传感器测量精度，同时使用了加速度计测量振动频率和幅度。总体位移试验($c_1 \sim c_5$)是同时测量模拟振动平台的准静态位移和动态位移，为验证测量精度，同时使用了2台RTS传感器。

静态位移试验($a_1 \sim a_6$)在湖南大学附近的潇湘大道河堤进行，使用了1台徕卡TS30型RTS传感器；动态位移试验($b_1 \sim b_6$)在英国诺丁汉大学测量研究所大楼楼顶进行，使用了1台RTS传感器、1个Kistler三轴加速度计、1个PTDL精密时间数据采集器及木质模拟振动平台；总体位移试验($c_1 \sim c_5$)在湖南大学南校区工程楼进行，使用了2台徕卡TS30型RTS传感器及模拟振动平台。

表 4.1　RTS 精度评估试验

编号	测量对象	仪器	说明
$a_1 \sim a_6$	静态位移	1 台 RTS	距离为 25 m、50 m、100 m、200 m、300 m、400 m
$b_1 \sim b_3$	动态位移	1 台 RTS、1 个加速度计	模拟水平振动
$b_4 \sim b_6$	动态位移	1 台 RTS、1 个加速度计	模拟竖直振动
$c_1 \sim c_5$	总体位移	2 台 RTS	准静态位移和动态位移

4.5.2　静态监测试验

为验证 RTS 传感器静态测量精度，进行 6 次静态评估试验（$a_1 \sim a_6$）。为保障视线畅通，避免车辆及行人干扰，选择湖南大学附近的潇湘大道河堤为试验场地，如图 4.7 所示。以测量基线方向为 y 轴，按左手定则建立三维笛卡儿直角坐标系。在 6 次评估试验中，RTS 传感器到合作目标棱镜的基线长度分别为 25 m、50 m、100 m、200 m、300 m 和 400 m。RTS 传感器采用跟踪测量模式，采样频率设置为 10 Hz。每次评估试验持续 10 分钟，修复遗漏数据后的数据量为 6 000 个。

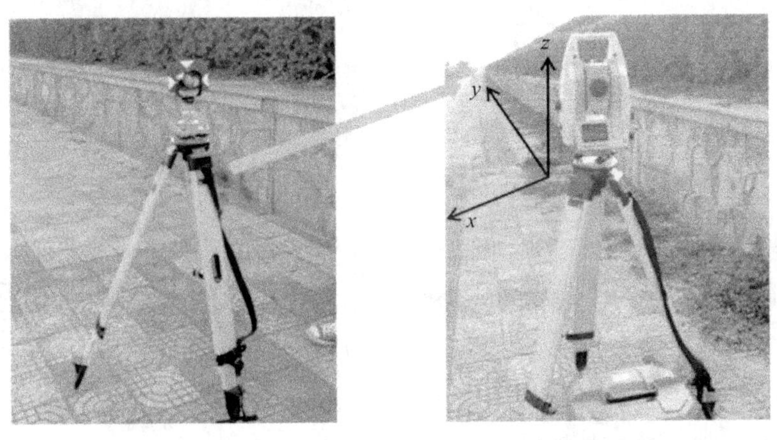

(a) 棱镜　　(b) 徕卡TS30型RTS传感器

图 4.7　RTS 传感器静态测量试验

当 RTS 传感器和合作目标棱镜都固定不动时，RTS 传感器测量出的所谓位移值即 RTS 静态测量误差，如图 4.8、图 4.9 所示。在不同长度的基线试验中，RTS 传感器在水平方向和竖直方向的测量误差差异明显。RTS 传感器距离测量误差集中在 y 轴方向，照准误差集中在 x 轴方向。y 轴方向的测量误差明显低于 x 轴方向，表明在静态基线监测中 RTS 距离测量误差低于照准误差。

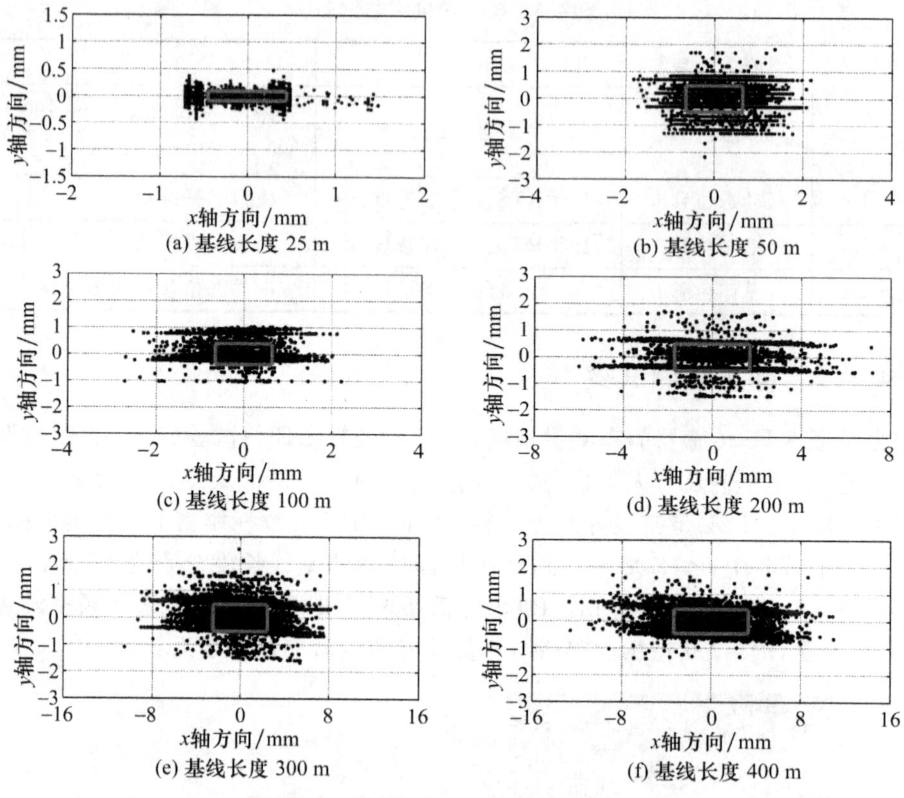

图 4.8　RTS 传感器水平方向测量误差

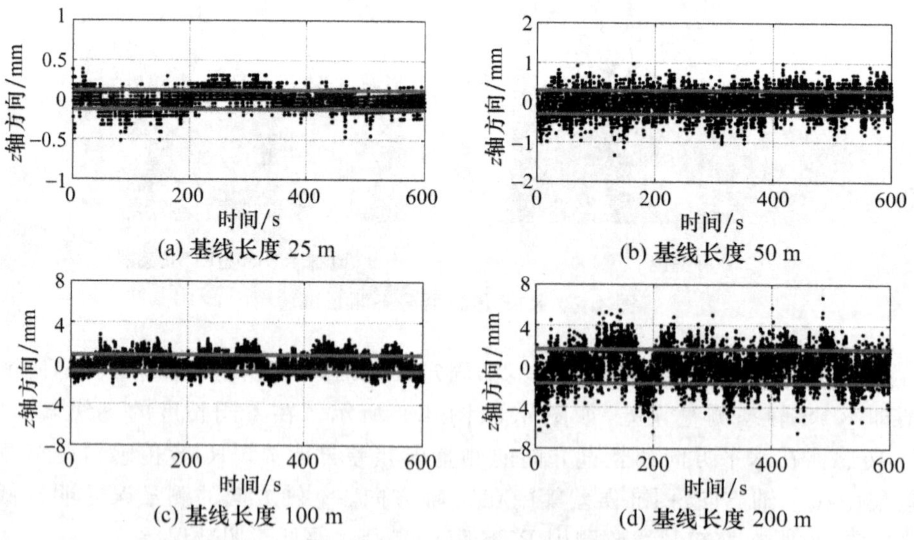

图 4.9　RTS 传感器竖直方向测量误差

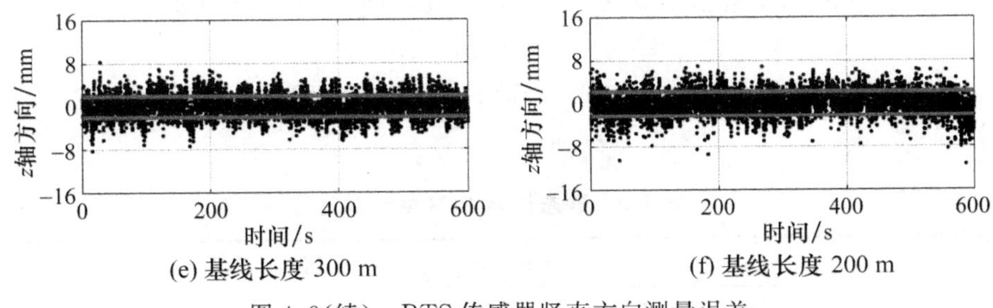

(e) 基线长度 300 m　　(f) 基线长度 200 m

图 4.9(续)　RTS 传感器竖直方向测量误差

在 RTS 静态监测试验中，测量误差标准差与基线长度表现出强相关性，如表 4.2所示。当监测基线长度小于 100 m 时，各方向的标准差都小于 1 mm，表明 RTS 短基线监测噪声水平低；当基线达到 400 m 时，测量误差的标准差最大值达到 3.3 mm，表明 RTS 基线长度增加时，监测噪声会变大。x 轴方向测量误差主要是由目标照准差引起，y 轴方向测量误差主要是由测距误差引起，y 轴方向标准差始终低于 x 轴方向标准差，再次说明测距误差低于目标照准误差。

表 4.2　静态试验 RTS 测量误差标准差

方向	不同基线长度的噪声标准差/mm					
	25 m	50 m	100 m	200 m	300 m	400 m
x 轴	0.5	0.6	0.6	1.7	2.5	3.3
y 轴	0.1	0.5	0.4	0.5	0.5	0.5
z 轴	0.1	0.3	0.8	1.7	2.0	2.3
x、y 轴平均值	0.4	0.6	0.5	1.3	1.8	2.4

采用最小二乘曲线拟合方法拟合 RTS 测量误差标准差与基线长度的关系，推导 RTS 传感器背景噪声经验公式，即

$$\left.\begin{aligned} b_x &= 0.0079a + 0.13 \\ b_y &= 0.0006a + 0.30 \\ b_z &= 0.0058a + 0.14 \end{aligned}\right\} \tag{4.19}$$

式中，a 为测量基线长度(m)，b_x、b_y、b_z 分别为 x、y、z 轴方向测量误差标准差(mm)。

为了掌握 RTS 监测中水平方向(横向和纵向)与竖直方向测量误差的关系，采用均值法计算它们在 x、y 轴方向上的平均标准差 $\sigma_{\overline{xy}}$，计算公式为

$$\sigma_{\overline{xy}} = \sqrt{(\sigma_x^2 + \sigma_y^2)/2} \tag{4.20}$$

式中，σ_x、σ_y 分别为 x、y 轴方向的测量误差标准差。计算各测量基线对应的 x、y 轴方向平均值的标准差，如表 4.2 所示。采用最小二乘曲线拟合方法拟合基线

长度与标准差关系，拟合出的 x、y 轴方向平均测量噪声经验公式为

$$b_{\overline{xy}}=0.005\,4a+0.20 \tag{4.21}$$

式中，a 为测量基线长度(m)。$b_{\overline{xy}}$的计算公式与式(4.19)中 b_z 计算公式参数基本相同。

表 4.3 静态试验 RTS 相对误差

方向	不同基线长度的相对测量误差/10^{-3}					
	25 m	50 m	100 m	200 m	300 m	400 m
x 轴	1/50	1/80	1/160	1/120	1/120	1/120
y 轴	1/250	1/100	1/250	1/400	1/600	1/800
z 轴	1/250	1/160	1/130	1/120	1/150	1/170

在 RTS 静态监测试验中，相对测量误差与基线长度表现出弱相关性，如表 4.3所示。当监测基线长度增加时，相对测量误差没有发生规律性变化：在 x 轴方向上，基线 200～400 m 区间的相对测量误差都为 1/120 000，其变化趋于稳定；在 y 轴方向上，随着基线长度的增加，相对测量误差越来越小，其精度越来越高；在 z 轴方向上，基线 50～400 m 区间的相对测量误差在 1/17 000～1/12 000 变化，其精度较稳定。

中小跨径桥梁结构动态位移通常只有几毫米，对监测精度要求高；而大跨径桥梁结构动态位移达到几厘米，甚至几分米，对监测精度要求较低。对于中小跨径桥梁动态监测，监测基线较短，测量误差标准差较小，通常低于 1 mm，故 RTS 传感器能满足中小跨径桥梁动态监测精度要求；对于大跨径桥梁动态监测，监测基线较长，RTS 传感器测量误差的标准差较大，最大值达到 3.3 mm(基线长度 400 m)，但其相对测量误差仍较小，故 RTS 监测技术能满足大跨径桥梁动态监测精度要求。

4.5.3 动态位移监测试验

动态位移测量试验(b_1～b_6)在英国诺丁汉大学测量研究所大楼楼顶进行，使用了 1 台 RTS 传感器、1 个 Kistler 三轴加速度计、1 台精密时间数据采集器及木质模拟振动平台，如图 4.10 所示。为了使 RTS 传感器同步采集 GNSS 时间，其顶部安装了徕卡 GRX1200 型 GNSS 接收机，安装在测量观测墩上，RTS 传感器可同时采集振动平台位移和 GNSS 时间。为了使加速度计数据中包含 GNSS 时间，通过精密时间数据采集器采集加速度计信号。两种传感器采集的数据中都包含有 GNSS 时间，有利于多传感器数据的对比分析及融合。

(a) 超站仪

(b) 模拟振动平台

图 4.10　RTS 动态位移测量试验

木质模拟振动平台由木质承载板、吊绳、横杆、弹簧和测量三脚架组成。在水平振动模拟试验（b_1～b_3）中，横杆水平固定在两个测量三脚架之间，4 根吊绳上部固定在横杆上，下部悬挂木质承载板，承载板上安装了棱镜、加速度计及精密时间数据采集器。当水平推动木质承载板时，承载板在水平方向自由振动。在竖直振动模拟试验（b_4～b_6）中，增加了金属弹簧，金属弹簧上部与横杆连接，下部与吊绳连接，当竖直推动木质承载板时，承载板在竖直方向自由振动。以 RTS 传感器至棱镜的水平方向为 x 轴，按左手定则建立三维笛卡儿直角坐标系。

在水平振动模拟试验（b_1～b_3）中，通过调整吊绳长度改变承载板水平摆动频率。吊绳长度在 0.50～0.80 m 变化，为避免承载板摆动时方向改变，承载板水平摆动幅度控制在 0.02～0.06 m。3 次水平摆动试验中，RTS 识别的振动频率分别为 0.546 Hz、0.580 Hz 和 0.741 Hz，加速度计识别的振动频率分别为 0.547 Hz、0.580 Hz 和 0.740 Hz，两类传感器识别的振动频率基本一致，差值小于 1.8‰。RTS 和加速度计识别的振动位移最大值基本一致，两者之间的差值小于 6.7%，如表 4.4 所示。

表 4.4　动态位移测量精度分析

试验编号	振动位移最大值			振动频率			位移序列相关系数
	加速度计 /mm	RTS /mm	差值 /%	加速度计 /Hz	RTS /Hz	差值 /‰	
b_1-x	37.1	39.6	6.7	0.547	0.546	1.8	0.88
b_1-y	43.2	42.4	1.9	0.547	0.546	1.8	0.88
b_2-x	46.1	48.9	6.1	0.580	0.580	0	0.86
b_2-y	29.5	31.1	5.4	0.580	0.580	0	0.87

续表

试验编号	振动位移最大值			振动频率			位移序列相关系数
	加速度计/mm	RTS/mm	差值/%	加速度计/Hz	RTS/Hz	差值/‰	
b_3-x	36.2	35.4	2.2	0.740	0.741	1.4	0.85
b_3-y	33.5	34.1	1.8	0.740	0.741	1.4	0.85
b_4-z	27.3	27.0	1.1	1.125	1.124	0.9	0.83
b_5-z	23.2	21.9	5.6	1.370	1.371	1.4	0.83
b_6-z	23.2	22.0	5.2	1.885	1.882	1.6	0.80

在竖直振动模拟试验(b_4～b_6)中，通过调整弹簧组类型或数量来改变承载板振动频率。为保证弹簧在负荷作用下产生弹性变形，适当控制弹簧振动幅度，使其振幅在0.02～0.03 m。RTS和加速度计同步监测振动位移和频率：两者识别的振动位移幅值差值较小，差值小于5.6%；两者识别的振动频率基本一致，差值小于1.6‰，如表4.4所示。

重点分析试验b_1、b_4的位移曲线及其频谱，比较RTS和加速度计识别的位移曲线及基频，如图4.11和图4.12所示。在水平振动试验b_1中，对承载板施加4次水平推力，产生4次明显水平振动，每次持续时间大约50 s，共记录200 s振动数据。RTS与加速度计的位移曲线和频谱曲线相似，x和y轴方向的位移曲线相关系数都为0.88。

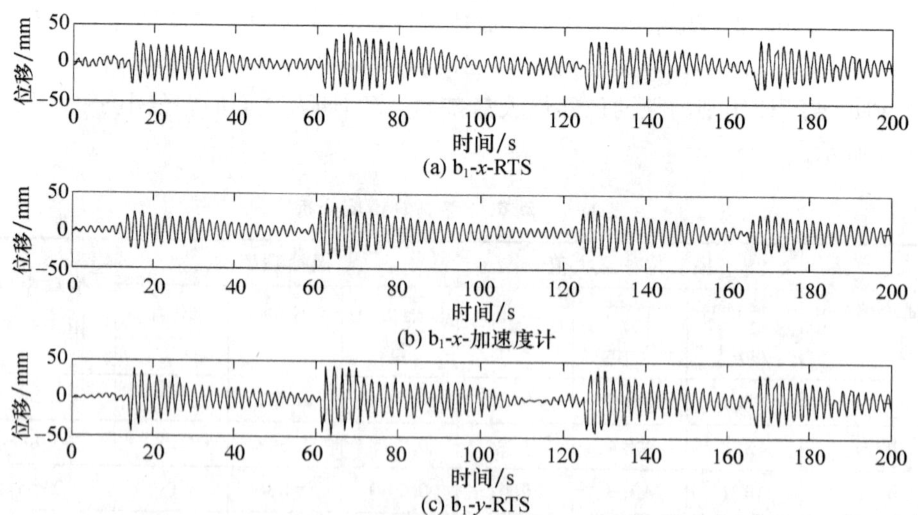

图4.11 RTS和加速度计的动态位移时程图

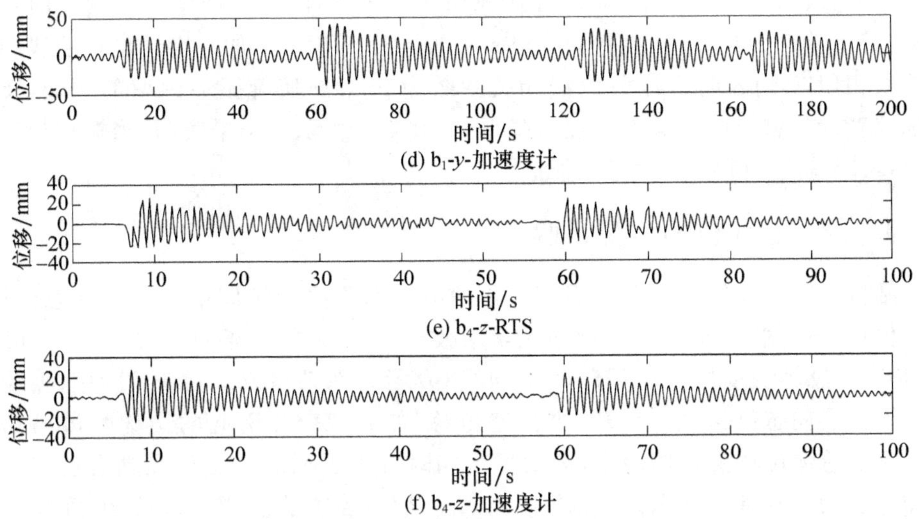

图 4.11(续)　RTS 和加速度计的动态位移时程图

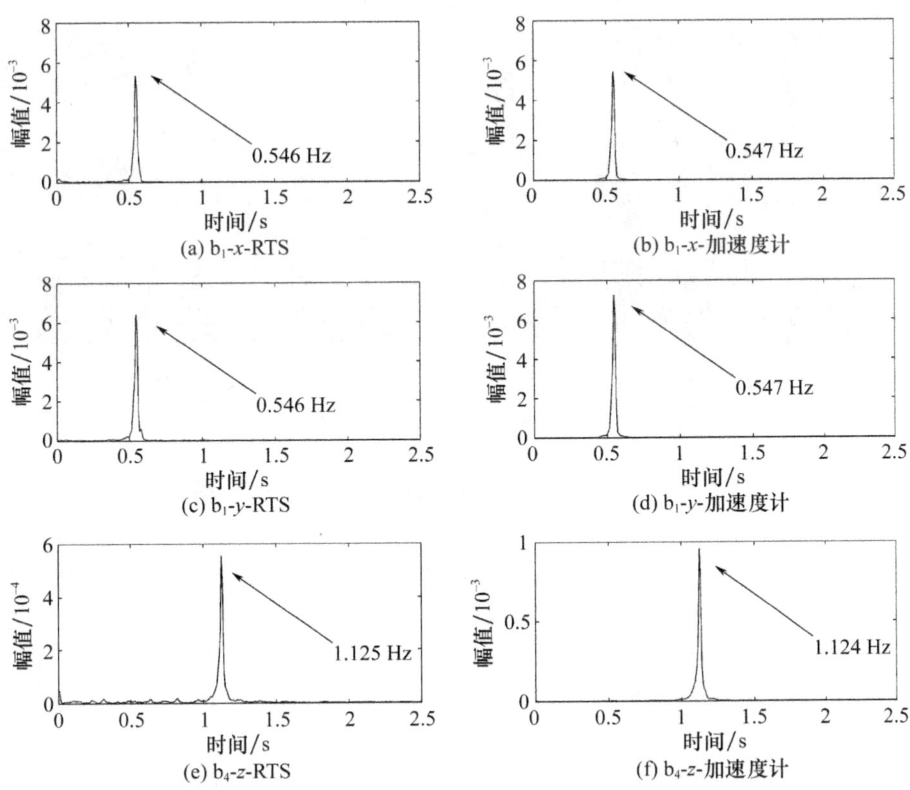

图 4.12　RTS 和加速度计的信号频谱图

在竖直振动试验 b_4 中，对承载板施加了 2 次竖直推力，产生 2 次明显的竖直振动，每次持续大约 50 s，共记录 100 s 振动数据。RTS 与加速度计位移曲线和频谱曲线相似，z 轴方向上位移曲线相关系数为 0.83。随着振动频率的增加，RTS 与加速度计位移曲线相关系数逐步降低，如表 4.4 所示。结果表明，当振动频率增加时，RTS 动态位移监测精度降低。

4.5.4　总体位移监测试验

结构振动总体位移包含长周期变化的准静态位移和短周期变化的动态位移。总体位移测量试验（c_1～c_5）在湖南大学南校区工程楼进行，使用了 2 台徕卡 TS30 型 RTS 传感器及模拟振动平台，如图 4.13 所示。在动态位移测量试验中，振动平台只模拟了动态位移，没有模拟准静态位移（如温度变化引起的结构整体摆动）。在本小节总体位移测量试验中，振动平台同时模拟了准静态位移和动态位移。由于加速度无法测量准静态位移，故采用 2 台 RTS 传感器监测模拟振动，并相互验证监测结果。以 2 台 RTS 传感器中间点至棱镜的水平方向为 x 轴方向，按左手定则建立三维笛卡儿空间直角坐标系。

(a) 徕卡TS30型RTS

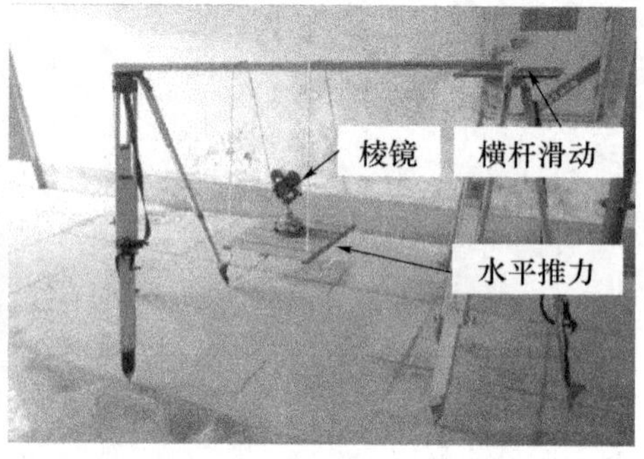

(b) 模拟振动平台

图 4.13　RTS 总体位移测量试验

模拟振动平台由承载板、吊绳、横杆和测量三脚架组成。横杆一端固定在三脚架上，另一端可以自由滑动。4 根吊绳上部固定在横杆上，下部悬挂木质承载板，棱镜安装在承载板上，如图 4.13 所示。当水平推动承载板时，棱镜可以在水平方向自由摆动，模拟结构动态位移。为减小承载板摆动时对棱镜轴向影响，在 y 轴方向施加水平推力。在承载板自由摆动期间，实验者缓慢地往返滑动横杆的可移动端，模拟准静态位移。共进行 5 次模拟试验，每次试验承载板的准静态位移各不相同，其幅值在 0～30 mm 变化。

2 台 RTS 传感器（1 号和 2 号）同时监测承载板在 3 个方向的振动位移，试验 c_1 监测结果如图 4.14 所示。在 x 轴方向，即 RTS 传感器至合作目标棱镜方向，位移幅度较小,峰值大约为 4.4 mm;在 y 轴方向,即对承载板施加水平推力的方向,位移幅度较大,峰值大约为 38.1 mm;在 z 轴方向,即竖直方向,位移幅值较小,峰值大约为 3.4 mm,位移主要是准静态成分。1 号和 2 号 RTS 传感器监测的位移曲线基本一致,在 x、y、z 轴方向的相关系数分别为 0.940、0.964 和 0.997,位移序列相关性极高。

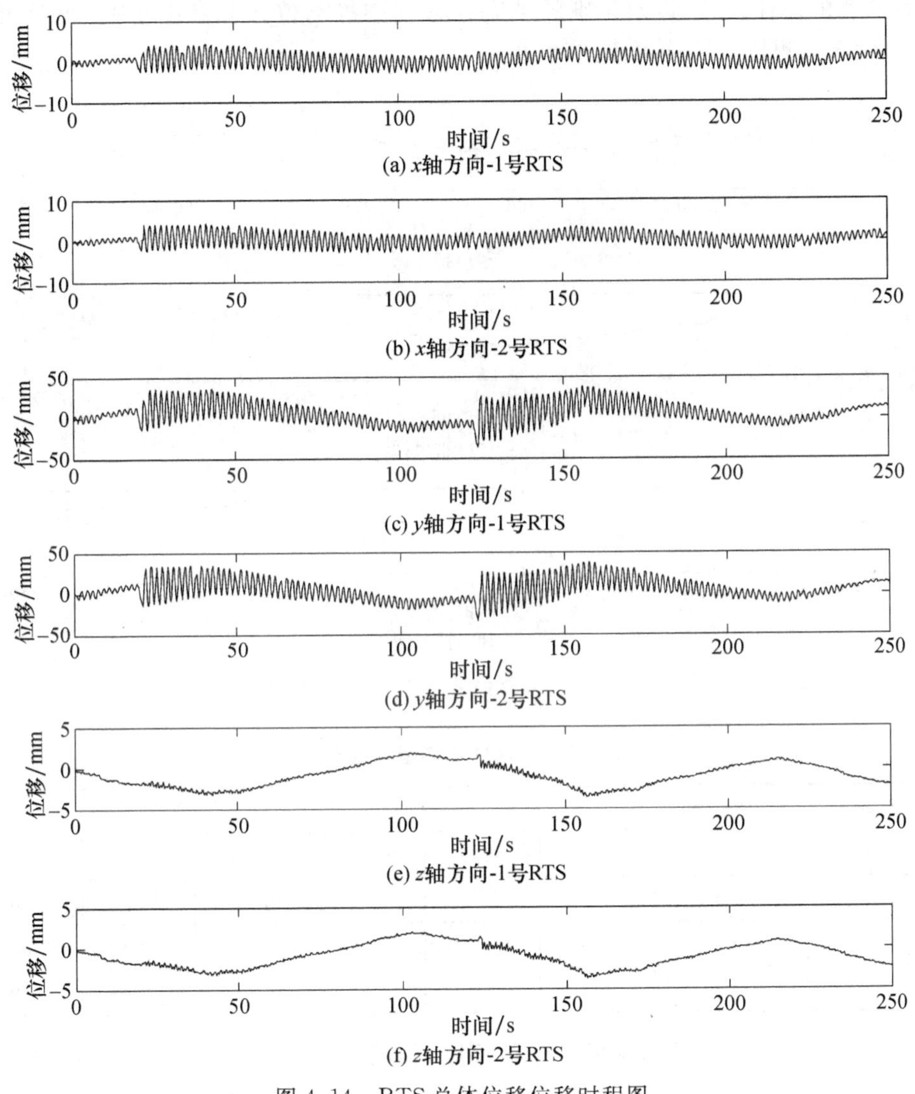

图 4.14　RTS 总体位移位移时程图

采用切比雪夫高通滤波器分解 RTS 监测的位移序列,分离出准静态位移成分,如图 4.15 所示。2 台 RTS 识别的准静态位移曲线完全吻合,在 x、y、z 方向的相关系数分别为 0.938、0.981 和 0.998,相关性极高。同时还计算了 3 个方向动态位移成分的相关系数，分别为0.938、0.980、0.998，如表4.5所示。分别计算2台RTS识别的各类位移之间的差值，并计算其标准差，如表4.5所示。在x、z轴方向，位移标准差较小，低于0.5 mm；在y轴方向，位移标准差都较大，最大值为3.4 mm，但此方向的位移幅值较大，其相对误差仅为8.9%。研究结果表明，2台RTS监测的总体位移，以及识别的动态位移和准静态位移都高度相关，两者相互验证RTS监测技术准确可靠。

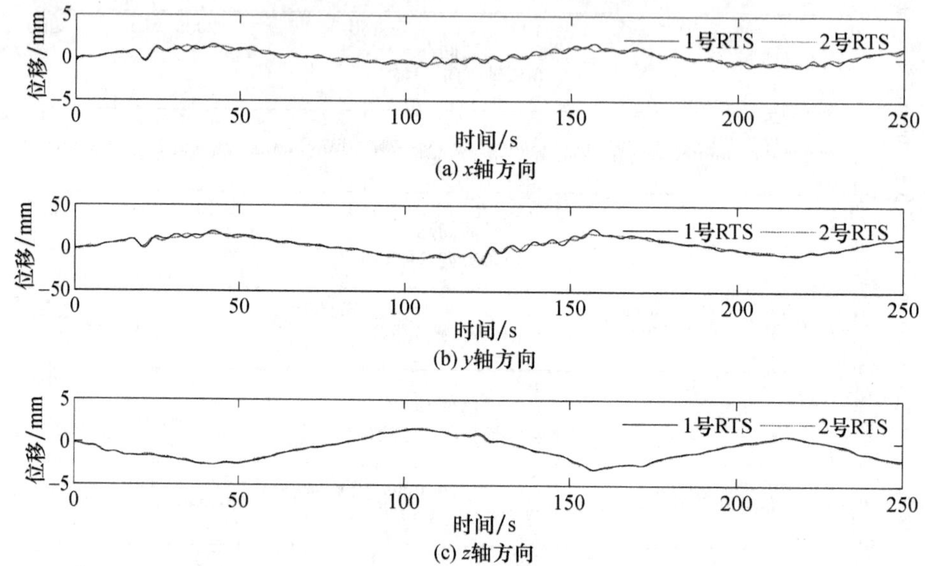

图4.15 2台RTS识别的准静态位移时程图

表4.5 总体位移测量精度分析

试验编号	峰值/mm	标准差/mm			相关系数		
		总体	动态	准静态	总体	动态	准静态
c_1-x	4.4	0.5	0.4	0.2	0.940	0.938	0.938
c_1-y	38.1	3.4	3.0	1.6	0.964	0.980	0.981
c_1-z	3.4	0.1	0.1	0.1	0.997	0.998	0.998

对2台RTS传感器监测的总体位移序列(图4.14)进行傅里叶变化获得相应频谱，如图4.16所示。在水平方向上，RTS监测出承载板摆动频率，x、y轴方向都为0.578 Hz。RTS监测出超低频频率0.008 Hz，其变化周期与横杆滑动周期125 s基本一致，表明RTS传感器能监测出结构缓慢变形，如温度变化引起的结构整体摆动。2台RTS传感器监测的振动频率完全吻合，再次证明RTS传感器监测方法的准确可靠。

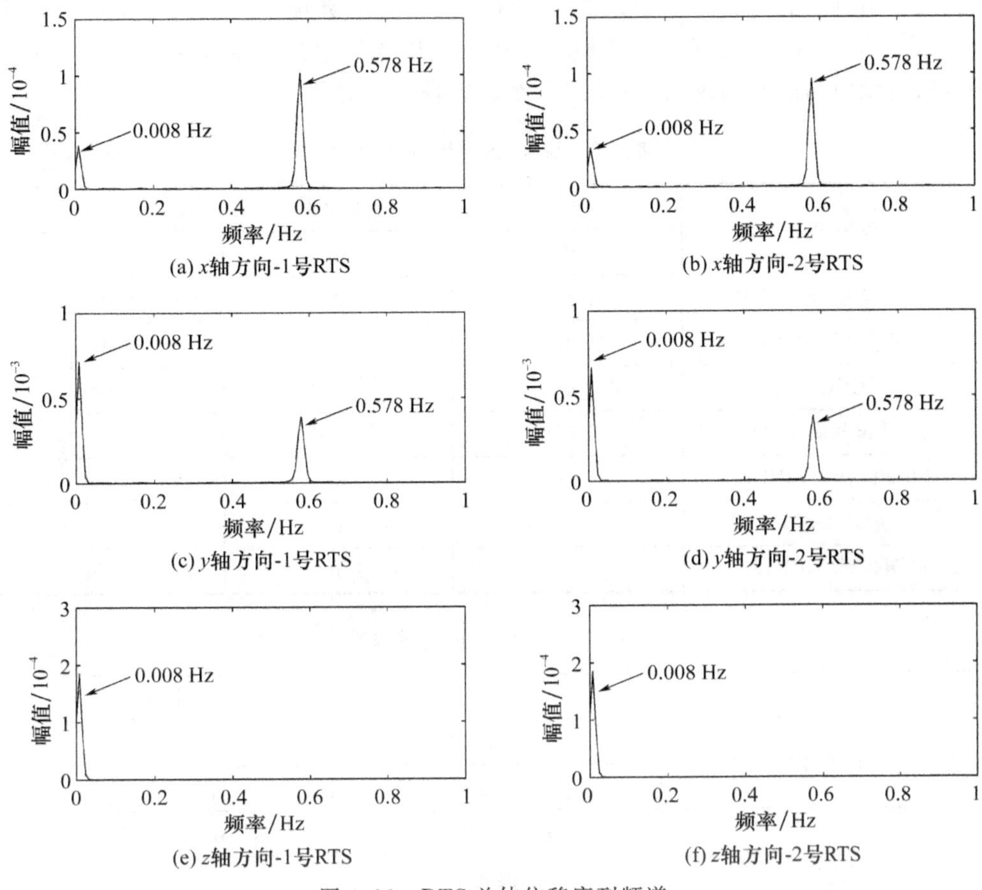

图 4.16　RTS 总体位移序列频谱

§4.6　实桥监测试验方案与数据处理

4.6.1　试验桥梁与设备

2012 年 6 月—8 月，作者在英国诺丁汉大学附近的威尔福德悬索桥进行 RTS 监测试验。威尔福德悬索桥是一座跨径 69 m、宽度 3.7 m 的双主缆重力式锚碇人行桥。该桥修建于 1904 年，主要用于两岸居民通行和承载自来水管道，2010 年进行了维修改造。试验中使用 1 台徕卡 TS30型 RTS 传感器，以及 GRZ4 360°棱镜、8392A2 Kistler 三轴加速度计、精密时间数据采集器、笼状监测点装置、温度计等。

徕卡 TS30 型 RTS 传感器具有超长距离测量功能，可与多种类型棱镜联合使用，如标准圆棱镜、360°棱镜或反射片，其测程如表 4.6 所示。气象条件优是指阴天、无雾霾、能见度大于 40 km；气象条件良是指轻度雾霾、能见度 20 km；气象条件差是指有雾霾、能见度小于 5 km，或有强太阳光照射。徕卡 TS30 是当时性能极好、精度极高的全站仪，其各项技术参数如表 4.7 所示。

表 4.6 徕卡 TS30 型 RTS 测程 单位：m

棱镜类型	气象条件		
	优	良	差
标准单棱镜 GPR1	3 500	3 000	1 800
标准三棱镜 GPR1	5 400	4 500	2 300
360°棱镜 GRZ4	2 000	1 500	800
360° Mini 棱镜 GRZ101	1 000	800	450
Mini 棱镜 GMP101	2 000	1 200	800
反射片 GZM31	250	250	150
有源棱镜 MPR122	2 000	1 500	800

表 4.7 徕卡 TS30 技术参数

类别	项目	技术参数
角度测量	精度	0.5″
	最小显示	0.01″
距离测量	精密模式精度	$0.6\ \text{mm}+1\times10^{-6}D$
	标准模式精度	$1\ \text{mm}+1\times10^{-6}D$
	跟踪模式精度	$3\ \text{mm}+1\times10^{-6}D$
驱动装置	最大加速度	360 (°)/s^2
	最大转速	180 (°)/s
ATR 自动跟踪	工作范围(圆棱镜)	1 000 m
	工作范围(360°棱镜)	800 m
	定位精度	1 mm
数据采集频率	同步跟踪模式	10 Hz
综合数据	望远镜放大倍数	30×
	显示及键盘	彩色触摸屏
	工作温度	−20～50℃
	内存	256 MB 内存或 CF 卡
	电源	内置及外置电池

保证位置同轴和时间同步是多传感器监测的两个关键问题。为解决多传感器同轴问题，实验者设计了笼状监测点装置，能保证棱镜与加速度竖轴重合，3.2.1 小节介绍了该装置的详细结构和使用方法。为解决 RTS 和加速度计时间同步问题，试验中使用精密时间数据采集器采集加速度计数据，同步获取加速度计数据和 GNSS 时间；试验中 RTS 传感器加装 GNSS 接收机，同步获取 GNSS 位移数据和 GNSS 时间，4.3.2 小节详细阐述了时间同步的方法和步骤。

4.6.2　试验过程

RTS 传感器安置在威尔福德悬索桥西桥头附近的测站点，测站点至监测点棱镜距离为 67.3 m，路线通视条件良好。监测点选择在威尔福德悬索桥主跨跨中，监测点安装有 360°棱镜和三轴加速度计，如图 4.17 所示。RTS 传感器采用英国本地 OSGB NG 坐标系（测量北坐标、东坐标和高程）。加速度计使用桥梁坐标系（以悬索桥纵向为 x 轴，横向为 y 轴，竖向为 z 轴）。

(a) 徕卡TS30自动型全站仪

(b) 监测点测量装置

图 4.17　英国威尔福德悬索桥监测试验

在威尔福德悬索桥进行 3 个工况动态监测试验，包括同步跳跃激励、随机跳跃激励和环境随机激励，如表 4.8 所示。3 名试验人员体重总共约 180 kg，每组跳跃持续大约 10 s，每组跳跃间隔大约 3 分钟。在工况 1 中，3 名试验人员跳跃节奏保持一致，共跳跃 8 组；在工况 2 中，3 名试验人员随机跳跃，激励毫米级振动位移，共跳跃 6 组；在工况 3 中，试验人员未跳跃，桥梁偶尔有行人通过，西南方向小风。按 3 分钟的间隔记录环境温度，试验过程中温度变化幅度很小，桥面温度在 20.4～22.3℃变化。

表 4.8 **RTS 实桥监测试验工况**

工况	试验说明
1	试验人员在桥面跳跃激励,同步跳跃,间隔时间约 3 分钟
2	试验人员在桥面跳跃激励,随机跳跃
3	环境随机激励,试验人员未跳跃,桥面偶尔有行人通过,微风

RTS 传感器采用同步跟踪模式锁定监测点棱镜,采样频率设置为 10 Hz,实际的采样率为 5～7 Hz。RTS 传感器顶部安装 GNSS 接收机后,可采集包含 GNSS 时间的位移数据。加速度计采样频率设置为 100 Hz,采用精密时间数据采集器采集加速度计数据,可采集包含 GNSS 时间的加速度数据。

4.6.3 试验结果

1. 同步跳跃激励振动(工况 1)

在跳跃激励工况中,试验人员在跨中监测点同步跳跃,共跳跃 8 组,每组跳跃 10 s,间隔时间大约 180 s,共记录 2 000 s 数据。RTS 传感器记录监测点在桥梁纵向、横向和竖向(即 x、y、z 轴方向)的总体位移,加速度计记录监测点 3 个方向的加速度,如图 4.18 所示。试验人员体重总共约 180 kg,跳跃时主要激励桥梁结构竖向(即 z 轴方向)振动,其峰值接近 10 mm;横向和纵向(即 x、y 轴方向)振动幅值较小,其振幅都低于 2 mm。在 x、y 轴方向,结构振动位移和测量噪声总体幅度

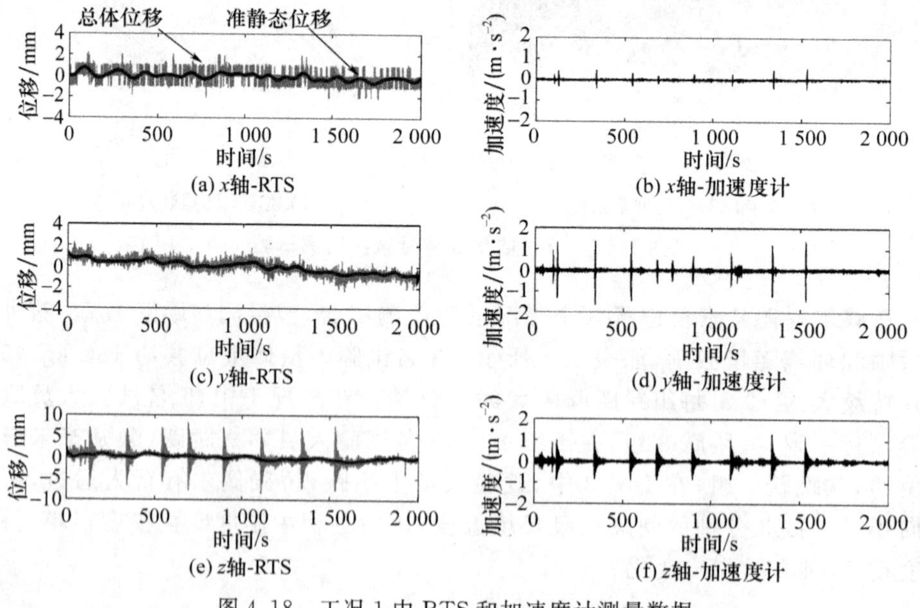

图 4.18 工况 1 中 RTS 和加速度计测量数据

低于2 mm，表明 RTS 传感器测量噪声水平低于 2 mm；在 z 轴方向，由于实验人员是同步跳跃，位移曲线规律性较强，位移幅值明显。在相同监测点同步采集的加速度信号表现出类似特点。

2. 随机跳跃激励振动(工况 2)

在随机跳跃激励工况中，试验人员随机跳跃，共记录 1 500 s 数据。RTS 和加速度计分别测量位移和加速度数据，如图 4.19 所示。在 x、y 轴方向上，与工况 1 情况类似，RTS 传感器监测的位移和测量噪声综合值低于 2 mm，再次证明 RTS 传感器测量误差小于 2 mm。在 z 轴方向上，由于实验人员不是同步跳跃，位移曲线规律性不明显，位移幅值相对较弱。三轴加速度计测量的加速度数据表现出类似特点。

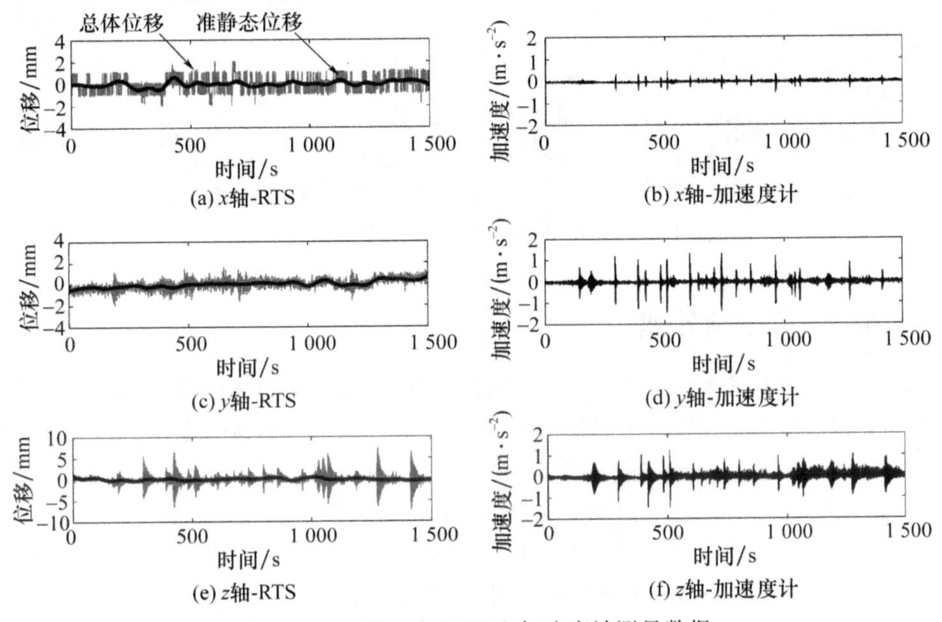

图 4.19　工况 2 中 RTS 和加速度计测量数据

3. 环境随机激励振动(工况 3)

在环境随机激励工况中，没有试验人员在桥梁跳跃，偶尔有行人通过监测点。RTS 和加速度计分别测量 1 500 s 的位移和加速度数据，如图 4.20 所示。RTS 传感器监测出的结构振动位移和测量噪声综合值都低于 2 mm，表明振动位移和测量噪声水平都低于 2 mm。水平方向(即 x、y 轴方向)上结构动态特性不明显，但竖直方向(即 z 轴方向)上成功监测出行人通过监测点时的动力响应。在 z 轴方向上，位移曲线规律性不明显，位移幅值相对较弱。三轴加速度计测量的加速度数据各方向振幅较弱。

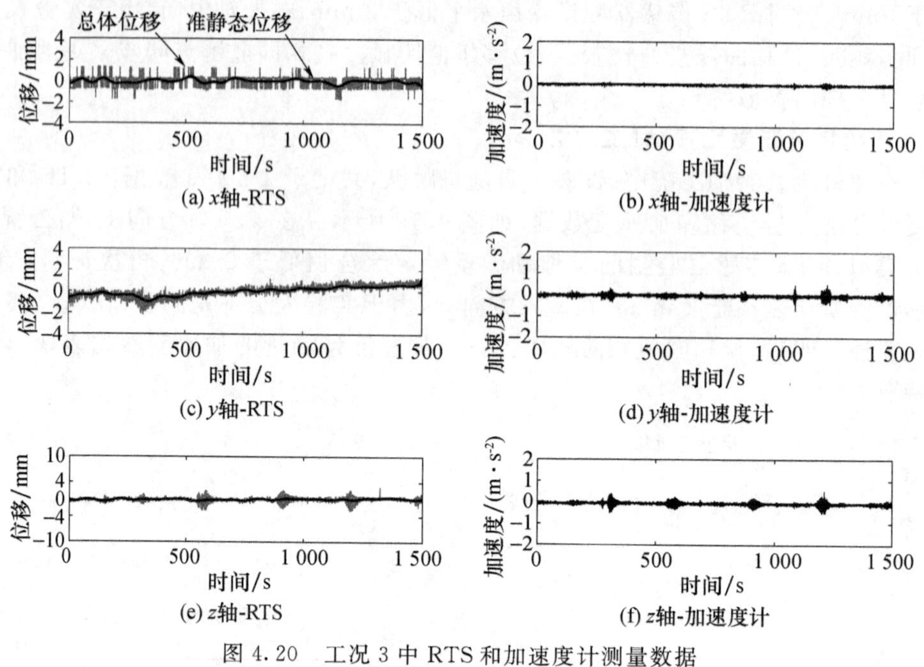

图 4.20　工况 3 中 RTS 和加速度计测量数据

4.6.4　数据预处理

首先转换坐标系统。RTS 传感器使用英国本地 OSGB NG 坐标系，加速度计使用桥梁独立坐标系，两类传感器坐标系不一致。采用线性变换公式转换坐标，即

$$\begin{bmatrix} x \\ y \\ z \end{bmatrix} = \begin{bmatrix} \cos\alpha & \sin\alpha & 0 \\ -\sin\alpha & \cos\alpha & 0 \\ 0 & 0 & 1 \end{bmatrix} \begin{bmatrix} N \\ E \\ H \end{bmatrix} \tag{4.22}$$

式中，(N,E,H)为在 RTS 测量坐标系中的坐标值，(x,y,z)为在桥梁独立坐标系中的坐标，α 为桥梁坐标系 x 轴方向在 RTS 测量坐标系中的方位角。

RTS 和加速度计数据中都包含有高精度 GNSS 时间。但在 RTS 传感器动态测量过程中，多方面原因可能引起时滞问题，可按照 4.3.2 小节中的详细步骤，采用皮尔逊积矩相关系数法修正多传感器之间的时差问题。

RTS 测量序列中，对于误差大于 3 倍标准差(99.7%置信区间)的异常值及重复值直接剔除。RTS 传感器标称采样率为 10 Hz，但实际采样率仅为 5～7 Hz，采样时间间隔不稳定。本书采用线性插值方法对数据重采样，使数据采样间隔为标准的 0.1 s；加速度计采样率为 100 Hz，用线性插值方法重采样使采样间隔为标准的 0.01 s。

4.6.5　动态位移识别

RTS 传感器测量的总体位移中包含准静态位移和动态位移。准静态位移是指外部荷载作用下引起的长周期变化,周期达数分钟或更长;动态位移是指外部荷载作用下的短周期变化,工程结构振动周期通常在 0.1～10 s。采用 8 阶Ⅰ型切比雪夫高通滤波器,从 RTS 传感器监测数据中分别提取结构振动的准静态位移和动态位移。选取 0.01 Hz 为分离 RTS 准静态、动态位移的截止频率。从 3 个工况的 RTS 数据中,分别识别桥面监测点各方向的准静态位移,如图 4.18～图 4.20所示;分别识别桥面监测点各方向动态位移,如图 4.21～图 4.23 所示。

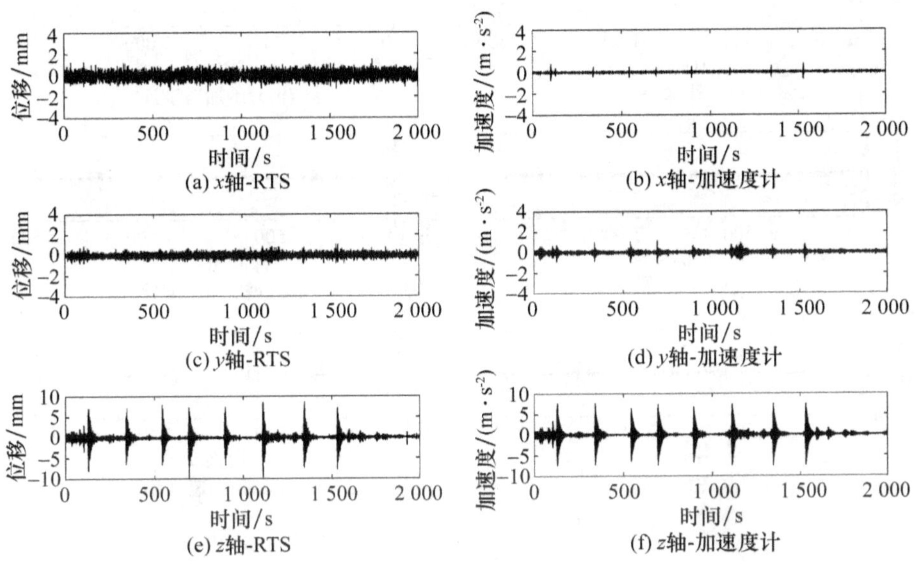

图 4.21　工况 1 动态位移时程图

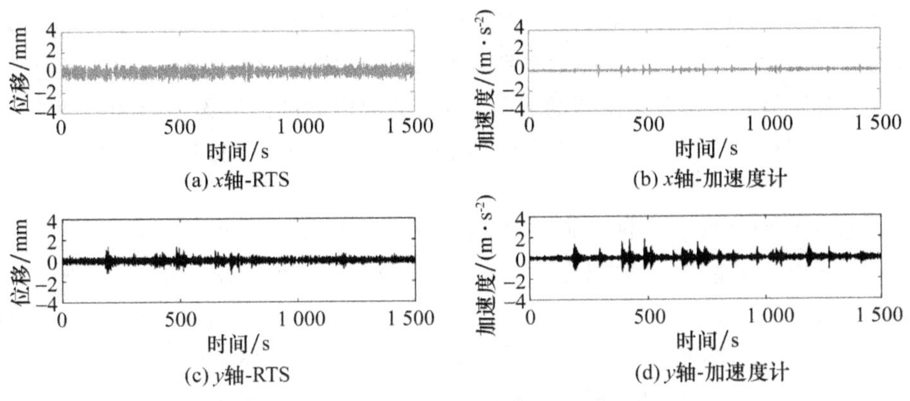

图 4.22　工况 2 动态位移时程图

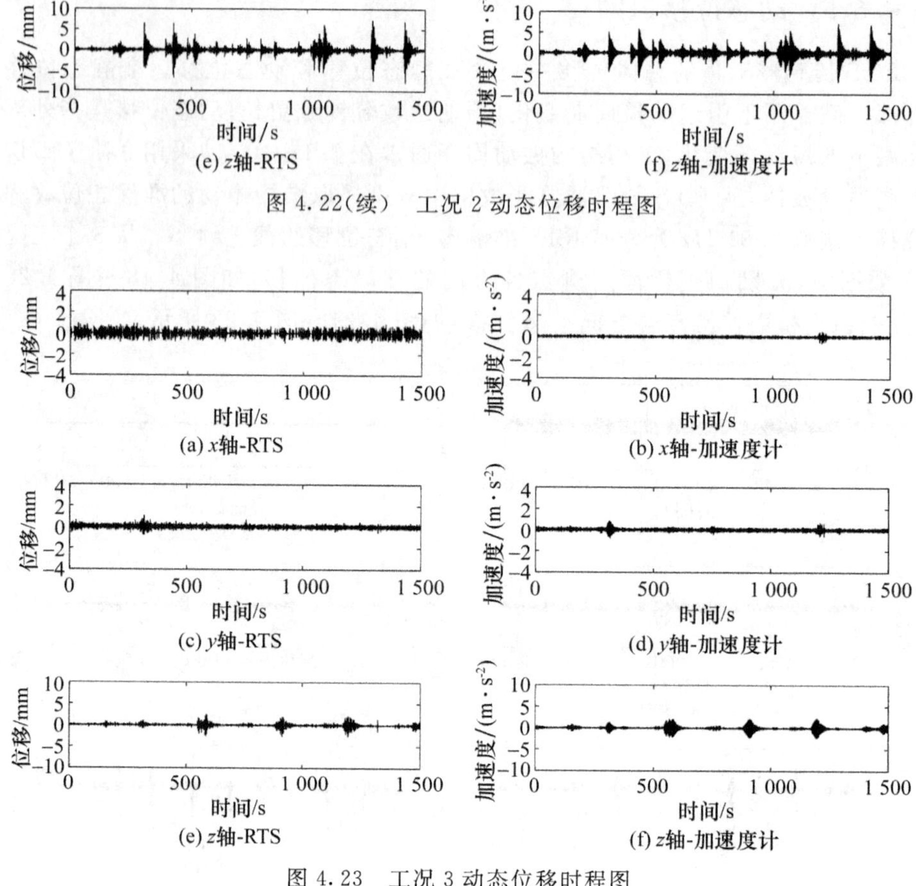

图 4.22(续) 工况 2 动态位移时程图

图 4.23 工况 3 动态位移时程图

加速度计测量桥面监测点的加速度数据。采用梯形法则数值积分方法计算对应的速度和位移,并采用Ⅰ型切比雪夫高通滤波方法消除积分过程中产生的趋势项,其流程如图 4.6 所示。从 3 个工况的加速度数据中,分别识别桥面监测点各方向的动态位移,如图 4.21～图 4.23 所示。由于加速度数据积分过程中产生趋势项,需要用高通滤波器滤除长周期成分,导致结构振动的准静态位移也被滤除。因此,加速度数据二次积分后只能获得监测点动态位移,不能获得监测点准静态位移。

RTS 传感器的优势是能监测长周期的准静态位移。在 3 个试验工况中,RTS 传感器监测出的准静态位移都在 −1～1 mm 变化,如图 4.18～图 4.20 所示。试验过程中桥面温度在 20.4～22.3℃变化,西南方向小风,因此温度和风荷载对桥面的长周期变形影响非常小。试验人员体重总共只有约 180 kg,因此对桥面的长周期变形影响很小,RTS 传感器监测的准静态位移符合试验荷载状况。

比较 RTS 和加速度中识别的动态位移。在各试验工况中，RTS 与加速度计识别的桥面监测点各方向的动态位移曲线相似，位移峰值基本一致，如图 4.21～图 4.23 所示。工况 1 中，x、y 轴方向位移幅值极小，RTS 传感器测量的振动位移和测量误差综合值低于 1 mm，表明 RTS 传感器测量误差低于 1 mm。在 z 轴方向上，位移峰值接近 1 cm，而且分布规律性较强，表明同步跳跃激励竖向振动明显。提取 8 组跳跃的位移峰值，比较 2 种传感器监测的位移峰值，其最大差值为1.6 mm，最小差值为 0.2 mm，如表 4.9 所示。比较 2 种传感器位移时间序列的差值，计算差值序列的标准差和平均差，所有指标都小于 0.7 mm，如表 4.10 所示。

表 4.9　工况 1 激励事件位移峰值

事件	时刻/s	RTS 位移峰值/mm	加速度计 位移峰值/mm	差值/mm
1	128.6	7.0	7.4	−0.4
2	344.0	7.2	7.7	−0.5
3	542.5	8.0	6.4	1.6
4	692.5	7.3	7.0	0.3
5	896.6	7.4	6.6	0.8
6	1 113.0	8.5	7.2	1.3
7	1 346.1	8.7	7.4	1.3
8	1 533.6	7.2	7.4	−0.2

表 4.10　RTS 传感器测量精度分析　　单位：mm

指标	纵向 x	横向 y	竖向 z
标准差	0.3	0.2	0.7
平均差	0.2	0.1	0.3

在工况 2 中，x、y 轴方向上 RTS 传感器测量的振动位移和测量误差综合值低于 1 mm，表明 RTS 传感器测量误差低于 1 mm。在 z 轴方向上，监测的位移峰值略低于工况 1。比较 2 种传感器在 z 轴方向(即纵向)的位移曲线，他们的位移峰值非常接近，尤其是在 1 250～1 500 s 区间 2 次振幅较大的位移峰值。

在工况 3 中，没有试验人员在桥面跳跃，偶尔有行人通过桥面监测点，在各方向上环境随机激励振幅都较小。与前面工况一致，RTS 传感器监测噪声幅值低于

1 mm。行人通过桥面监测点时,在 z 轴方向产生振幅为 1～2 mm 的振动,RTS 和加速度计识别的动态位移幅值基本一致。

4.6.6 模态频率识别

采用 FFT 方法,分析 RTS 传感器测量的位移序列的频谱,以及加速度计测量的加速度序列的频谱,如图 4.24～图 4.26 所示。在工况 1 中,RTS 和加速度计识别的振动基频分别为 1.676 Hz 和 1.679 Hz,他们的差值比为 1.8%,低于频率测量限差值 5%;在工况 2 中,2 种传感器识别的振动基频完全一致,都为 1.679 Hz;在工况 3 中,加速度计识别出振动基频为 1.679 Hz,但 RTS 传感器没有识别出结构振动基频。综上所述,在跳跃激励工况中(工况 1 和工况 2),RTS 传感器能准确识别桥梁结构竖向振动基频,但在环境随机激励工况中(工况 3),RTS 传感器没有识别出结构竖向振动基频。研究结果表明,当结构振动幅度达到数毫米时,RTS 传感器能识别出桥梁结构低阶模态频率。当结构振幅小于 2 mm,或振动频率较高时,应联合使用 RTS 与加速度计传感器监测结构振动。

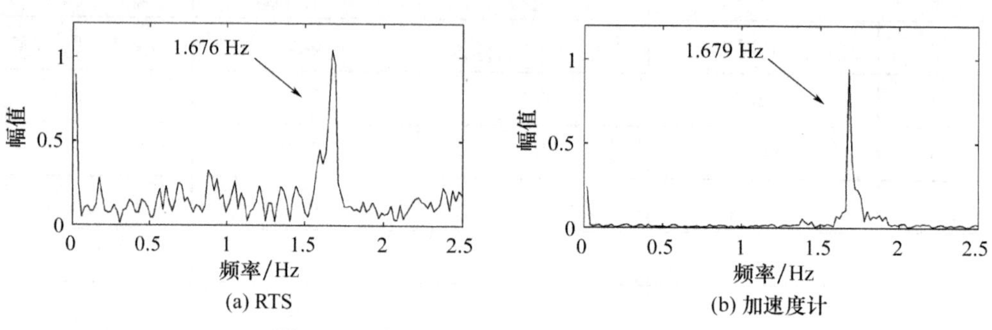

图 4.24　在工况 1 中 z 轴方向信号频谱图

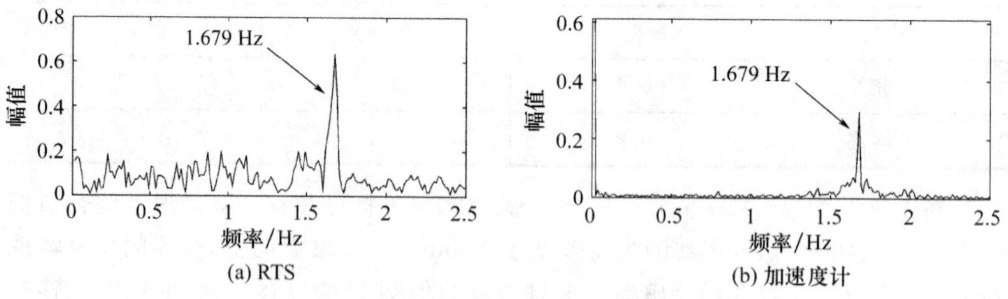

图 4.25　在工况 2 中 z 轴方向信号频谱图

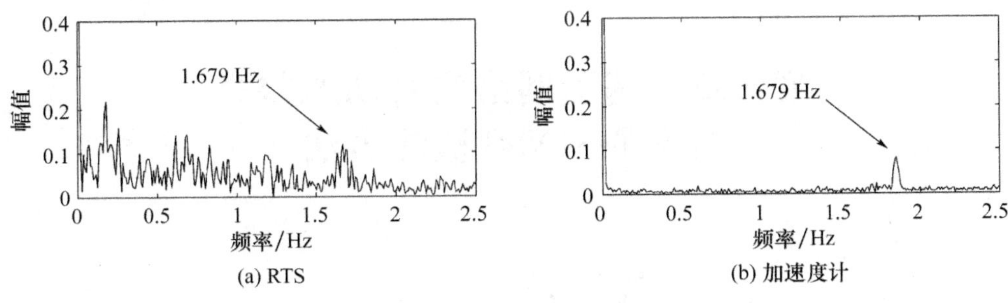

(a) RTS　(b) 加速度计

图 4.26　在工况 3 中 z 轴方向信号频谱图

§4.7　本章小结

本章研究采用新型 RTS 传感器进行桥梁动态位移监测的方法，为了弥补 RTS 传感器对结构振动高频信息不敏感的问题，提出了集成 RTS 和加速度计传感器的动态变形监测方法，并以英国威尔福德悬索桥为研究对象，进行了实桥监测和数据分析。本章主要结论如下：

(1) 本章提出一种采用 RTS 测量桥梁振动位移和模态频率的方法(专利申请号：201310223717.8)，设计了一套安装方便的多传感器联合安装系统(专利申请号：201310222279.3)，实桥监测结果验证该方法准确可靠。

(2) 在基线长度小于 200 m 时，RTS 传感器位移监测精度优于 1.7 mm；当基线距离达到 400 m 时，RTS 传感器位移监测精度优于 3.3 mm。RTS 传感器测量精度能满足桥梁结构位移测量精度要求。

(3) 通过加装 GNSS 接收机的方法，RTS 传感器可采集包含精密 GPS 时间的位移数据；使用自主研制的精密时间数据采集器，采集包含精密 GPS 时间的加速度数据。两类传感器都采集精密 GPS 时间，成功解决多传感器时间同步的问题。

(4) 集成 RTS 和加速度计两类传感器的方法，有效解决 RTS 传感器难以识别结构振动高频信息、加速度计难以识别结构振动超低频信息的问题。随着 RTS 传感器性能不断提高，尤其是采样率提高，其应用前景将更加广阔。

第5章　基于网络实时动态差分技术的GNSS监测方法

§5.1　引　言

GNSS定位技术应用于大地测量、地球动力学、工程变形监测等测量领域；应用于车辆、船舶和飞机的精密导航，以及运动目标监控与管理等导航领域；应用于载体姿态测量、弹道导弹制导等领域。在这些领域应用中，GNSS基线常采用三种动态解算模式，即实时动态(RTK)、后处理动态(PPK)和网络实时动态(NRTK)差分。在RTK和PPK模式中，需要建立独立的GNSS基准站，并向监测点GNSS接收机实时发送差分改正数，用于解算监测点坐标。在NRTK模式中，不需要单独建立基准站，直接利用连续运行基准站(CORS)系统发送的差分改正数。

为降低GNSS技术测量误差，尤其是多路径误差，GNSS基准站应避开水面、光滑地面、墙面等强反射面。采用RTK和PPK技术监测桥梁或高层建筑动态变形时，需要在结构物附近建立基准站，很显然难以找到符合上述条件的位置。大部分桥梁建造在江河湖泊上，反射率很高的水面将反射GNSS卫星发射的信号，并被GNSS接收机接收从而产生显著多路径误差。高层建筑通常修建在大城市，其周围有很多高层建筑群，建筑群墙面反射GNSS卫星信号，被GNSS接收机接收到后会产生显著多路径误差。另外，GNSS接收机价格昂贵，如果用户建立独立的基准站，将增加监测成本。

为克服上述多路径误差显著和监测成本高的问题，提出采用NRTK监测桥梁结构动态变形方法。NRTK技术直接利用本地区已建立CORS系统发送的改正数进行基线解算，既可降低多路径误差，也可降低GNSS技术监测成本。目前我国大部分城市已建立CORS系统，有利于NRTK技术的广泛应用。

§5.2　网络实时动态差分技术

网络实时动态差分技术集互联网技术、无线通信技术、计算机网络管理技术和GNSS定位技术于一体，利用连续运行基准站GNSS观测信息，建立精确的差分信息解算模型，解算高精度差分改正数，通过无线通信数据链将改正数发送到监测点流动站。

5.2.1　CORS 系统工作流程

CORS 系统利用 GNSS 导航定位技术，在市、省或国家范围内，建立常年连续运行的永久 GNSS 基准站，通过计算机、数据通信和互联网技术，构建由基准站和数据中心组成的网络系统。数据中心处理各基准站采集的数据，利用基准站网络软件进行处理，然后向各种类型的用户发送 GNSS 差分改正数，基本原理如图 5.1 所示(黄俊华 等，2009)。

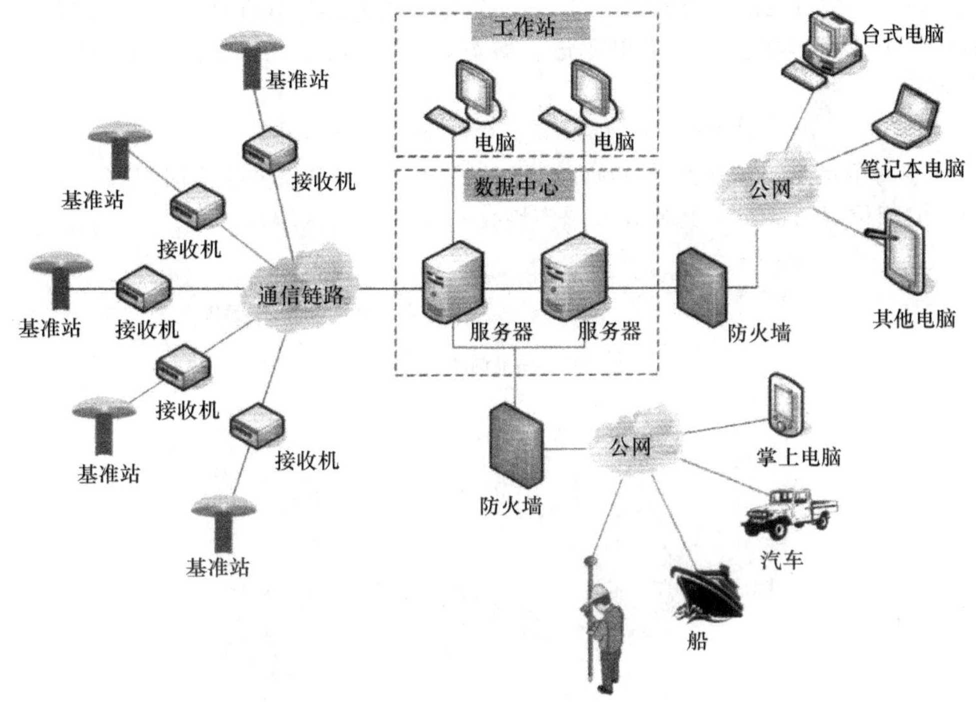

图 5.1　CORS 系统工作原理

CORS 系统包含四部分：基准站系统、数据中心、通信系统和用户终端。CORS 基准站系统主要功能是接收卫星数据和传输数据，由分布在系统区域内的多个单基准站组成，每个单基准站由 GNSS 接收机、GNSS 天线、电源、网络设备、永久测量观测墩和避雷系统组成。数据中心包括用户管理中心和数据处理中心，负责卫星定位数据分析、处理和存储，差分改正数据生成、传输和广播，以及各类终端用户管理。通信系统包含基准站与数据中心、数据中心与终端用户的数据通信，通过互联网、GPRS 或 CDMA 无线通信技术实现数据通信。用户终端为 CORS 系统用户，由 GNSS 接收机、GNSS 天线和通信模块组成，接收 GNSS 信号和 CORS 系统发送的差分改正数，解算用户终端位置的高精度坐标。

5.2.2　CORS 系统实时动态差分算法

国际上主流的网络实时动态差分技术包括主辅站技术(MAC)、虚拟参考站(VRS)方法和区域改正数技术(FKP)。

1. 主辅站技术

主辅站技术是由瑞士徕卡测量系统公司基于“主辅站”概念提出的网络实时动态差分方法，其原理如图 5.2 所示，CORS 站连续接收 GNSS 卫星广播信号，选择距流动站最近的基准站为主站 M，一定范围内的其他基准站为辅站 A_i($i=2,3,\cdots$)，主站和辅站组成一个单元进行解算，计算辅站 L1 载波相位观测值改正数，即

$$\delta\Phi_{A,1}^{j}=s_{A}^{j}(t)-\Phi_{A,1}^{j}(t)+c\mathrm{d}t_{A,1,\phi}-c\mathrm{d}t_{1,\phi}^{j} \tag{5.1}$$

式中，j 为卫星号，t 为历元，$s_{A}^{j}(t)$为在历元 t 辅站 A 与卫星 j 的几何距离，$\Phi_{A,1}^{j}(t)$为载波相位观测量，c 为光速，$\mathrm{d}t_{A,1,\phi}$为接收机钟差，$\mathrm{d}t_{1,\phi}^{j}$为卫星钟差。

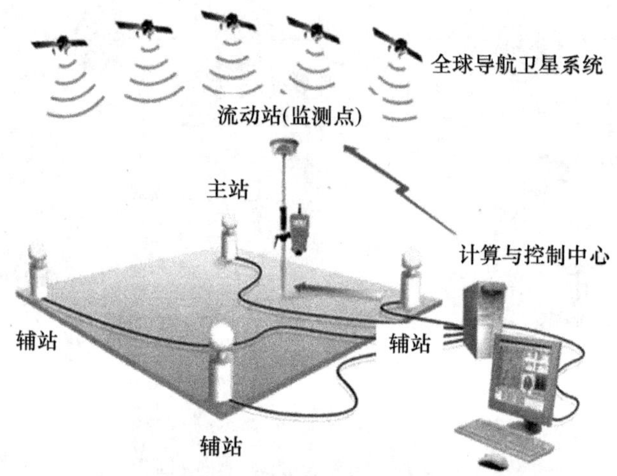

图 5.2　主辅站技术原理

同理可以求出主站 L1 载波相位观测值改正数 $\delta\Phi_{M,1}^{j}$，则主辅站差分改正数为

$$\delta\Delta\Phi_{AM,1}^{j}=\Delta s_{AM}^{j}(t)-\Delta\Phi_{AM,1}^{j}(t)+c\Delta\mathrm{d}t_{AM,1}+\frac{c}{f_1}\Delta N_{AM,1}^{j} \tag{5.2}$$

式中，f_1 为载波 L1 频率，$\Delta N_{AM,1}^{j}$为主辅站整周模糊度之差。

同理求载波 L2 的主辅站差分改正数 $\delta\Delta\Phi_{AM,2}^{j}$。用载波 L1、L2 主辅站差分改正数线性组合分别计算差分改正数的弥散项、非弥散项，即

$$\delta\Delta\Phi_{AM,1}^{j,\mathrm{disp}}=\frac{f_2^2}{f_2^2-f_1^2}\delta\Delta\Phi_{AM,1}^{j}-\frac{f_2^2}{f_2^2-f_1^2}\delta\Delta\Phi_{AM,2}^{j} \tag{5.3}$$

$$\delta\Delta\Phi_{AM,1}^{j,\text{non-disp}}=\frac{f_1^2}{f_1^2-f_2^2}\delta\Delta\Phi_{AM,1}^{j}-\frac{f_1^2}{f_1^2-f_2^2}\delta\Delta\Phi_{AM,2}^{j} \tag{5.4}$$

其中，f_1、f_2 分别为载波 L1、L2 频率。弥散项主要由电离层变化引起，变化周期较短；非弥散项主要由对流层、接收机钟差残差组成，变化周期较长。为减少通信带宽，弥散项采用较高频次发送，非弥散项采用较低频次发送。

最后用加权法计算出流动站差分改正数，并通过无线通信数据链实时发送到流动站，流动站接收机监测的 GNSS 信号和接收的差分改正数实时解算监测点三维坐标。

2. 虚拟参考站方法

虚拟参考站方法是由 L. Wanninger 于 1997 年提出的网络实时动态差分方法，其原理如图 5.3 所示。各基准站通过通信网络连续不断地向数据中心传输 GNSS 卫星观测数据；数据中心建立实时更新的本地区差分改正数数据库，解算各基准站基线的整周模糊度，建立基准站间的电离层、对流层、卫星轨道误差模型；流动站将单点定位的估值坐标通过无线移动通信方式传输给数据中心，数据中心在距离流动站几米的位置建立虚拟参考站；数据中心通过内插得到虚拟参考站差分改正数，并以专用格式发送给流动站用户；流动站接收虚拟参考站差分改正数，进行流动站差分改正，获得高精度定位坐标。虚拟观测值生成算法为

$$\phi_{\text{vrs},i}^{k}=\phi_{\text{ref},i}^{k}+\Delta N_{\text{vrs-ref}}^{k}+(\Delta G_{\text{vrs-ref}}^{k}-\Delta I_{\text{vrs-ref},i}^{k}+\Delta T_{\text{vrs-ref}}^{k})/\lambda_i \tag{5.5}$$

$$P_{\text{vrs},i}^{k}=P_{\text{ref},i}^{k}+\Delta G_{\text{vrs-ref}}^{k}+\Delta I_{\text{vrs-ref},i}^{k}+\Delta T_{\text{vrs-ref}}^{k} \tag{5.6}$$

其中，ϕ、P 为相位和伪距观测值，Δ 为单差标识，vrs、ref 为虚拟参考站和主基准站，k 为卫星标识，i、λ_i 为频率和相应的频率波长，N 为整周模糊度，G 为站星间的几何距离相关项，I、T 为与频率有关的弥散型误差和与频率无关的非弥散型误差。

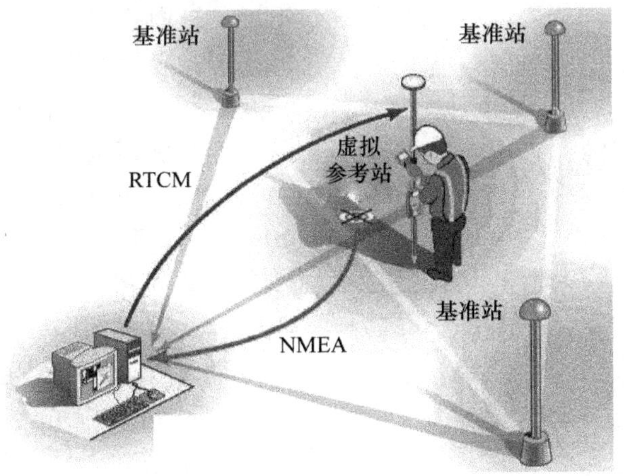

图 5.3　虚拟参考站方法原理

3. 区域改正数技术

区域改正数技术由德国GEO＋＋公司Gerhard Wübbena博士提出，利用插值算法建立全网整体解算模型。将基准站实时采集的观测值传输到数据中心，通过数据中心实时处理，产生误差改正参数，然后将这些参数通过扩展信息发送给区域内流动站进行坐标解算。流动站通过经度φ_R、纬度λ_R计算误差改正数，误差改正数包括与频率有关的弥散型误差ΔI和与频率无关的非弥散型误差ΔT，即

$$\Delta I = 6.37H[N_1(\varphi - \varphi_R) + E_1(\lambda - \lambda_R)\cos\varphi_R] \tag{5.7}$$

$$\Delta T = 6.37[N_0(\varphi - \varphi_R) + E_0(\lambda - \lambda_R)\cos\varphi_R] \tag{5.8}$$

其中

$$H = 1 + 16(0.53 - E/\pi)^3 \tag{5.9}$$

N_1、E_1为弥散型误差在北、东方向的改正数，N_0、E_0为非弥散性误差在北、东方向的改正数，φ_R、λ_R为基准站经度、纬度，E为以弧度为单位的卫星高度角。

载波L1、L2的误差δr_1、δr_2计算公式分别为

$$\delta r_1 = \Delta T + (120/154)\Delta I \tag{5.10}$$

$$\delta r_2 = \Delta T + (154/120)\Delta I \tag{5.11}$$

流动站首先利用主基准站的坐标及改正数计算弥散型误差ΔI和非弥散型误差ΔT，然后利用式(5.10)、式(5.11)计算载波L1、L2的改正数，最后通过双差解算流动站精确坐标。

5.2.3 英国SmartNET CORS系统

2006年英国国家测绘局和瑞士徕卡测量系统公司合作建立英国SmartNET CORS系统。目前SmartNET CORS系统包含142个连续运行基准站，如图5.4所示(Edwards et al, 2010)。自2007年开始，SmartNET CORS系统也为爱尔兰提供定位服务，该区域拥有18个连续运行基准站。每个基准站安装1套徕卡GRX 1200型GNSS接收机和徕卡AR 25扼流圈天线。GNSS接收机接收卫星原始数据，并通过专用数据通信链路或万维网发送到网络控制中心。在网络控制中心，GPS Spider软件采用主辅站方法处理各基准站原始数据，并为用户提供网络实时动态差分改正数。

图5.4 英国SmartNET CORS系统

§5.3　基于小波变换的 GNSS 数据处理方法

在 GNSS 动态监测过程中，由于卫星轨道误差、卫星钟差、电离层延迟、对流层延迟、多路径误差、天线相位中心误差、接收机钟差等的影响，GNSS 信号中包含较大的误差。为获得高精度监测结果，必须采用有效的方法对信号进行降噪处理。小波变换是信号时频分析方法，具有多分辨率特点，在时域和频域都具有良好表征信号局部特性的能力。小波分析信号高频特性时，时间窗变窄，频率窗变宽；分析信号低频特性时，时间窗变宽，频率窗变窄。因此，小波变换在低频部分具有较高的频率分辨率和较低的时间分辨率，在高频部分具有较高的时间分辨率和较低的频率分辨率，能在时频两域同时描述 GNSS 信号时频特性。小波变换克服短时傅里叶变换(STFT)方法时间和频率分辨率固定不变的问题。

5.3.1　小波时频分析

短时傅里叶变换的时间和频率分辨率固定，使它在很多应用中受到极大限制。连续小波变换是一种时频分析方法，随着离散小波变换和小波级数的发展，小波变换更适合于 GNSS 信号处理。小波时频分析方法在时频平面中的任意位置都能给出优化的时间和频率分辨率，重点研究母函数 $\psi(t)$。

对于任意 $f(t)\in L^2(\mathrm{R})$，其小波变换为该函数与母函数的内积，即

$$W_\psi f(a,b) = \langle f,\psi_{a,b}\rangle = \int_{-\infty}^{+\infty} f(t)\,\overline{\psi_{a,b}(t)}\,\mathrm{d}t \tag{5.12}$$

式中，$a,b\in\mathrm{R}$，$a\neq 0$，小波函数族 $\psi_{a,b}(t)$ 由母函数 $\psi(t)$ 在尺度上伸缩和在位置上平移后得到，即

$$\psi_{a,b}(t)=a^{-\frac{1}{2}}\psi\left(\frac{t-b}{a}\right) \tag{5.13}$$

式中，a 为伸缩(尺度)因子，b 为平移因子。小波变换通过小波函数在尺度 a 上的伸缩和位置 b 上的平移来表征信号局部特性。对于母函数 $\psi(t)$，为了使它的连续小波变换能重构 $f(t)$，必须满足下面条件

$$\hat{\psi}(0) = \int_{-\infty}^{+\infty} \psi(t) = 0 \tag{5.14}$$

信号 $f(t)$ 可通过连续小波逆变换进行重构，即

$$f(t) = \frac{1}{C_\psi}\int_{-\infty}^{+\infty}\int_{-\infty}^{+\infty}\frac{1}{a^2}W_\psi f(a,b)\psi\left(\frac{t-b}{a}\right)\mathrm{d}a\mathrm{d}b \tag{5.15}$$

式中

$$C_\psi = \int_{\mathrm{R}}\frac{|\Psi(w)|^2}{|w|}\mathrm{d}w < \infty \tag{5.16}$$

$\Psi(w)$为小波函数$\psi(t)$的傅里叶变换。由式(5.16)可知,信号$f(t)$的小波变换能量守恒,没有缺失任何信号,故

$$\int_{-\infty}^{+\infty} |f(t)|^2 \mathrm{d}t = \frac{1}{C_\psi}\int_{-\infty}^{+\infty} \frac{1}{a^2}\mathrm{d}a \int_{-\infty}^{+\infty} |W_\psi f(a,b)|^2 \mathrm{d}b \tag{5.17}$$

$|W_\psi f(a,b)|^2$为小波尺度谱。尺度谱可看作一个有恒定相对带宽的频谱图,能反映信号时频信息,广泛应用于非平稳信号分析,适于GNSS监测信号的时频分析。

与标准傅里叶变换相比,小波分析中的母函数种类很多,如Haar小波、Morlet小波、Biorthogonal小波、Meyer小波、Coiflet小波等。选择不同的母函数,会产生不同的分析结果。Morlet小波算法类似于傅里叶变换,非常适合于谐波分析,故选择它用于GNSS信号处理,其基本公式为(Kijewski-Correa et al,2003)

$$\psi(t) = \mathrm{e}^{\mathrm{i}w_0 t}\mathrm{e}^{-\frac{t^2}{2}} = \mathrm{e}^{-\frac{t^2}{2}}[\cos(w_0 t) + \mathrm{i}\sin(w_0 t)] \tag{5.18}$$

式中

$$w_0 = 2\pi f_0 \tag{5.19}$$

式(5.18)本质上是在中心频率f_0伴随正弦和余弦振荡高斯窗傅里叶变换。Morlet小波变换后在频域表达式为

$$G(af) = \sqrt{2\pi}\,\mathrm{e}^{-2\pi^2(af-f_0)^2} \tag{5.20}$$

式中

$$a = f_0/f \tag{5.21}$$

5.3.2　小波包时频分析

因为二尺度关系和尺度因子的选择,小波分解能产生由其频谱构成的连续频带信号分量。但在GNSS信号处理中,小波分解不能生成充分精细的频谱分辨率以满足信号处理精度要求。一种方法是对尺度因子取很小的增加量,然后利用小波变换获得较精细的分辨率,然而该方法增加计算量,且效率不高。小波包是小波的一般化,能解决上述问题。它能重复利用二尺度关系,将小波频谱的每个倍程频带深入分解为更精细的频带。关于小波包的理解,可以用三级小波包分解的例子进行说明,其小波分解关系如图5.5所示。A表示低频成分,D表示高频成分,数字符号表示小波分解层,即尺度因子。分解后的信号分量关系为

$$S = AAA3 + DAA3 + ADA3 + DDA3 + AAD3 + DAD3 + ADD3 + DDD3 \tag{5.22}$$

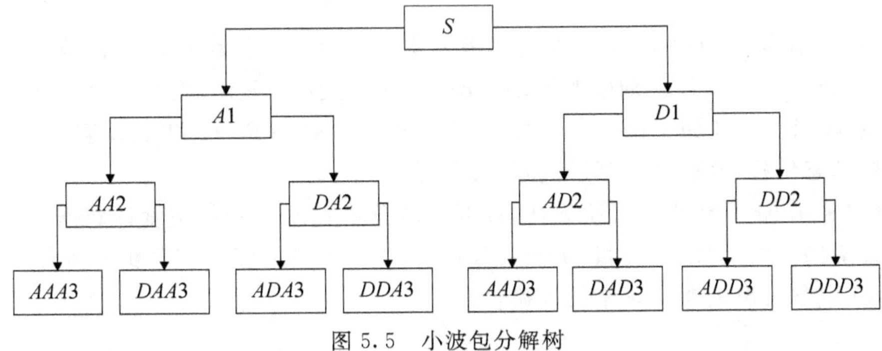

图 5.5　小波包分解树

研究小波包的分解算法和重构算法，U_j^n 表示新子空间，设 $g_j^n(t)\in U_j^n$，则$g_j^n(t)$可表示为

$$g_j^n(t)=\sum_{l\in Z_+} d_l^{j,n}u_n(2^jt-l) \tag{5.23}$$

小波包的分解，即由$\{d_l^{j+1,n}\}$得到$\{d_l^{j,2n}\}$和$\{d_l^{j,2n+1}\}$

$$\left.\begin{aligned} d_l^{j,2n} &= \sum_{k\in Z} a_{k-2}d_k^{j+1,n} \\ d_l^{j,2n+1} &= \sum_{k\in Z} b_{k-2}d_k^{j+1,n} \end{aligned}\right\} \tag{5.24}$$

小波包重构，即由$\{d_l^{j,2n}\}$和$\{d_l^{j,2n+1}\}$得到$\{d_l^{j+1,n}\}$

$$d_l^{j+1,n}=\sum_{k\in Z}\left[h_{l-2k}d_k^{j,2n}+g_{l-2k}d_k^{j,2n+1}\right] \tag{5.25}$$

式中，$j,k\in Z$，$l\in Z_+$。

5.3.3　NRTK-GNSS 数据处理方法

NRTK-GNSS 数据处理包含实验室、实桥监测数据处理。首先处理实验室 NRTK 静态测量数据，分析其测量噪声特性，根据噪声特性设计小波滤波方案。然后采用小波滤波方案处理实桥监测数据，削弱 NRTK 测量噪声，识别桥梁结构动态位移和模态频率，其流程如图 5.6 所示。具体的数据处理步骤如下：

(1)同步采集两种模式(NRTK 和 RTK)的 GNSS 信号，采用 FFT 和小波方法分析 NRTK 和 RTK 测量噪声，并对比分析它们的噪声特性。根据 NRTK 测量噪声特性，设计用于处理 NRTK 测量数据的小波降噪方案。

(2)预处理实桥试验原始数据，获得初步解算结果。实桥试验数据包括 NRTK 数据、RTK 数据和加速度计数据，后两者数据用于验证 NRTK 监测结果精度。通过线性变换方法转换 GNSS 数据坐标系统，以 3 倍标准差为阈值剔除粗差、修复遗漏数据。预处理结果仍包含较明显的残余噪声，如多路径误差和仪器测量噪声。

(3)采用第(1)步中设计的小波降噪方案,对NRTK位移数据进行降噪处理,消除多路径等误差,并识别桥梁振动的动态位移。小波降噪方案采用3级小波包,并选用Morlet小波为母函数。另外,用类似的方法处理RTK和加速度数据,识别出结构动态位移,并验证NRTK位移测量精度。

(4)采用FFT和小波分析方法,在时频域分析GNSS和加速度计数据频谱,识别桥梁结构的振动频率。对比分析NRTK、RTK和加速度计识别的频率结果,评估NRTK方法识别振动频率的准确性。

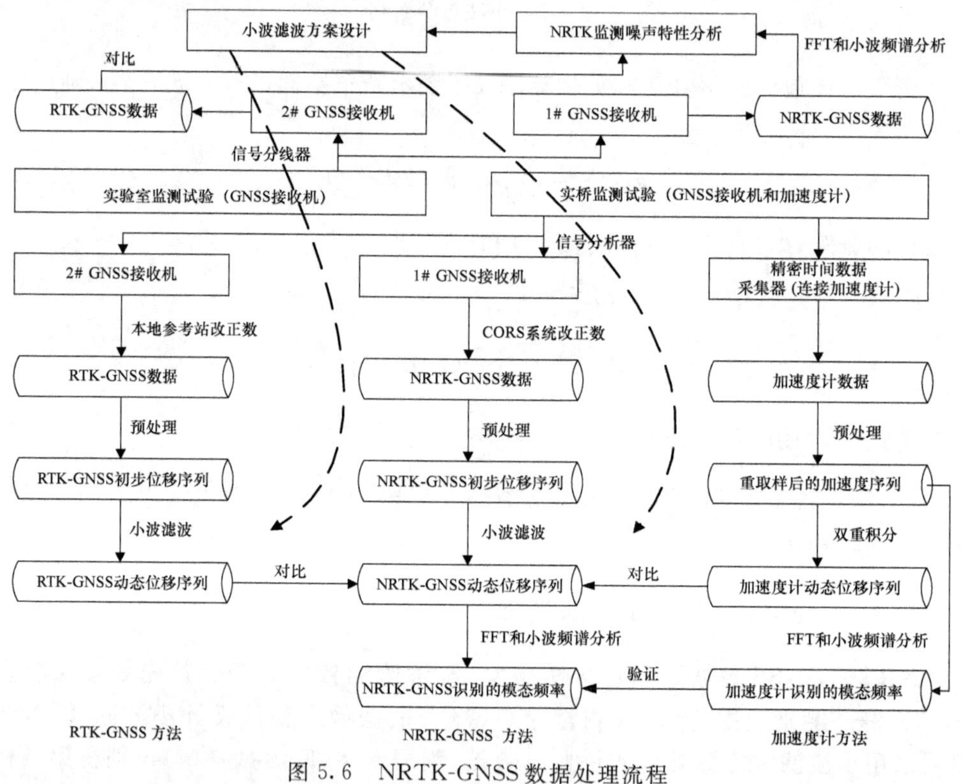

图5.6 NRTK-GNSS数据处理流程

§5.4 英国诺丁汉威尔福德悬索桥监测试验

5.4.1 试验概况

2012年3月—2012年8月作者进行了系列验证和实桥监测试验,如表5.1所示。验证试验在英国诺丁汉大学GNSS实验室进行,主要是GNSS静态短基线监测试验。实桥试验在英国诺丁汉威尔福德悬索桥进行，实桥试验中同时使用了 NRTK-GNSS、RTK-GNSS 和加速度计监测方法。

表 5.1　GNSS 监测试验

编号	测量日期	持续时间/小时	地点
1	2012 年 3 月 6 日—8 日	72	诺丁汉大学实验室
2	2012 年 7 月 5 日—8 日	96	诺丁汉大学实验室
3	2012 年 6 月 25 日、27 日	7	诺丁汉威尔福德悬索桥
4	2012 年 7 月 25 日、26 日	8	诺丁汉威尔福德悬索桥
5	2012 年 8 月 3 日	5	诺丁汉威尔福德悬索桥

5.4.2　静态试验

在实桥监测试验之前，进行了静态监测试验，用于 GNSS 测量噪声分析。选择诺丁汉大学 GNSS 实验室为静态试验地点，该实验室位于地理空间大楼天台，周围视线开阔，不会遮挡 GNSS 卫星信号。GNSS 实验室中间浇筑了 7 个测量观测墩(编号为 NGB1～NGB7)，地面上铺满鹅卵石，可有效降低 GNSS 多路径误差。通过加长的 GNSS 数据线，在天台采集的 GNSS 信号直接传输到楼下实验室。选择 NGB6 观测墩为基准站，在观测墩上安装徕卡 LEIAT25. R4 扼流圈天线，并与徕卡 GR10 型 GNSS 接收机连接。选择 NGB7 观测墩为移动站，在观测墩上安装徕卡 AS10 天线，并与信号分线器输入端口连接，分线器输出端口分别连接2 台 GS10 接收机，如图 5.7 所示。

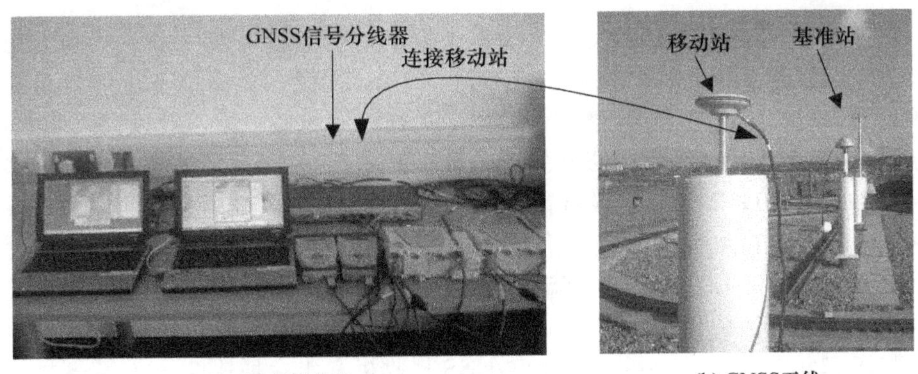

(a) GNSS接收机　　(b) GNSS天线

图 5.7　静态监测试验

移动站 2 台 GNSS 接收机分别采用 NRTK 和 RTK 采集模式，其数据采样率都为 20 Hz。GNSS 接收机原始数据保存在内部存储卡，NRTK 和 RTK 模式解算数据直接传输到笔记本电脑。共进行了2次实验室试验，采集时间分别为72小时和96小时。每次试验都同步采集NRTK和RTK模式解算数据，并记录全部的原始数据。由于试验过程中移动站固定不动，那么GNSS接收机监测出的所谓位移为测量背景噪声。本章重点研究1 200 s的GNSS监测数据，如图5.8所示。

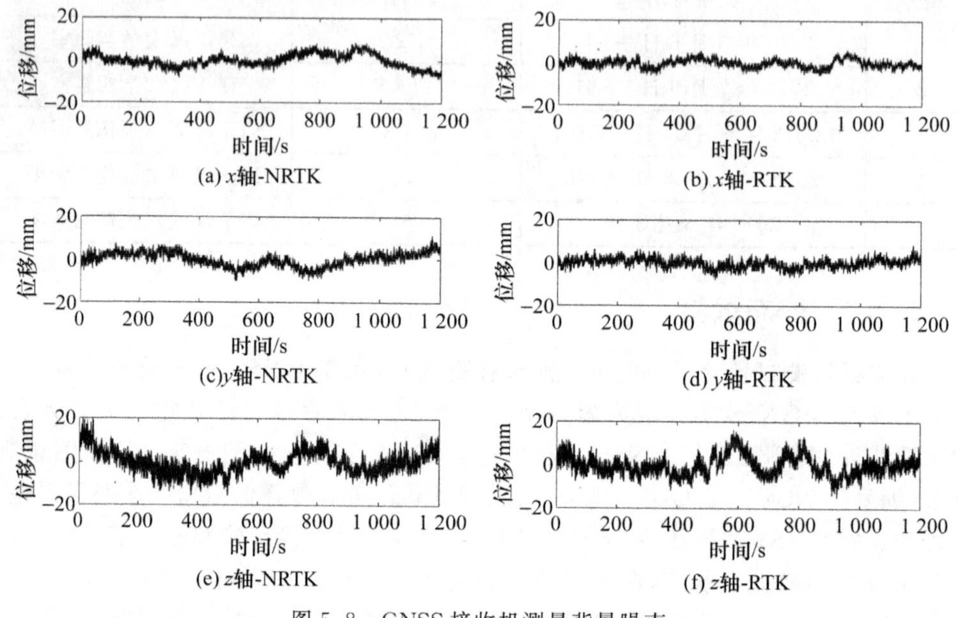

图5.8 GNSS接收机测量背景噪声

5.4.3 实桥试验

2012年作者在英国诺丁汉威尔福德悬索桥进行实桥监测试验。威尔福德悬索桥位于英国诺丁汉特伦特河，是一座跨径69 m、宽度3.7 m的双主缆重力式锚碇人行桥，修建于1904年，主要用于两岸居民通行和承载自来水管道。从2003年开始，英国诺丁汉大学研究者以该桥为监测试验基地，采用不同监测技术进行多次试验，例如PPK-GNSS技术（Meng，2002）、联合伪卫星的GNSS监测方法（Meng et al，2004b）、自动型全站仪（Cosser et al，2003a）、高采样率GNSS接收机（Roberts et al，2004a）、单频GNSS接收机（Cosser et al，2003b）等。本次试验是采用有别于上述方法的NRTK-GNSS监测技术。

如图5.9所示，试验中使用3台GNSS接收机和1台加速度计，GNSS接收机数据采样率为20 Hz，加速度计数据采样率为100 Hz。GNSS基准站使用1台徕卡GS10型GNSS接收机和1台LEIAT504扼流圈天线。GNSS移动站（即监测点）使用2台徕卡GS10型GNSS接收机、1台徕卡AS10天线和1台Kistler K-BEAM 8392A2三轴加速度计。设计和采用笼状监测点装置和精密时间数据采集器，解决多传感器轴线平行和时间同步问题(Meng et al,2011)。

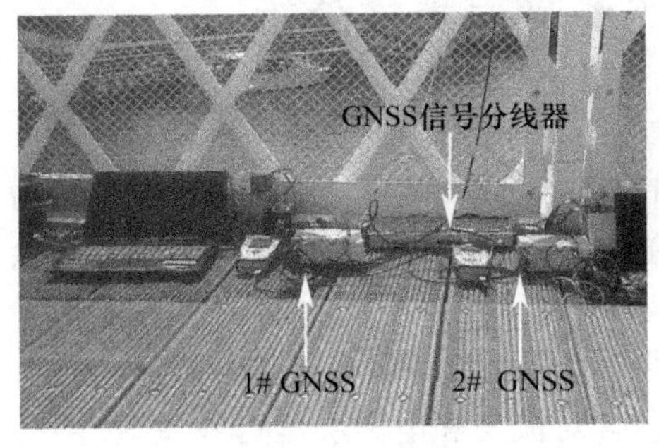

(a) 监测点GNSS接收机

(b) 监测点装置

(c) 基准站GNSS接收机

图 5.9　威尔福德悬索桥监测试验

监测点选择在桥梁主跨中间下游侧，通过特殊安装装置，将 GNSS 天线和加速度计固定在监测点。精密时间数据采集器与三轴加速度计连接，采集包含高精度 GPS 时间的结构振动加速度序列。监测点使用 2 台 GNSS 接收机：其中 1 台接收英国 SmartNET CORS 系统发送的差分改正数，获得 NRTK 模式解算结果；另外 1 台接收机接收安置在监测点附近的独立基准站差分改正数，获得 RTK 模式解算结果。距离监测桥梁最近的 CORS 系统基准站是 11 号基准站，被系统自动选为主站，附近的数个 CORS 基准站被选为辅站。

试验过程中 3 名试验人员在桥面跳跃激励桥梁结构振动，试验人员体重共约 180 kg。每组跳跃时间间隔为 3 分钟，每组跳跃 10 s，共跳跃 8 组。GNSS 接收机和加速度计同步采集桥梁结构动力响应。试验过程中偶尔有行人和自行车通过试验桥，环境温度变化范围为 20.4～21.0℃，伴随西南微风。GNSS 接收机设置的高度截止角为 15°，监测点 GNSS 接收机可接收 6～9 颗 GPS 卫星信号。为减少数据遗漏，NRTK 和 RTK 模式解算结果直接保存到笔记本电脑。监测试验中共采集了 20 小时实桥数据，本书将重点分析其中的 1 500 s 数据。

§5.5 NRTK-GNSS监测噪声特性分析

只有掌握监测噪声特性,才能采用有效方法识别结构实际振动信息,本节重点分析NRTK-GNSS动态监测中的背景噪声特性。采用NRTK技术进行桥梁结构动态监测,监测点与CORS基准站距离通常超过10 km,采用星间差分方法可消除接收机钟差,但是不能完全消除对流层延迟和电离层延迟引起的误差。也无法采用差分方法消除不存在空间相关性的多路径误差,以及接收机自身的测量噪声。差分处理后的NRTK-GNSS测量数据主要包含对流层和电离层延迟残差、多路径误差和仪器测量噪声(随机噪声)。

当基准站和移动站GNSS天线都固定不动时,GNSS接收机测量出的所谓位移为GNSS接收机测量背景噪声(Kijewski-Correa et al,2006a)。差分解算实验室监测数据,获得NRTK和RTK测量背景噪声序列,如图5.8所示。在水平方向上(x、y轴),NRTK测量噪声在−9.1~9.8 mm变化,RTK测量噪声在−7.6~6.5 mm变化。在竖直方向上(z轴),NRTK测量噪声在−18.6~18 mm变化,RTK测量噪声在−14.5~16.5 mm变化。NRTK测量噪声略大于RTK测量噪声,在水平方向上两者噪声幅值都低于10 mm,在竖直方向上两者噪声幅值都低于20 mm。

分别采用FFT和小波方法对GNSS接收机的测量背景噪声进行频谱分析。FFT频谱如图5.10所示,NRTK和RTK模式背景噪声分布频带较宽,但主要分布在小于0.2 Hz的频段,即图中灰色矩形范围。对比分析相同坐标轴向的FFT频谱,NRTK模式幅值略大于RTK模式幅值,表明NRTK模式噪声能量略大于RTK模式噪声能量。小波频谱如图5.11所示(彩图附书后),NRTK和RTK模式测量背景噪声主要分布在小于0.2 Hz频段,高于0.2 Hz频段的噪声能量较低,尤其是高于1 Hz的频率范围,小波噪声特性与FFT方法分析结果一致。在GNSS接收机测量噪声中,低于0.2 Hz的背景噪声成分主要是多路径误差,以及少部分的对流层和电离层延迟残差。高于0.2 Hz的背景噪声主要成分是GNSS接收机自身的测量噪声,即随机噪声。

无论是NRTK模式,还是RTK模式,GNSS接收机的测量背景噪声主要集中在0~0.2 Hz频段。其他研究者获得相似的结论,但他们仅对RTK模式的背景噪声特性进行了研究(Yi et al,2010a; Moschas et al,2013b)。桥梁结构的振动频率主要分布在0.2~10 Hz频带,而GNSS测量噪声主要分布在小于0.2 Hz的频带,桥梁结构实际振动信息和GNSS接收机测量噪声分布在不同频带,因此可选择合适的频域分析方法消除NRTK动态测量噪声,并识别结构实际振动信息。

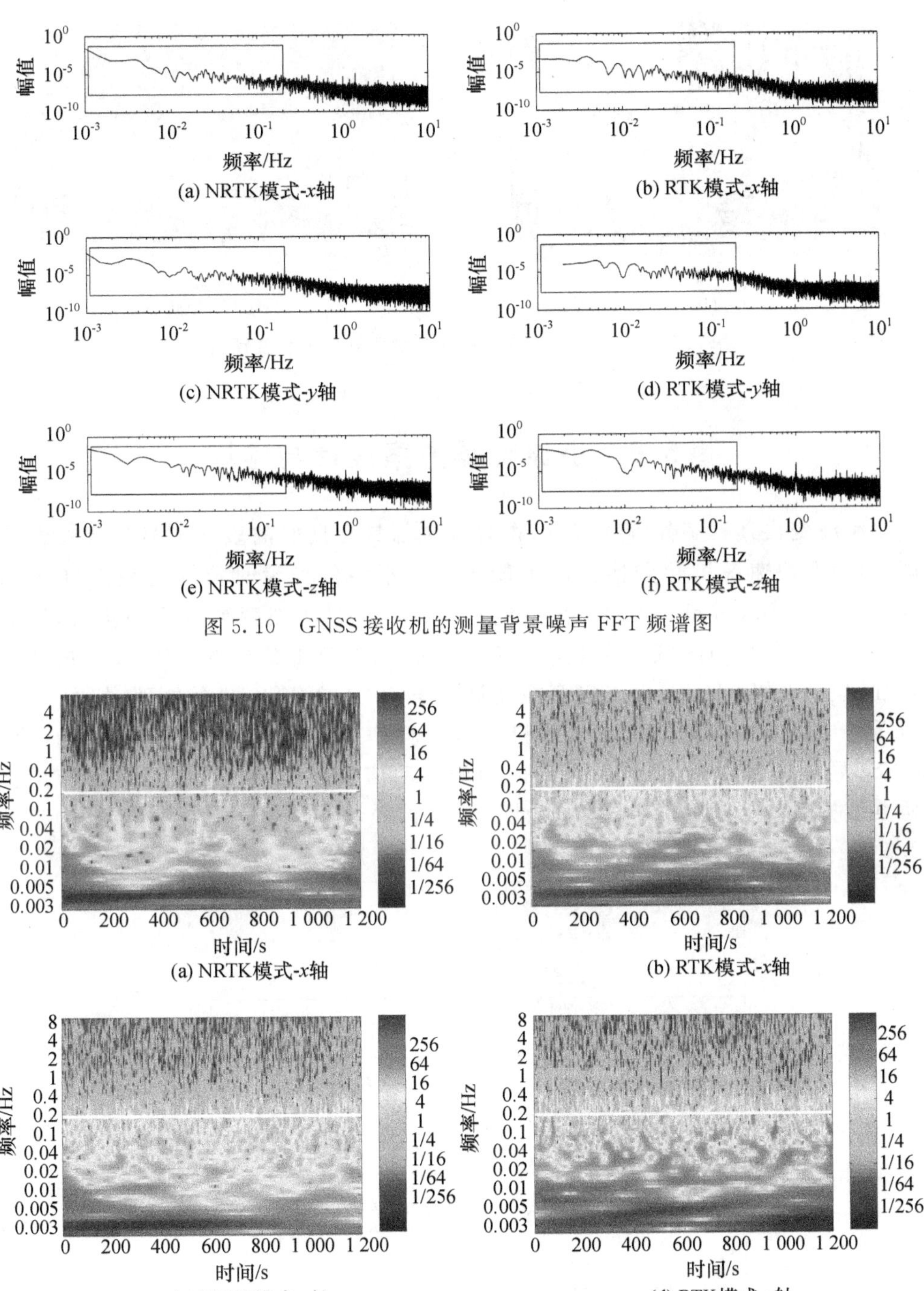

图 5.10　GNSS 接收机的测量背景噪声 FFT 频谱图

图 5.11　GNSS 接收机的测量背景噪声小波频谱图

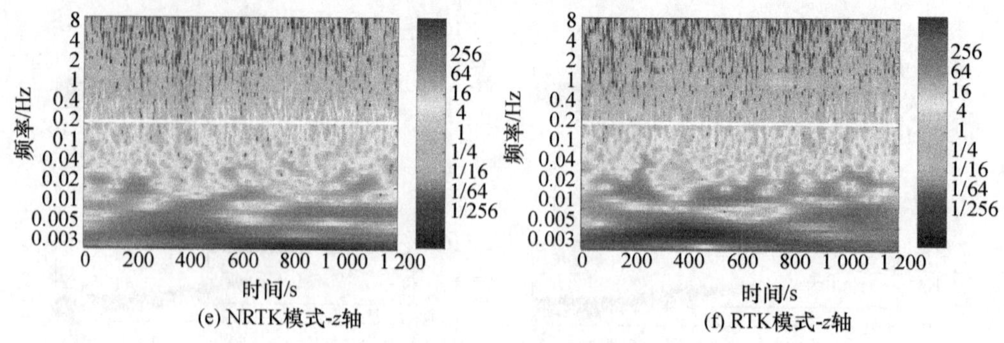

(e) NRTK模式-z轴　　(f) RTK模式-z轴

图 5.11(续)　GNSS 接收机的测量背景噪声小波频谱图

§5.6　小波降噪方案设计与验证

小波变换具有多分辨率特点，在时频域都具有良好的表征信号局部特性的能力，克服快速傅里叶变换方法不能表征非平稳信号瞬时特性的缺点（Gurley et al，1999；Sun et al，2002）。小波包变换（WPT）是小波变换方法的扩展，能克服小波方法在高频区域分辨率低的缺点。根据上节中分析的 NRTK 测量噪声特性，设计 3 级 Morlet 小波包变换滤波方案，用于 NRTK 数据处理，如图 5.12 所示。试验中使用的 GNSS 接收机数据采样率为 20 Hz，根据奈奎斯特定律，GNSS 数据中包含 0～10 Hz 频带的结构振动信息。采用有限元计算出的试验桥梁结构振动基频为 1.74 Hz，因此桥梁结构振动位移信息主要分布在 1.25～2.5 Hz 频带。

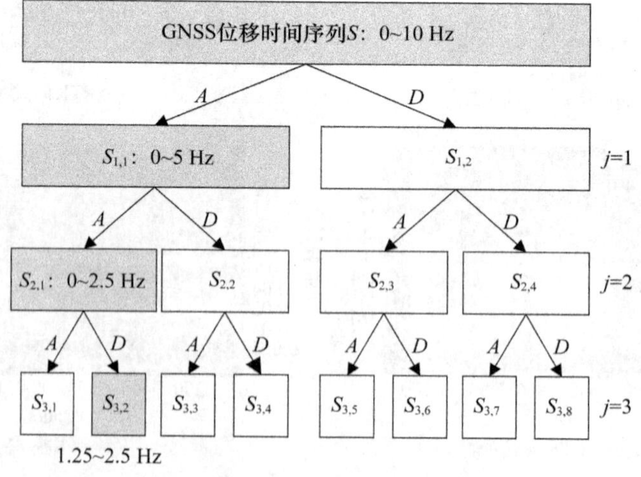

图 5.12　小波滤波方案

为验证上述小波滤波方案降噪效果，先采用该方案处理仿真数据。仿真数据由 NRTK 测量背景噪声和模拟振动数据合成，如图 5.13 所示。测量噪声选用静态测量试验采集的背景噪声，模拟振动位移是在过去试验中采集的桥梁结构动态位移。采用设计的小波滤波方案分解仿真数据，重构 1.25～2.5 Hz 频段的振动信息，从而获得振动位移。选取 250～300 s、490～540 s、740～790 s 和 1 000～1 050 s 区间（即 A、B、C 和 D 区间）的位移曲线，放大后的位移曲线如图 5.14 所示。对比分析识别出的振动位移和模拟振动位移，两者位移曲线非常接近。计算在各区间中识别的振动位移序列与模拟振动位移序列之间的差值，再计算差值序列的标准差，标准差在 0.8～1.5 mm 变化。计算识别振动位移与模拟振动位移的相关系数，其值在 0.937～0.959 变化，如表 5.2 所示。识别的振动位移与模拟振动位移之间的相关系数高，两者差值的标准差小，表明识别的振动位移与模拟振动位移高度相似，小波降噪方案降噪效果优良。

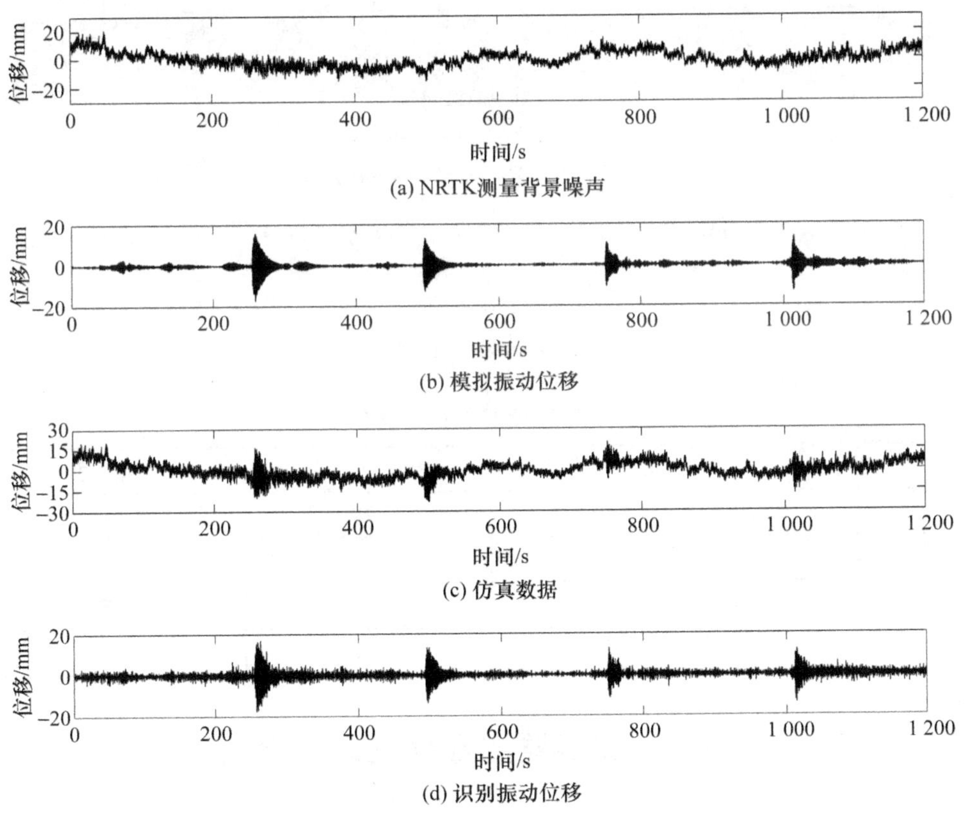

图 5.13　小波滤波方案验证

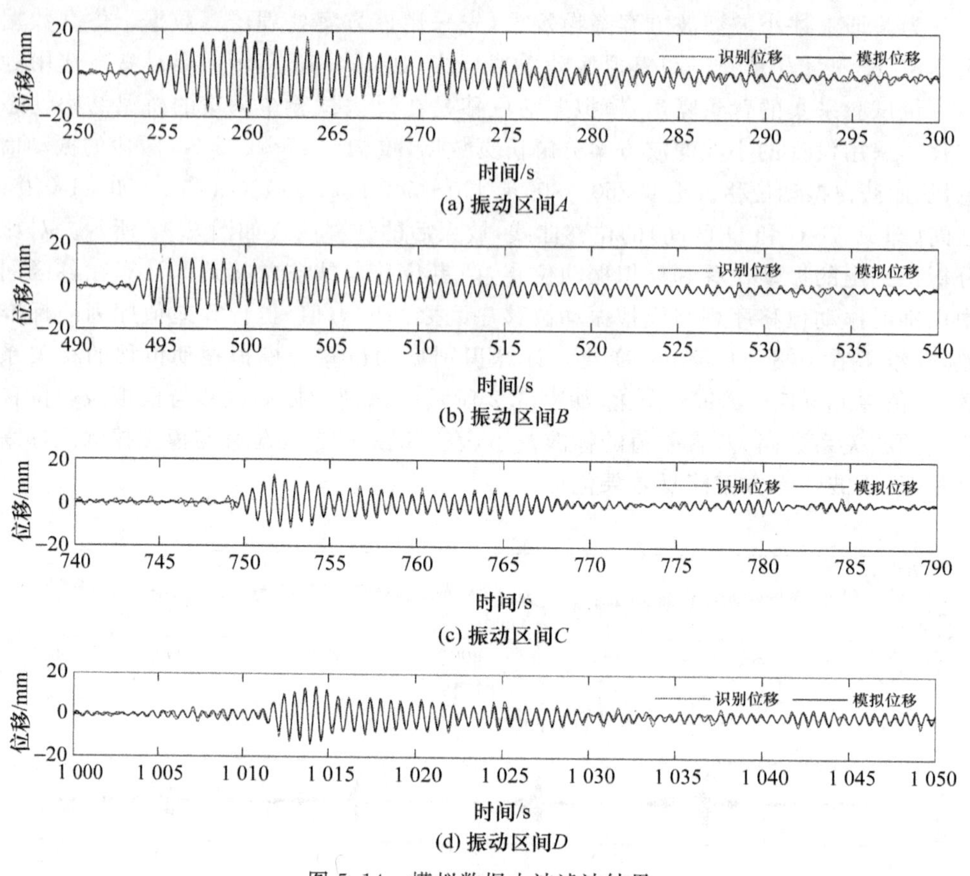

图 5.14　模拟数据小波滤波结果

表 5.2　各区间位移精度

区间	时间段/s	标准差/mm	相关系数
A	250～300	1.0	0.943
B	490～540	1.2	0.952
C	740～790	0.8	0.959
D	1 000～1 050	1.5	0.937

§5.7　实桥监测数据处理与分析

5.7.1　数据预处理

采用设计的小波滤波方案处理实桥监测数据，从 NRTK 监测数据中提取桥梁结构振动位移和模态频率，并用RTK和加速度计数据验证其测量精度，处理流程如图5.6所示。先对NRTK数据进行预处理，主要步骤如下。

(1) 由于GNSS原始数据采用ETRS89格式大地坐标，而加速度数据使用本地桥梁坐标系，因此必须统一两类传感器坐标系。首先，使用Grid InQuest软件将ETRS89大地坐标转换为英国本地OSGB NG笛卡儿坐标，Grid InQuest软件是英国国家测绘局研制的坐标转化软件。然后采用线性转换公式将OSGB NG格式坐标转换为本地桥梁坐标，使其与加速度计使用的本地桥梁坐标系一致。本地桥梁坐标系是分别以桥梁纵向、横向、竖向为笛卡儿坐标系的x轴、y轴、z轴。

(2) 由于GNSS数据采样率较高，数据传输频率高，易出现数据遗漏、异常等现象。对于异常值，按3倍标准差(99.7%置信区间)直接剔除。对于遗漏值，根据前后时间的数据值，采用线性插值方法修复遗漏值。

(3) GNSS接收机测量的数据是监测点的绝对坐标，减去监测点的初始坐标，可获得监测点相对位移。当监测点稳定不动时，可以直接测量初始坐标。如果监测点持续振动，可采用平均值代替初始坐标。

如图5.15所示，预处理后的GNSS监测数据与加速度数据差别明显，主要是由于GNSS数据被多路径误差污染，没有显示出任何振动特性。在220～250 s和400～450 s区间，RTK位移曲线出现异常变化，然而NRTK位移曲线没有出现类似异现象。它们使用相同监测站数据，但是使用不同基准站改正数，RTK模式使用本地基准站改正数，NRTK模式使用英国CORS基准站改正数。分析GNSS接收机原始数据，发现卫星数量变化是引起RTK位移曲线异常的原因。在220～250 s和400～450 s时间段，监测区域可见卫星数量发生变化，导致10～20 mm的异常值。由于CORS系统采用多个基准站系统，避免了异常值的出现，表明NRTK解算模式更可靠。

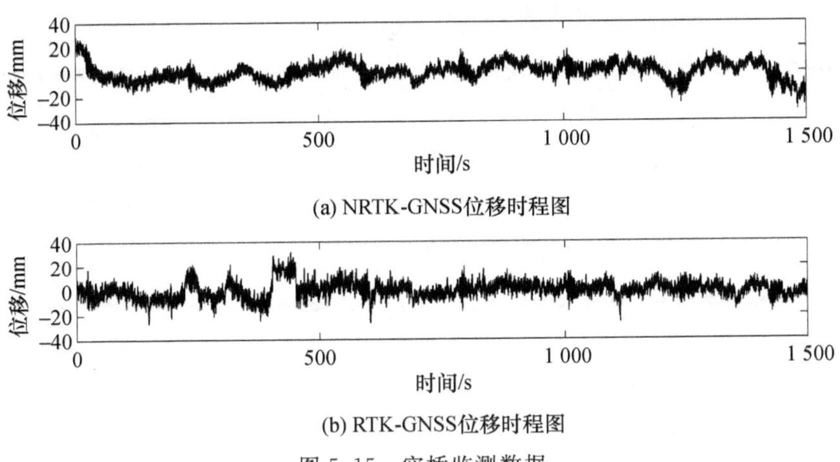

(a) NRTK-GNSS位移时程图

(b) RTK-GNSS位移时程图

图5.15 实桥监测数据

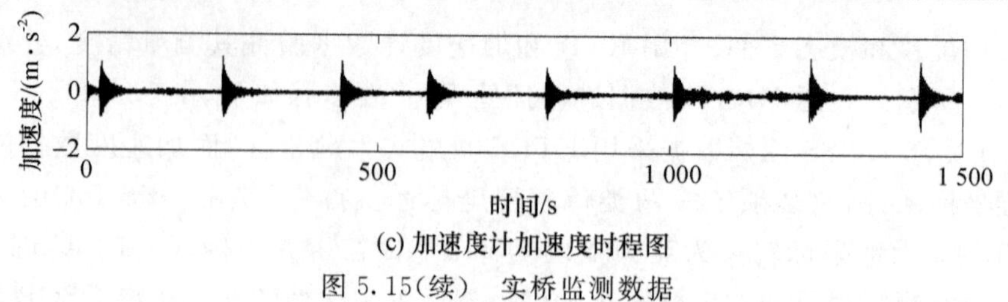

(c) 加速度计加速度时程图

图 5.15(续)　实桥监测数据

5.7.2　动态位移识别

预处理后的GNSS位移序列中，桥梁结构实际振动信息被多路径误差掩盖（图 5.15）。采用上一节中设计的小波滤波方案，对GNSS位移序列进行降噪处理。同时采用双重积分和高通滤波方法，由加速度计数据计算动态位移。共获得3组桥梁结构振动位移：NRTK动态位移、RTK动态位移和加速度计位移。

首先，从NRTK数据中识别第1组动态位移序列。采用小波降噪方案处理NRTK测量数据，将信号分解为8个部分，每部分带宽1.25 Hz，如图5.16所示。由于试验桥梁结构振动基频为1.74 Hz，因此桥梁结构振动位移分布在1.25～2.5 Hz频带，如图5.16(b)所示。由于NRTK主要噪声频率小于0.2 Hz，因此测量噪声分布在0～1.25 Hz频带，如图5.16(a)所示。在剩余6个频带中，噪声分布较均匀，主要是测量仪器引起的随机噪声。

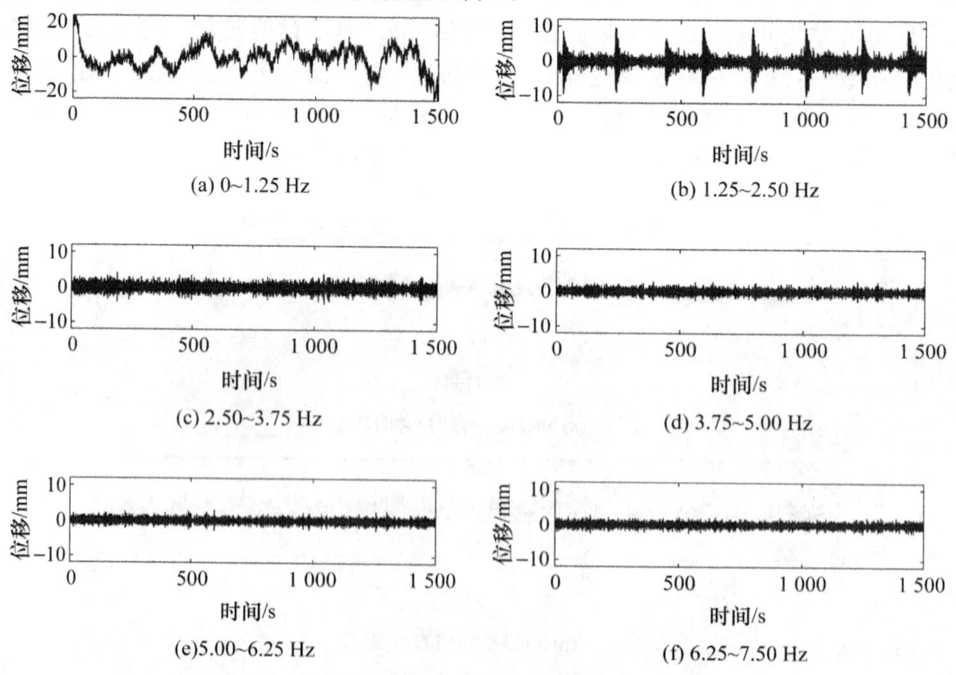

(a) 0~1.25 Hz
(b) 1.25~2.50 Hz
(c) 2.50~3.75 Hz
(d) 3.75~5.00 Hz
(e)5.00~6.25 Hz
(f) 6.25~7.50 Hz

图 5.16　NRTK-GNSS数据小波分解

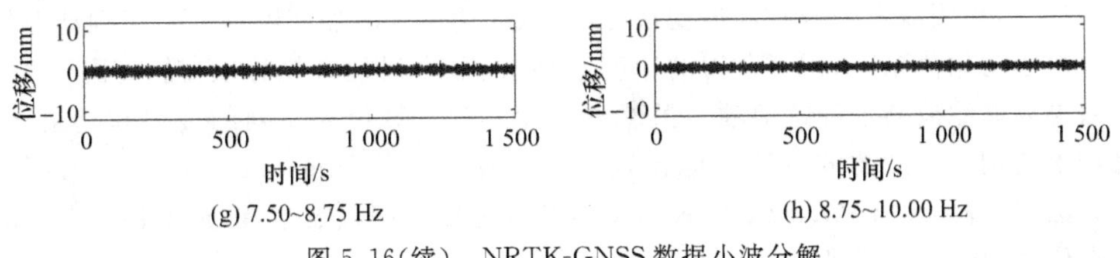

(g) 7.50~8.75 Hz　(h) 8.75~10.00 Hz

图 5.16(续)　NRTK-GNSS 数据小波分解

其次，采用同样方法从 RTK 测量数据中识别出第 2 组动态位移序列，如图 5.17所示。结构振动位移分布在 1.25～2.5 Hz 频带，如图 5.17(b)所示。其他研究者也采用合适的滤波方法，从 RTK 或 PPK 监测数据中识别动态位移(Nickitopoulou et al,2006; Roberts et al,2012)，本书中识别 RTK 动态位移的主要目的是验证 NRTK 动态测量精度。

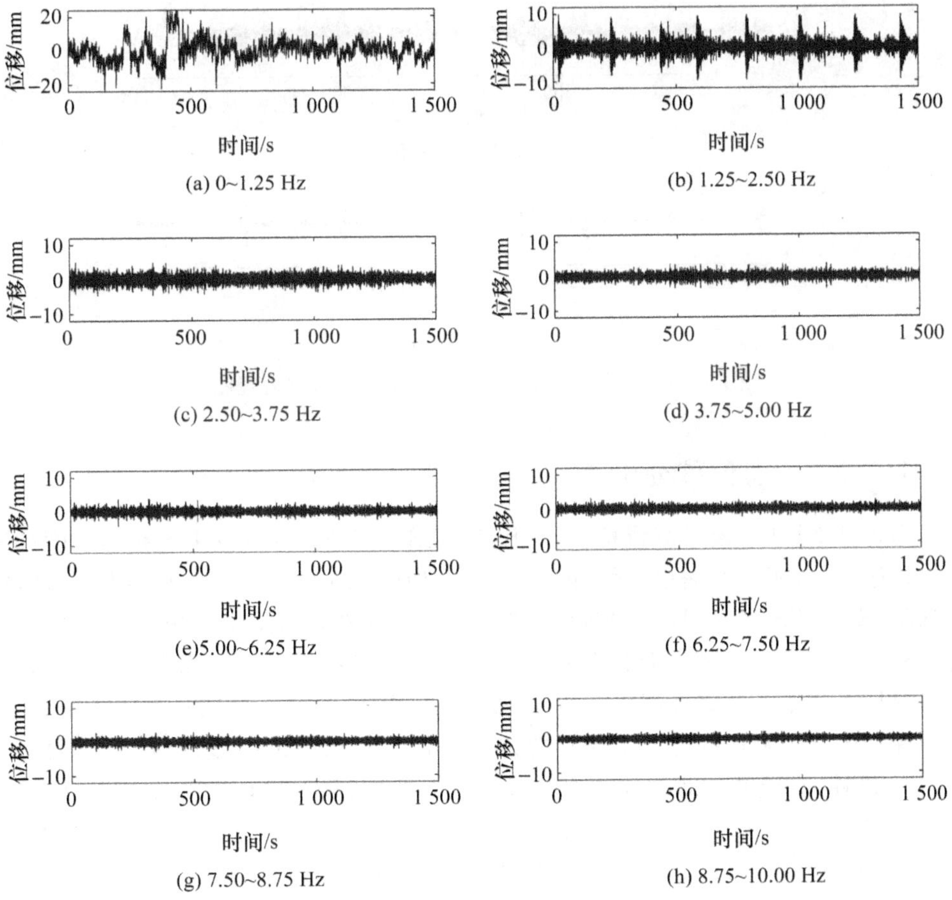

(a) 0~1.25 Hz　(b) 1.25~2.50 Hz

(c) 2.50~3.75 Hz　(d) 3.75~5.00 Hz

(e)5.00~6.25 Hz　(f) 6.25~7.50 Hz

(g) 7.50~8.75 Hz　(h) 8.75~10.00 Hz

图 5.17　RTK-GNSS 数据小波分解

最后，采用双重积分和高通滤波方法，从加速度计的加速度序列中识别动态位移。由于初始值未知，积分获得的速度序列、位移序列包含趋势项，需采用Ⅰ型切比雪夫高通滤波器消除趋势项。虽然加速度序列计算位移序列的过程较复杂，但是如果选用合适的滤波方法仍能识别动态位移信息（Wang et al，2003）。采用上述方法，处理 NRTK-GNSS、RTK-GNSS 和加速度计测量数据，识别出各自对应的动态位移，如图 5.18 所示。

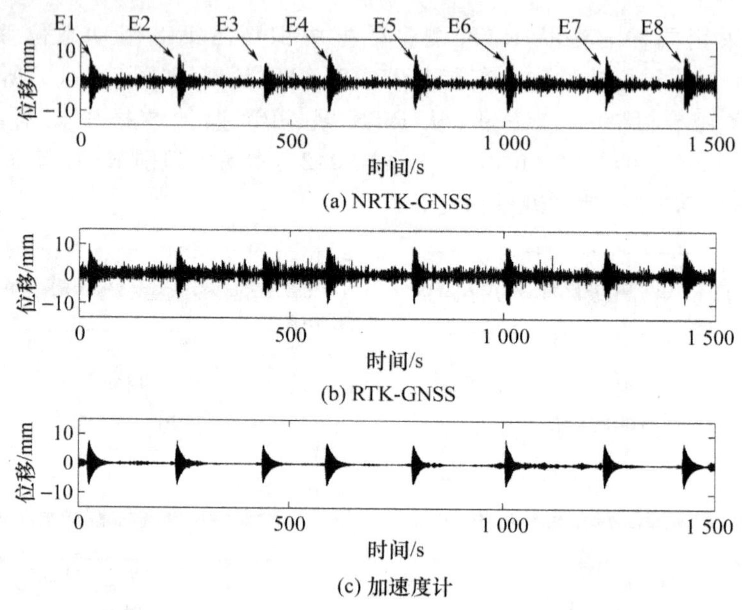

(a) NRTK-GNSS

(b) RTK-GNSS

(c) 加速度计

图 5.18　GNSS 和加速度计识别的动态位移时程图

5.7.3　动态位移分析

为评估 NRTK 模式测量精度，对比 NRTK-GNSS、RTK-GNSS 和加速度计测量位移序列，分析位移曲线整体和局部差别，如图 5.18 所示。加速度计位移曲线比 NRTK-GNSS 和 RTK-GNSS 位移曲线光滑，主要原因是其残留噪声较大。对比 NRTK 和 RTK 模式测量的位移曲线，NRTK 模式曲线相对而言较光滑，表明其残留噪声较小。位移曲线中包含 8 次明显的峰值，对应 8 次试验人员跳跃事件，且与跳跃事件的频次吻合。从位移曲线中选取峰值周围的 8 段曲线，每段曲线包含 20 s 位移，对应的时间区间如表 5.3 所示。在全部激励事件中，E3 事件位移峰值最小，E6 事件位移峰值最大，放大后 E3、E6 事件位移曲线如图 5.19 所示。NRTK 和 RTK 模式测量的位移曲线与加速度计位移曲线相似，但 NRTK 曲线与加速度计曲线更相似，再次表明 NRTK 模式测量精度较高。

表 5.3　激励事件对应时间区间

激励事件	时间/s	激励事件	时间/s
E1	14～34	E5	775～805
E2	225～245	E6	1 003～1 023
E3	434～454	E7	1 225～1 255
E4	573～603	E8	1 413～1 443

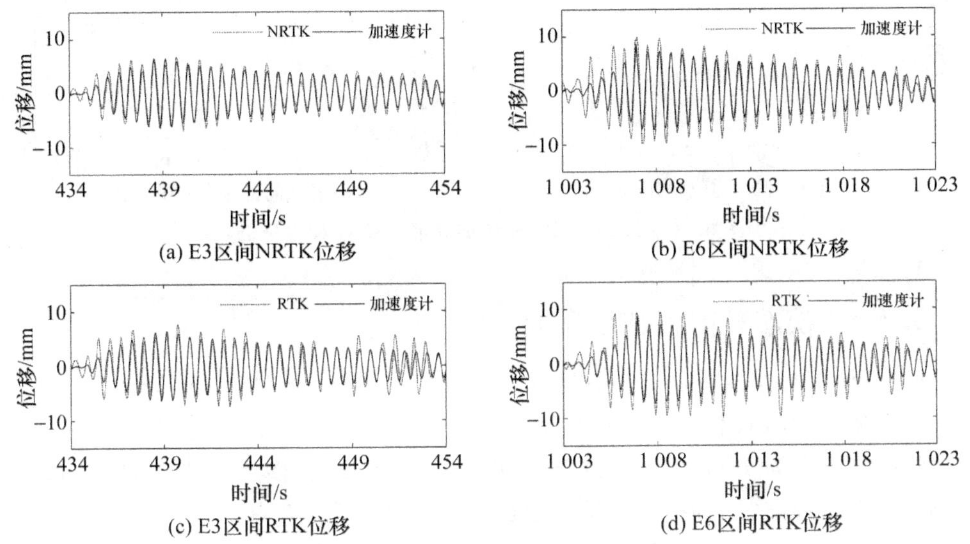

(a) E3区间NRTK位移　(b) E6区间NRTK位移

(c) E3区间RTK位移　(d) E6区间RTK位移

图 5.19　E3、E6 区间动态位移时程图

桥梁结构振动位移最大值是评估桥梁结构安全性能的重要指标。分析 NRTK、RTK 和加速度计测量出的 3 组动态位移序列，分别拾取 8 次激励事件对应的振动位移峰值，如图 5.20(a)所示。虽然 NRTK 位移峰值普遍大于加速度计位移峰值，但是它们差值都小于 2 mm，能满足结构动态位移测量精度要求，如图 5.20(b)所示。标准差和相关系数是衡量测量精度的重要指标，计算 8 个时间中各曲线之间差值序列及其标准差，结果如图 5.20(c)所示。各区间标准差都小于1.8 mm，与 NRTK 位移相关的标准差普遍低于与 RTK 相关的标准差，再次表明 NRTK 模式测量精度较高。计算 8 个区间中不同测量方法所获得位移序列的相关系数，如图 5.20(d)所示。NRTK 和 RTK 模式测量的位移序列与加速度计测量的位移序列相关系数都很高，变化范围在 0.91～0.96。NRTK 相关系数普遍高于 RTK 相关系数，再次表明 NRTK 模式测量精度高于 RTK 模式。

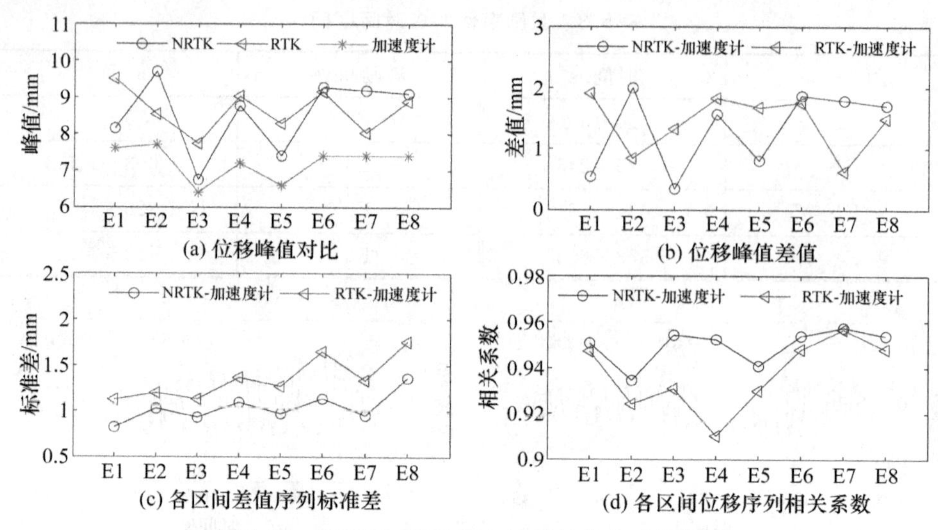

图 5.20　NRTK、RTK 和加速度计位移对比分析

5.7.4　模态频率识别与分析

使用 FFT 和小波方法分析桥梁结构振动信号频谱，识别结构模态频率。FFT 方法从 NRTK、RTK 位移序列中识别的结构基频都为 1.690 Hz，从加速度序列中识别的结构基频为 1.689 Hz，三者相互吻合。在 RTK 位移频谱中，2 Hz、3 Hz 等整数频率点出现异常幅值，其他试验中也出现类似现象，表明 RTK 监测数据被分布在整数频率点的噪声所污染，而 NRTK 位移频谱中没有类似现象，如图 5.21 所示。由无线通信网络发送的 NRTK 差分改正数没有被污染，而由无线电台发送的 RTK 差分改正数被整点频率噪声污染。

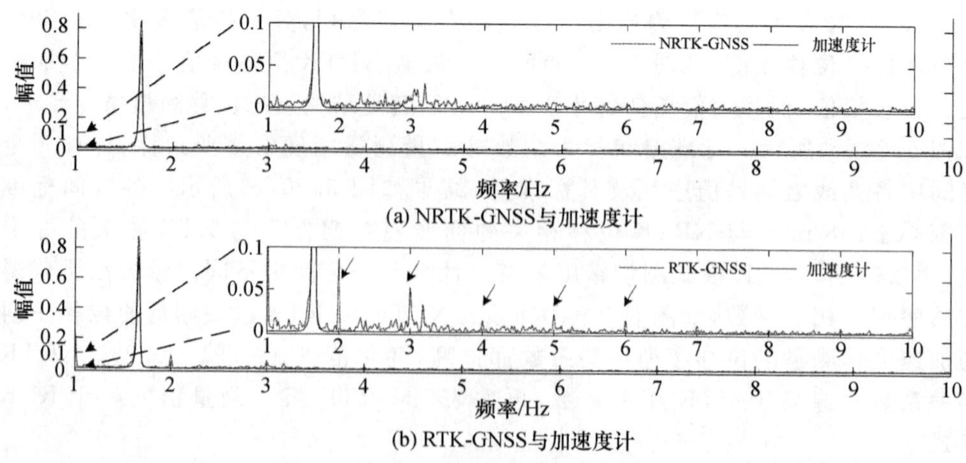

图 5.21　实桥监测数据 FFT 频谱图

采用小波方法分析 NRTK 和加速度计数据频谱，并识别桥梁结构模态频率。首先分析滤波前的 NRTK 位移序列三维频谱，低频区域能量较高，主要是多路径误差信息，1～2 Hz 频带有 8 组高能量区域，对应 8 组跳跃激励事件，如图 5.22 所示(彩图附书后)。然后分析滤波后的 NRTK 位移序列频谱，滤波后的 NRTK 位移序列已消除多路径误差，激励事件对应的高能量区域更清晰，如图 5.23 所示(彩图附书后)。最后分析加速度序列频谱，类似于 NRTK 位移序列频谱，加速度序列频谱也反映出结构振动局部特性，如图 5.24 所示(彩图附书后)。如表 5.4 所示，编写 MATLAB 代码从频谱图中识别结构振动频率，从 NRTK 和加速度计数据中识别的振动频率基本一致，两者最大差值比小于 0.7%，两者平均值分别为1.690 Hz、1.688 Hz，差值比小于 0.1%。总之，NRTK 方法识别的结构基频与加速度计结果一致，表明 NRTK 方法具备识别结构模态频率的能力。

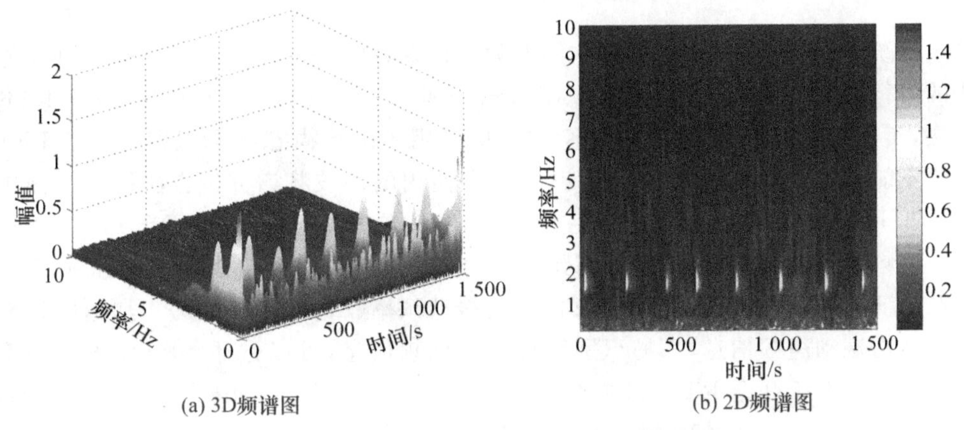

图 5.22　滤波前 NRTK 位移序列小波频谱图

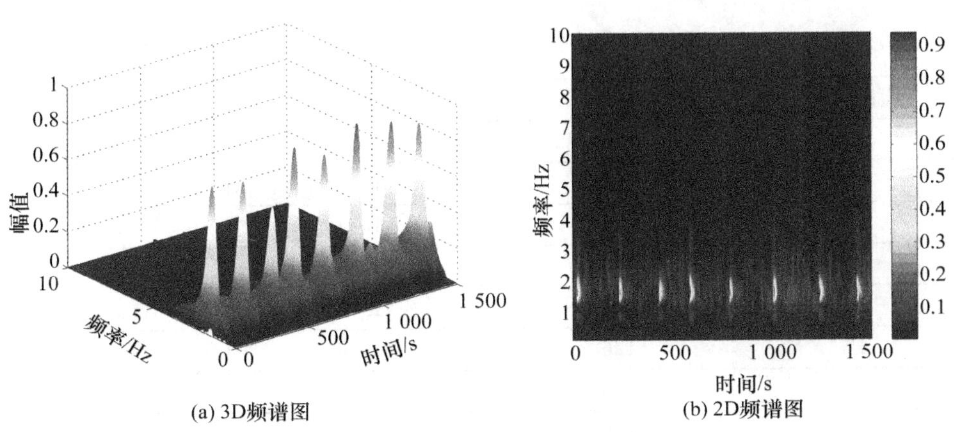

图 5.23　滤波后 NRTK 位移序列小波频谱图

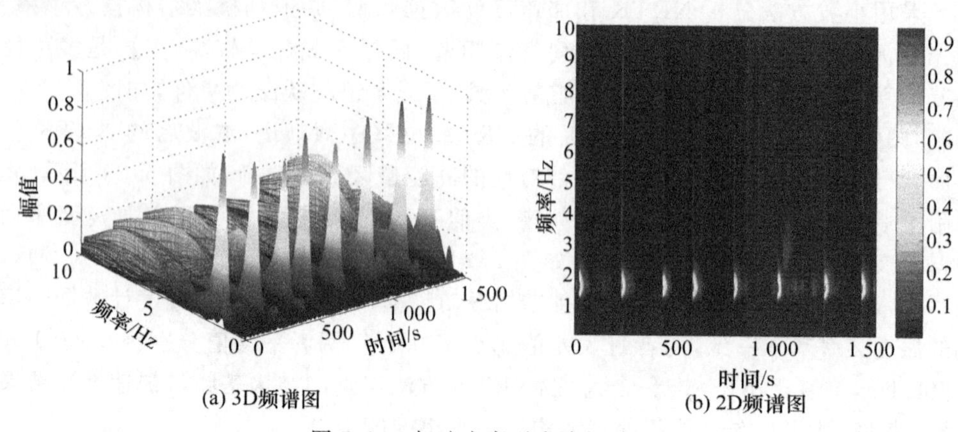

图 5.24　加速度序列小波频谱图

传统 RTK 方法已应用于结构模态频率识别，许多研究结果已经证明 RTK 方法的可行性(Kijewski-Correa et al,2006a; Psimoulis et al,2008a)。类似于 RTK 方法，实桥监测结果也证明 NRTK 方法也可用于结构模态频率识别。传统 FFT 方法不能表征非平稳信号的时频特性，本书使用的小波频谱分析方法能在时频域表征非平稳信号的时频率特性，克服传统 FFT 方法的不足之处。NRTK 方法适于较低频率振动监测，但不适于高频率振动监测，这是 NRTK 方法的缺陷，研究者已经论证 GNSS 方法易识别 2 Hz 以下的振动频率(Li et al,2006b)。加速度计易识别结构振动高频信息，不易识别结构振动低频信息，可以弥补 NRTK 方法的不足之处。类似于联合 RTK 和加速度计的监测方法(Roberts et al,2004c; Li et al,2006b; Meng et al,2007; Moschas et al,2011)，集成 NRTK 和加速度计的方法能保证监测的准确性和完整性。

表 5.4　小波频谱分析

激励事件	NRTK-GNSS/Hz	加速度计/Hz	差值比/%
E1	1.697	1.686	0.7
E2	1.692	1.692	0.0
E3	1.691	1.686	0.3
E4	1.688	1.693	−0.3
E5	1.685	1.688	−0.2
E6	1.683	1.680	0.2
E7	1.692	1.690	0.1
E8	1.693	1.689	0.2
平均值	1.690	1.688	0.1

§5.8　本章小结

本章提出一种基于 NRTK 技术的桥梁结构动态监测方法，主要研究结论如下：

(1) 本章提出 NRTK 结构动态变形监测方法，实桥监测结果表明该方法测量精度能满足监测要求。与加速度计监测结果比较，NRTK 监测结果峰值误差小于 2 mm，标准差小于 1.8 mm，相关系数高于 0.934。NRTK 方法测量精度高于传统的 RTK 方法，其测量成本低于传统的 RTK 方法。

(2) 研究 NRTK 方法测量噪声特性，其噪声主要是多路径误差、对流层及电离层延迟残差和随机噪声。大部分噪声主要分布在 0～0.2 Hz 频带，主要成分是多路径误差和对流层及电离层延迟残差。少量噪声分布在 0.2 Hz 以上频带，其中 0.2～1.0 Hz 频带较明显，主要成分是 GNSS 接收机自身引起的测量噪声，即随机噪声。

(3) 在 2012 年实桥监测试验中，NRTK 方法准确监测出振幅低于 10 mm 的结构振动位移，其精度达到毫米级别。NRTK 方法测量出桥梁结构基频为 1.690 Hz，与 2003 年监测出的基频 1.733 Hz 有明显差别，表明该桥 2010 年维修改造后基频发生变化。NRTK 方法是一种具有很大潜力的结构动态变形监测方法，随着 GNSS 硬件和软件的不断发展，以及地方政府建立更多连续运行基准站，其测量精度将进一步提高。

第6章　基于RTS技术的长沙湘江三汊矶大桥动态变形监测

§6.1　引　言

在各种重大工程结构中,桥梁结构具有数量众多、投资巨大等特点,因此桥梁结构健康监测得到国内外广泛关注。随着桥龄的增长、气候和环境等自然因素的作用,桥梁结构和构件发生不同程度的自然累积伤害和意外伤害,从而使得桥梁结构的安全性和耐久性发生退化(李爱群 等,2009)。为保障桥梁结构在运营期间的承载能力、耐久性和安全性,对已建成的大型桥梁结构进行健康监测显得非常重要,其目前已成为一个热门的研究领域(李爱群 等,2003;欧进萍 等,2004)。对于运营状态下的大跨径悬索桥,同步监测其结构准静态位移和动态位移,是结构健康监测领域难点之一。本章采用RTS监测方法,对全长1 577 m、主桥732 m的长沙湘江三汊矶大桥进行动态监测,成功监测其长周期准静态位移和短周期动态位移,尤其是重型车辆通过桥梁时激励加劲梁较大挠度,同时识别出桥梁模态频率及其对应振型。RTS传感器监测精度能满足工程需要,有望成为新的大跨径悬索桥结构动力响应监测方法。

§6.2　长沙湘江三汊矶大桥动力分析

6.2.1　湘江三汊矶大桥概况

2006年9月建成通车的长沙湘江三汊矶大桥全长1 577 m,是长沙市二环线跨越湘江的枢纽工程,建成时是世界上跨度最大的双塔全钢箱梁自锚式悬索桥。大桥位于长沙河东观音塘山咀与河西北津城古迹北侧之间,南距湘江二桥5.5 km,北距长石公铁两用桥4.2 km,西岸为离湖南商业学院约500 m的望城县刘家河村,东岸是离捞霞经济开发区约600 m的望城县戴家河。主跨采用自锚式钢箱梁悬索桥,主跨长度328 m,跨径布置为70 m+132 m+328 m+132 m+70 m,两边对称布置。两岸边跨都采用跨径65 m的预应力钢筋砼箱型连续梁,其中西岸8跨,东岸5跨,如图6.1所示。

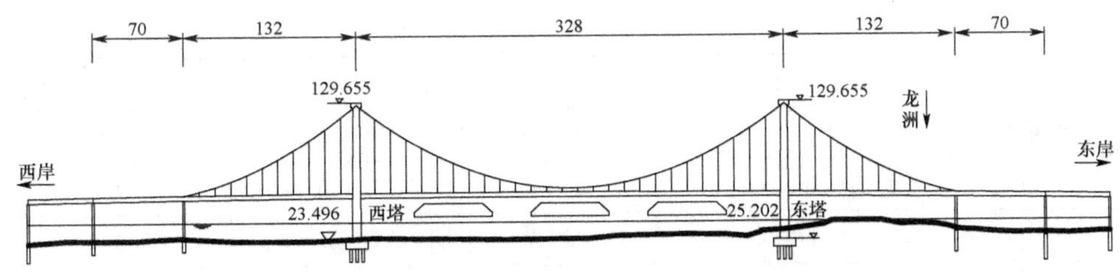

图 6.1　湘江三汊矶大桥立面布置(单位:m)

湘江三汊矶大桥桥面宽 35 m,双向 2.0%横坡,1.5%纵坡,设计行车速度 60 km/h。加劲梁为 5 跨连续等截面钢箱梁,钢箱梁沿桥纵向分为 81 个节段,标准节段长 9 m,重约 175 吨。全桥有两个主索塔,由塔柱、上横梁和下横梁构成。西塔自承台顶起算高度为 106.160 m,自桥面起算高度为 71.691 m。东塔自承台顶起算高度为 104.453 m,自桥面起算高度为 71.691 m。全桥设有 2 根主缆,每根主缆由 37 股预制平行钢丝索股构成,设计弹性模量为 2.0×10^5 MPa。

6.2.2　湘江三汊矶大桥有限元建模

为了掌握湘江三汊矶大桥动力特性,采用有限元方法对结构进行模态分析,获取桥梁结构模态参数。有限元方法的优点是能考虑结构材料特性、构件刚度、边界条件等方面对结构的影响,分析复杂结构的动力特性。常用的有限元分析软件有 ANSYS、MIDAS、SPA2000、ABAQUS 等,本书选用适合桥梁动力分析的 MIDAS Civil 2012 软件,对湘江三汊矶大桥进行结构静力和动力分析。

结构刚度、质量和边界条件模拟是有限元建模的核心,它们与结构特性有关,为建立能准确反映结构特征的模型,它们应该尽量与实际结构一致。脊梁式模拟适用于地锚式悬索桥结构动力计算,故选用它模拟湘江三汊矶大桥桥面系。它将桥面系的平动质量、转动惯量,以及横向刚度、竖向刚度、扭转刚度集中在中间节点上,能充分考虑主梁的质量系统和刚度系统。悬索桥主缆和吊杆采用索单元模拟,索塔、墩台等采用空间梁单元模拟。模型共采用 707 个节点单元、378 个桁架单元和 450 个梁单元,考虑 11 种截面形式和 5 种材料属性,详细参数如表 6.1 和表 6.2 所示。建立湘江三汊矶大桥有限元模型,如图 6.2 所示。

表 6.1　湘江三汊矶大桥截面参数

结构类型	截面面积/m^2	转动惯矩 I_{xx}/m^4	转动惯矩 I_{yy}/m^4	转动惯矩 I_{zz}/m^4
主缆	0.086 4	0.000 0	0.000 0	0.000 0
吊杆	0.005 2	0.000 0	0.000 0	0.000 0
上塔柱	11.535 0	32.937 0	27.152 0	13.472 0

续表

结构类型	截面面积/m^2	转动惯矩 I_{xx}/m^4	转动惯矩 I_{yy}/m^4	转动惯矩 I_{zz}/m^4
中塔柱	11.477 0	45.066 0	47.759 0	16.772 0
下塔柱	19.336 0	126.060	99.056 0	56.112 0
塔-上横梁	6.680 0	17.494 7	16.126 4	7.938 4
塔-中横梁	5.780 0	12.393 1	8.994 8	6.513 4
塔-下横梁	10.740 0	51.273 9	47.148 3	23.524 3
典型钢箱梁	1.180 0	7.860 3	2.938 0	110.169 0
加强钢箱梁	1.396 0	9.906 2	3.647 4	123.291 0
钢臂	31.500 0	97.171 9	32.156 3	212.625 0

表 6.2　湘江三汊矶大桥材料参数

结构类型	弹性模量/MPa	热膨胀系数/℃	质量密度/(kg/m^3)
主缆	2.0×10^5	1.2×10^{-5}	7 850
吊杆	2.0×10^5	1.2×10^{-5}	7 850
索塔	3.5×10^4	1.0×10^{-5}	2 650
钢箱主梁	2.0×10^5	1.2×10^{-5}	7 850
钢臂	1.0×10^5	1.2×10^{-5}	7 850

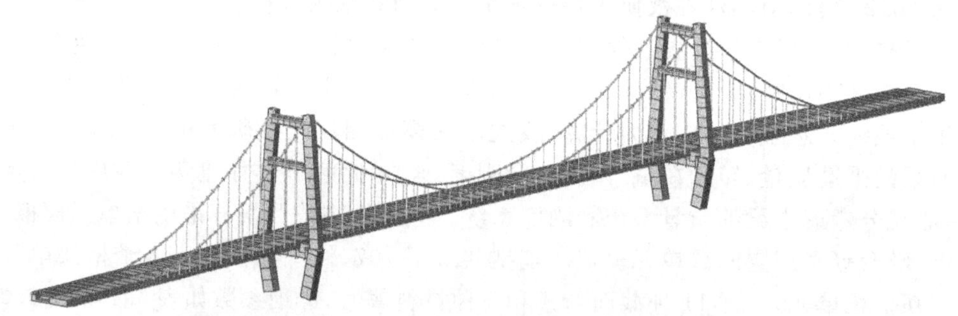

图 6.2　湘江三汊矶大桥有限元模型

6.2.3　湘江三汊矶大桥模态分析

利用上述湘江三汊矶大桥有限元模型，计算该悬索桥前 30 阶振型，包含纵飘、竖弯、扭转、侧弯等振型，本书重点研究主梁竖弯振型，其自振频率及对应振型如表 6.3所示。主梁对称和反对称竖弯振型如图 6.3 所示。主梁竖弯振型出现较早，自振周期较长，说明加劲梁刚度较小，符合悬索桥特点。

表 6.3　湘江三汊矶大桥主梁有限元计算自振频率

序号	自振频率/Hz	周期/s	振型
1	0.375 7	2.661 7	主梁 1 阶对称竖弯
2	0.378 2	2.644 1	主梁 1 阶反对称竖弯
3	0.641 2	1.559 6	主梁 2 阶对称竖弯
4	0.662 3	1.509 9	主梁 2 阶反对称竖弯
5	0.960 2	1.041 4	主梁 3 阶对称竖弯
6	1.239 8	0.806 6	主梁 3 阶反对称竖弯

说明：表中序号为部分振型编号，不表示振型阶数。

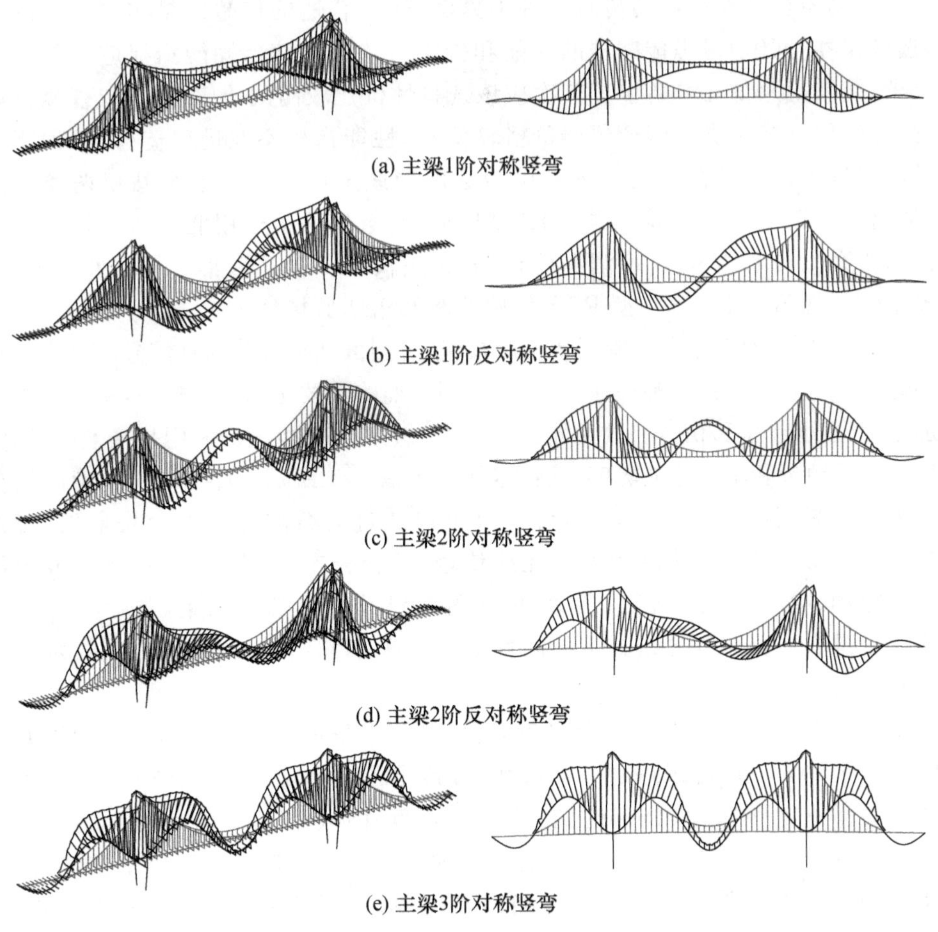

(a) 主梁1阶对称竖弯

(b) 主梁1阶反对称竖弯

(c) 主梁2阶对称竖弯

(d) 主梁2阶反对称竖弯

(e) 主梁3阶对称竖弯

图 6.3　湘江三汊矶大桥主梁模态振型

(f) 主梁3阶反对称竖弯

图 6.3(续) 湘江三汊矶大桥主梁模态振型

§6.3 监测方案和试验过程

6.3.1 仪器设备选择

用于动力学特性测试的传感器种类繁多,选择合适的传感器是非常重要的工作,选择仪器时必须考虑传感器的性能和价格。首先传感器性能指标应该符合测试要求,能满足测试环境要求。其次应该选择性价比较高的传感器,进口仪器性能通常较好,但价格昂贵。国产仪器价格较便宜,性能指标不及进口传感器,但部分产品已接近进口传感器性能。本次试验选用加速度计和自动型全站仪两类传感器,加速度计选用中国地震局的941B型拾振器,数据采集选用北京东方振动和噪声技术研究所的INV3060A型网络分布式采集仪和DASP采集分析软件,动态位移测量仪器选用徕卡TS30型RTS传感器和GPR1圆棱镜。

941B型拾振器使用了无源闭环伺服技术,可测量结构振动低频信号。拾振器设有小速度、中速度、大速度和加速度4挡,可根据监测需要选取合适挡位,采集监测点的加速度、速度或位移信号。放大器具有放大、积分、高陡度滤波和阻抗变换的功能,可提供不同频带和不同滤波陡度,其技术指标如表6.4所示。INV3060A型网络分布式采集仪采用以太网接口,1台计算机可以通过局域网控制多台采集仪,可选GPS授时实现同步,支持远距离和无线传输,适合分布式、多测点、远距离或无线传输的振动、噪声、冲击、应变、压力、电压等各种物理量信号采集,与DASP软件相连形成具有一百余项先进技术的高性能数据采集和信号处理系统,其技术指标如表6.5所示。

徕卡TS30型RTS传感器是精度较高、性能较好的自动型全站仪。为了确保在野外苛刻环境下动态跟踪的最佳精度,与其他品牌比较,徕卡TS30同时具备较快的转动加速度和速度,分别达到360(°)/s^{2}和180(°)/s,其径向速度达5 m/s,100 m处的切线速度达到45 m/s。徕卡TS30首次运用压电陶瓷驱动技术,使得RTS传感器具有极佳的动态跟踪性能,帮助技术人员极大提高作业效率。此外,压电陶瓷驱动技术本身还具有能耗小、免维护期长和维护费用成本低的特点。以徕卡 GPR1 圆棱镜为合作目标，徕卡 TS30 在自动识别模式下的测程可达到1 km。徕卡 TS30 在跟踪模式下的标称采样率为 10 Hz，实际可达到的采样率为 5～7 Hz，角度分辨率为 0.01″，距离分辨率为 0.01 mm。徕卡 TS30 不受野外较大温差、风雨、沙尘天气的影响，在恶劣环境下仍然经久耐用，其工作范围为 −20～50℃。

表 6.4　941B 型拾振器主要技术指标

参量	加速度	小速度	中速度	大速度
加速度灵敏度/(V·s^2/m)	0.3	—	—	—
速度灵敏度/(V·s/m)	—	23	2.4	0.8
加速度量程/(s^2/m)	20	—	—	—
速度量程/(s/m)	—	0.125	0.3	0.6
位移量程/mm	—	20	200	500
通频带/Hz	0.25～80	1～100	0.25～100	0.17～100
加速度分辨率/(s^2/m)	5×10^{-6}	—	—	—
速度分辨率/(s/m)	—	4×10^{-8}	4×10^{-7}	1.6×10^{-6}
位移分辨率/m	—	4×10^{-8}	4×10^{-7}	1.6×10^{-6}

表 6.5　INV3060A 型网络分布式采集仪技术指标

参量	技术指标
最高采样频率	51.2 kHz
通道数	16
总谐波失真	<0.02%
通道间串扰	−100 dB
外形	300 mm×200 mm×60 mm
电源	交流 220 V 或直流 12 V

6.3.2　测点选择与布设

正常运营状态下桥梁结构动态监测，对测点选择和布设时的安全性要求很高，选择的测点位置既要保证动态监测的技术要求，也要保证现场监测设备和人员的安全。另外，应该保证监测装置的稳定性，防止监测装置自身失稳，导致显著的测量误差，甚至错误的监测信号。例如，Ashekenazi 等(1997)采用 GPS 监测苏格兰亨伯河悬索桥时，在强风作用下，连接 GPS 天线与桥面的对中杆自身产生 1～

2 cm的振动，而桥面水平方向只有 0.5～1 cm 的振动，导致监测精度极大降低。湘江三汊矶大桥桥面的内侧栏杆将人行道与行车道完全隔开，将 941B 型拾振器安置在人行道，既能保证拾振器和网络式分布采集器的安全，又能精确采集结构振动信号，如图 6.4 所示。

(a) INV3060A型网络分布式采集仪　　(b) 941B型拾振器

图 6.4　湘江三汊矶大桥加速度计监测试验

RTS 传感器需安置在稳定基点，桥塔位置桥面在竖直方向的变形非常小，可以作为测量基点，试验工况 1～3 中，2 台 RTS 传感器并排固定在桥塔基点。为了监测桥面车辆荷载类型，采用高清摄像机监测桥面过往车辆，如图 6.5(a)所示。东岸河堤也是较理想的基点位置，基点至测点位置无障碍物遮挡，通视条件良好，试验工况 4～6 中，2 台 RTS 传感器安置在东岸河堤基点，基点至测点距离为 400～700 m，如图 6.5(b)所示。另外，与 RTS 传感器配套使用的 GPR1 圆棱镜需固定在监测点，制作了专用铁夹，将连接 GPR2 圆棱镜的基座固定在监测点栏杆上，保证合作目标棱镜稳定，如图 6.5(c)所示。测点布置在 328 m 的主跨和 132 m 的边跨，主跨按 41 m 间距布置测点，边跨按 33 m 间距布置测点，如图 6.6 所示。

(a) 工况1~3测站点RTS传感器　　(b) 工况4~6测站点RTS传感器

图 6.5　湘江三汊矶大桥 RTS 监测试验

(c) 监测点合作目标棱镜

图 6.5(续)　湘江三汊矶大桥 RTS 监测试验

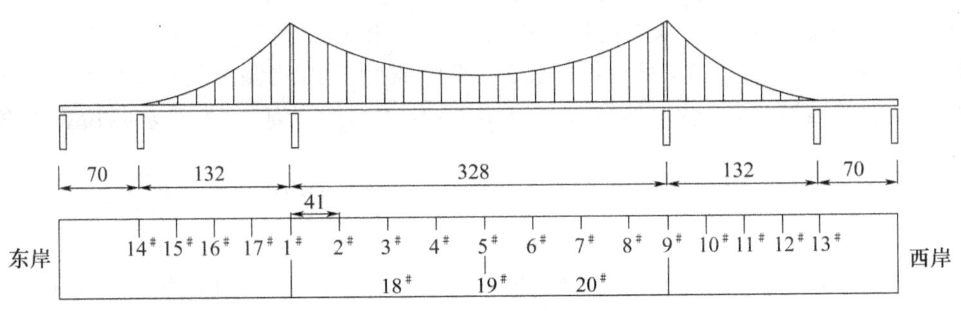

图 6.6　湘江三汊矶大桥测点布置(单位:m)

6.3.3　现场监测

在采用 RTS 传感器监测悬索桥动态位移之前,首先使用 941B 型加速度计(拾振器)和 INV3060A 型网络分布式采集仪监测运营状态下的桥梁结构动力响应。加速度计监测分 3 次完成,分别测量东跨、主跨和西跨的测点,每次测量时间为 30 分钟。测点位置安装竖轴拾振器,传感器竖轴方向与桥面垂直;部分测点还安装了横轴拾振器,传感器横轴方向与主梁横轴方向一致,如表 6.6 所示。

表 6.6　湘江三汊矶大桥加速度计监测方案

序号	监测位置	竖向监测点	横向监测点
1	东跨	2#、3#、15#、16#、17#	2#、3#、16#
2	主跨	2#、3#、4#、5#、6#、7#、18#、19#	3#、5#
3	西跨	7#、8#、10#、11#、12#	7#、8#、11#

941B 拾振器选择第 1 挡加速度计挡位,测程为 0～20 m/s^2,完全能满足桥梁

结构振动测程需求。桥梁结构模态频率范围通常为0.1～10 Hz(Roberts et al, 2004c),按照奈奎斯特定理,数据采样率应该为待测信号最高频率的2倍,桥梁结构监测一般取值2～10倍,故INV3060A型网络分布式采集仪采集频率设置为100 Hz。采集数据之前,需标定数据采集通道,采用多点标定方法,多次改变不同标准物理量数值,得到多组各通道对应的电压值和标准值。然后采用最小二乘方法进行拟合,得到最优的标定值结果。

RTS传感器监测使用了2台徕卡TS30型自动型全站仪,为了验证RTS传感器监测结果的精度,2台RTS传感器监测相同点位位移,RTS传感器设置采样率为10 Hz。监测试验在晚上进行,温度变化较小,共进行6个工况试验,每个工况采集20分钟结构振动位移信号。在1～3工况中RTS传感器安置在索塔附近桥面,在4～6工况中RTS传感器安置在东岸河堤,每个监测点都安装了合作目标棱镜。在索塔附近位置,桥面竖向变形较小,对安置在此处的RTS传感器稳定性影响较小,选择此位置作为基点的最大优点是RTS传感器测量基线较短。在东岸河堤位置,基准点非常稳定,通视条件良好,无障碍物遮挡监测点棱镜,也适宜安置RTS传感器,此位置作为基点的缺点是RTS传感器测量基线较长,容易降低测量精度。

为了保证RTS与加速度计轴系方向一致,首先设置RTS传感器测量坐标系,将桥梁纵向设置为坐标系 x 轴,桥梁横向设置为坐标系 y 轴,桥梁竖向设置为 z 轴。在各工况中,选择不同测量基线长度,对不同监测点进行位移监测,监测点包括主跨支座、$1/4L$、$1/2L$ 等位置,如表6.7所示。

表6.7　湘江三汊矶大桥RTS监测方案

工况	仪器位置	监测点	1号基线/m	2号基线/m
1	支座	5#	168.22	168.15
2	支座	7#	252.01	251.94
3	支座	3#	83.99	83.92
4	东岸河堤	5#	641.08	640.79
5	东岸河堤	3#	557.91	557.60
6	东岸河堤	1#	470.50	470.17

§6.4　监测结果分析

6.4.1　结果初步分析

安装在湘江三汊矶大桥桥面的加速度计(拾振器)监测主梁在竖向和横向动力

响应，每个测点采集 30 分钟加速度信号，数据采样频率为 100 Hz。采用韦尔奇(Welch)方法对信号进行自谱和互谱分析。韦尔奇方法也称平均周期图方法，它对传统的巴特利特(Bartlett)方法进行了两个方面的改进。韦尔奇方法对数据进行分段时，每段的数据部分可重叠；可以对数据段加窗，不在使用矩形窗，可以改善矩形窗导致的频谱失真现象。

韦尔奇频谱分析时，选择工程结构振动信号处理时常用的海明窗，海明窗与汉宁窗同属余弦类窗口，它比汉宁窗在减少旁瓣幅值方面效果更好，但主瓣比汉宁窗稍宽一些。海明窗最大旁瓣约为汉宁窗的 1/5，其主瓣衰减率可达 40 dB/otc。自谱和互谱分析时，海明数据段长度为 2 048 个，数据叠加为 50%。在 0～1.6 Hz，加速度计测量出湘江三汊矶大桥主梁模态频率共 10 阶，竖向和横向模态频率分别为 6 阶和 4 阶，如表 6.8 所示。

表 6.8　湘江三汊矶大桥加速度计测量振动频率

序号	频率/Hz	周期/s	拾振器轴向
1	0.392 8	2.545 8	竖向
2	0.576 7	1.734 0	横向
3	0.667 2	1.498 8	竖向
4	0.693 3	1.442 4	竖向
5	0.826 7	1.209 6	横向
6	1.018 0	0.982 3	竖向
7	1.023 0	0.977 5	横向
8	1.057 0	0.946 1	竖向
9	1.095 0	0.913 2	横向
10	1.267 0	0.789 3	竖向

说明：仅列出 0～1.6 Hz 的加速度计实测频率。

RTS 传感器不但可以监测桥面测点的瞬时三维坐标，而且可以记录分辨率达 0.01 s 的时间信息。为验证 RTS 监测方法测量精度，每次测量都使用 2 台 RTS 传感器同步监测。2 台 RTS 传感器测站位置基本相同，间隔距离仅 2～3 m，测量基线长度差别小于 0.31 m，相对于数百米长的测量基线而言，此差别可以忽略不计。RTS 监测试验选择在傍晚进行，当天基本无风，风荷载对桥梁结构影响可忽略。18:00—22:00 进行监测试验，此时桥面交通荷载相对较少，选择 4 次无车辆通过时间段测量测点的初始值。测量坐标直接保存在仪器内部存储器中，坐标记录格式为

$$P_1, T_1, X_1, Y_1, Z_1$$
$$P_2, T_2, X_2, Y_2, Z_2$$
$$\cdots$$
$$P_i, T_i, X_i, Y_i, Z_i$$
$$\cdots$$

其中，$i=1,2,\cdots,N$，N 为数据量，P 为点号，T 为测量时间，X、Y、Z 分别为桥梁纵向、横向和竖向坐标。坐标数据采样率设置为 10 Hz，标准测量周期为 0.1 s，但是部分数据出现遗漏，降低了数据采样率，需采用线性插值方法修复遗漏数据，获得时间间隔为 0.1 s 的振动位移数据。将修复后的 RTS 坐标数据减去各自的初始坐标值，即可得到结构振动位移数据。

在工况 1～3 中，选择索塔位置桥面为基点，分别测量 5#、7#、3# 监测点振动位移，对应主跨 1/2L、3/4L 和 1/4L 位置。以工况 1 为例，各方向上 2 台 RTS 传感器测量的位移曲线高度相似，如图 6.7 所示。在工况 4～6 中，选择河东河堤为基点，分别测量 5#、3#、1# 监测点振动位移，对应主跨 1/2L、1/4L 和支座位置。以工况 4 为例，2 台 RTS 传感器测量的位移曲线也高度相似，如图 6.8 所示。每个工况 RTS 传感器采集 1 200 s 振动位移序列，但图 6.7 和图 6.8 中仅绘制出了 300 s 振动位移。对比分析工况 1、工况 4 中的位移序列，两者虽然是监测相同测点动力响应，但是工况 4 测量噪声较大，其主要原因是两者测量基线长度不同。工况 1 是以索塔位置附近桥面为测站基点，测量基线长度 168.22 m，而工况 4 是以东岸河堤为测站基点，测量基线长度 641.08 m，远大于前者基线长度。由此可见，RTS 传感器测量基线越长，其测量噪声越大。

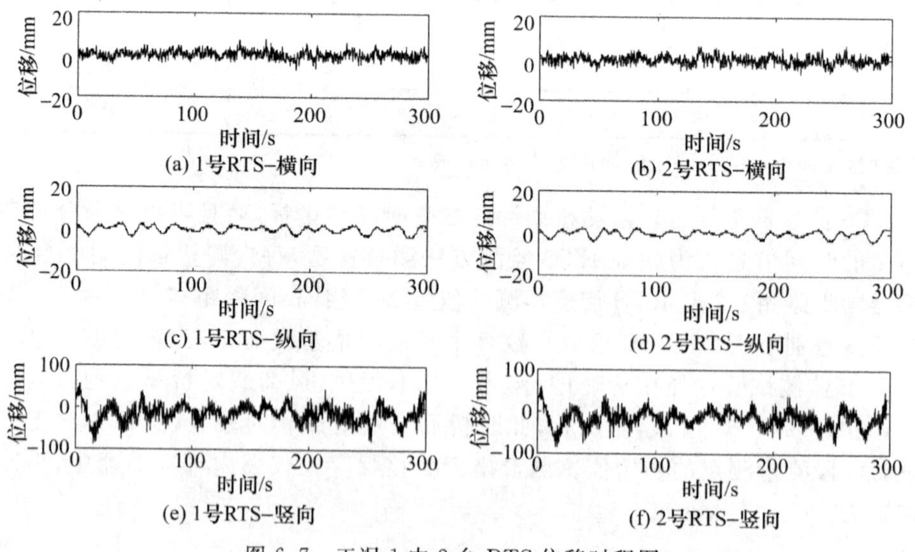

图 6.7　工况 1 中 2 台 RTS 位移时程图

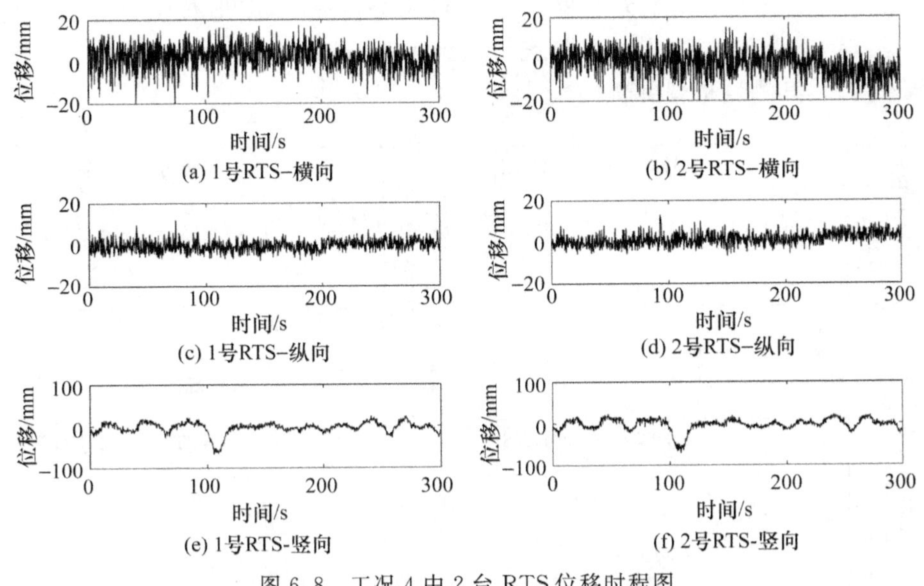

图 6.8　工况 4 中 2 台 RTS 位移时程图

6.4.2　准静态位移分析

RTS 传感器测量的振动位移包含准静态位移和动态位移。准静态位移是桥面车辆荷载自重产生，尤其是重型车辆通过时主梁会产生较大竖向挠度，监测重车荷载激励的主梁竖向挠度是保证桥梁结构运营安全的重要工作。对 RTS 传感器监测的位移进行处理，设计Ⅰ型切比雪夫滤波器分离准静态位移和动态位移。滤波器设计的关键问题是截止频率的选取，有限元计算出湘江三汊矶大桥结构基频为 0.375 7 Hz，故滤波器通频、截频参数宜选取 0.2 Hz 和 0.3 Hz，按最小滤波阶数原则设计出的切比雪夫滤波阶数为Ⅱ级。采用设计的切比雪夫低通滤波器对 2 台RTS 传感器测量的位移数据进行处理，分离出变化周期较长的准静态位移，如图 6.9 所示。

2 台 RTS 传感器测站点与监测点位置基本相同，理论上两者监测结果应该完全一致，但是由于测量误差的影响，两者结果不可能完全相同。为了验证 RTS 传感器测量准静态位移的精度，对比分析 2 台 RTS 传感器测量的竖向位移序列，计算出两者的相关系数，各工况中两者相关系数非常高，在 0.958～0.991 变化，如表 6.9 所示。位移序列相关系数较高，表明 2 台 RTS 传感器测量的位移序列非常接近。标准差是衡量 RTS 传感器测量精度的指标。计算 2 台 RTS 传感器测量的准静态位移序列之间的差值，各工况差值标准差都小于 2.8 mm，最小值仅为 1.4 mm，如表 6.9 所示。尽管 RTS 传感器最长测量基线已达到 641.08 m，其差值标准差也只有 2.1 mm,其相对误差为 1/305 200。结果分析表明,RTS 传感器可用于大跨径桥梁准静态位移监测,其测量精度可达到 1～3 mm 级别。当 RTS 传感器测量基线较短时,其测量精度更高。

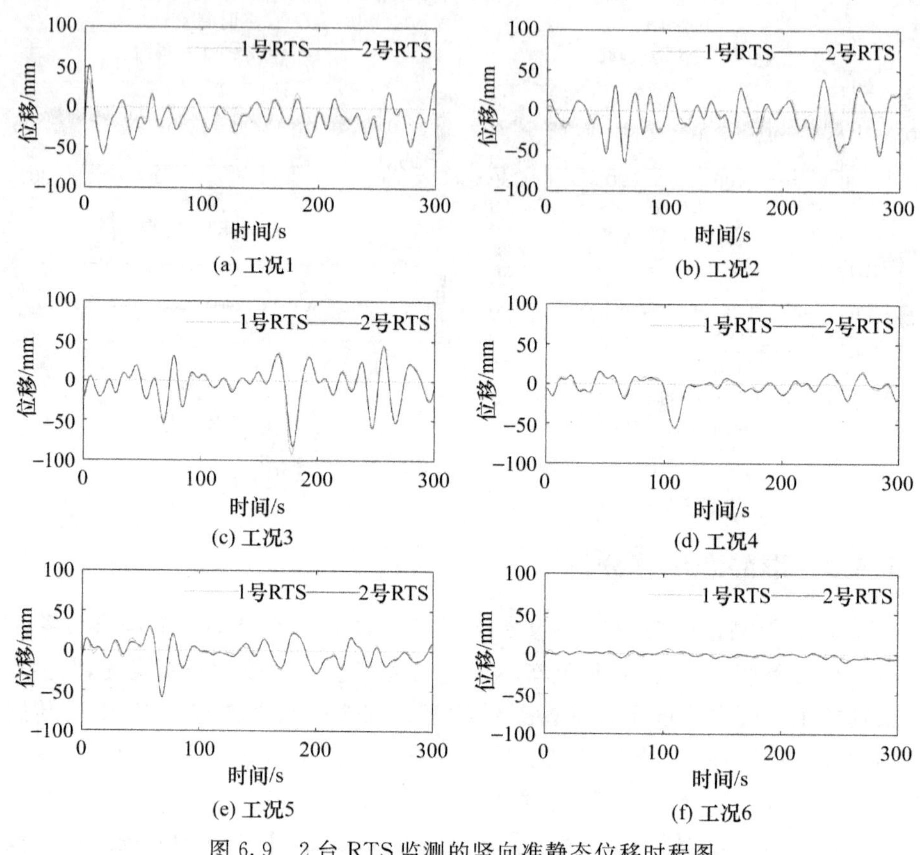

图 6.9　2 台 RTS 监测的竖向准静态位移时程图

表 6.9　2 台 RTS 测量的竖向准静态位移对比分析

工况	相关系数	差值标准差/mm	基线长/m	标准差/基线长
1	0.976	2.8	168.22	1/60 100
2	0.984	2.6	252.01	1/96 900
3	0.991	2.5	83.99	1/33 600
4	0.985	2.1	641.08	1/305 200
5	0.989	2.2	557.91	1/253 500
6	0.958	1.4	470.50	1/336 000

6.4.3　动态位移分析

动态位移是指桥梁结构振动位移中的短周期成分，设计Ⅰ型切比雪夫滤波器从RTS数据中分离出动态位移，工况1中2台RTS测量的动态位移如图6.10所示。试验过程中温度和风荷载影响较小，主要是车辆荷载激励桥梁结构振动。RTS传感器识别出的桥梁结构横向、纵向位移振幅较小，竖向振幅较大，桥梁结构动力响应与桥梁荷载状态吻合。

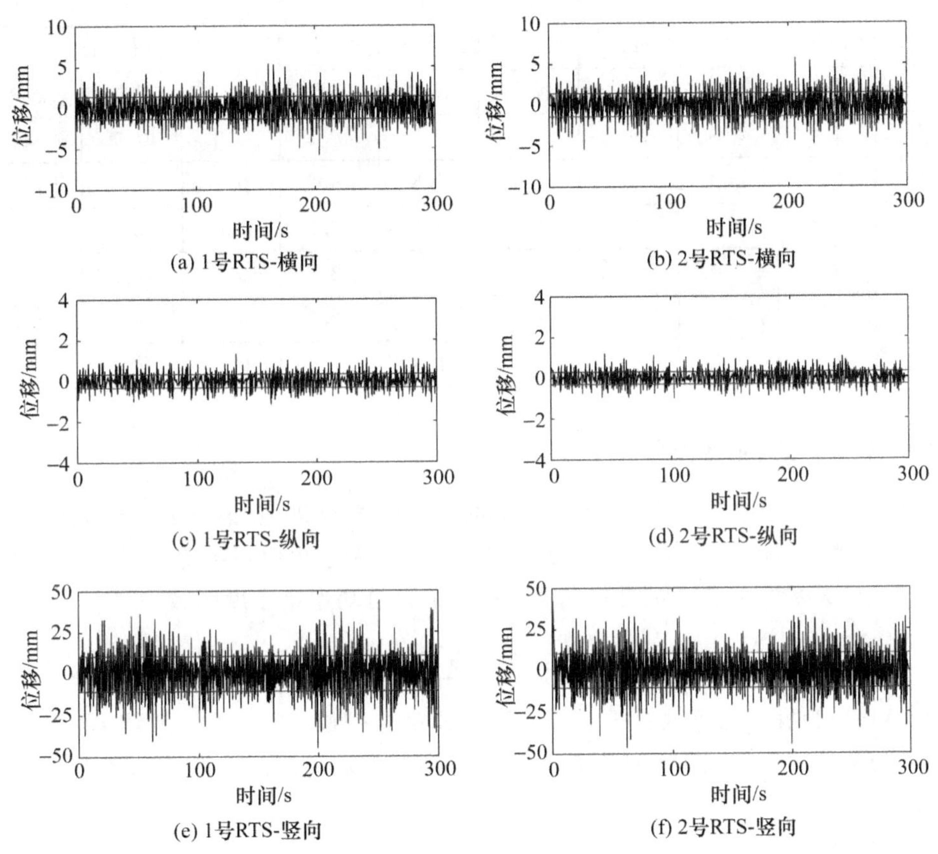

图6.10　工况1监测的动态位移时程图

2台RTS传感器的测站点与监测点基本相同，理论上2台RTS传感器测量的动态位移应该相同，但由于测量误差的影响，两者之间会有差异。对比分析2台RTS传感器的测量结果，可以相互验证彼此测量精度。动态位移序列的标准差可反映出动态位移幅值，计算2台RTS传感器测量动态位移的标准差，如表6.10所示。对比分析2台RTS传感器测量位移序列的标准差，相同工况和相同方向的标准差基本相同，最大差值仅为0.6 mm，平均差值为0.2 mm。分析表明2台RTS传感器测量的动态位移的幅值基本相同，验证RTS传感器位移测量精度较高。分析工况1～3的动态位移标准差特点，横向、纵向标准差较小，最大值仅为2.4 mm，竖向标准差较大，表明交通荷载激励的主梁横向、纵向振幅较小，竖向振幅较大。分析工况4～6动态位移标准差特点，横向和纵向标准差明显增加，主要原因是RTS测量基线长度增加，导致测量误差变大。

表6.10　2台RTS测量的动态位移对比分析

工况	1号RTS标准差/mm			2号RTS标准差/mm			差值/mm		
	横向	纵向	竖向	横向	纵向	竖向	横向	纵向	竖向
1	1.4	0.3	10.7	1.4	0.3	10.3	0.0	0.0	0.4
2	2.3	0.3	14.0	2.4	0.3	14.2	−0.1	0.0	−0.2
3	0.4	0.2	5.7	0.4	0.3	5.5	0.0	−0.1	0.2
4	4.7	2.0	2.9	4.8	2.1	3.2	−0.1	−0.1	−0.3
5	4.5	2.1	3.0	4.7	2.1	3.2	−0.2	0.0	−0.2
6	3.2	1.6	2.1	2.6	1.3	1.9	0.6	0.3	0.2

6.4.4　结构模态分析

采用FFT方法对RTS传感器测量的位移进行自谱、互谱分析。经典的韦尔奇方法是将振动信号分成若干段，并容许叠加，分别求出每段数据的功率谱，然后加以平均，所以称为平均周期图方法。振动信号自功率谱密度函数为

$$S_{XX}(k) = \frac{1}{MN_{\mathrm{FFT}}} \sum_{i=1}^{M} X_i(k) X_i^*(k) \tag{6.1}$$

式中，$X_i(k)$为振动信号的第i个数据段的傅里叶变换，$X_i^*(k)$为$X_i(k)$的共轭复数，M为平均次数，N_{FFT}为FFT数据段的长度。平均周期图法的互功率谱密度函数为

$$S_{XY}(k) = \frac{1}{MN_{\mathrm{FFT}}} \sum_{i=1}^{M} X_i(k) Y_i^*(k) \tag{6.2}$$

式中，$X_i(k)$和$Y_i(k)$分别为振动信号的第i个数据段的傅里叶变换，$Y_i^*(k)$为$Y_i(k)$的共轭复数，M为平均次数，N_{FFT}为FFT数据段的长度。

湘江三汊矶大桥3#、5#、7#监测点分别位于主跨1/4L、1/2L、3/4L位置，对各测点RTS传感器测量的位移序列进行自谱分析，如图6.11所示。对各测点RTS传感器测量的位移序列进行互谱分析，如图6.12所示。通过对振动数据的频谱分析，识别出试验桥梁主要竖弯模态频率及其对应振型，如表6.11所示。分

析 RTS 和加速度计识别的模态频率，2 台 RTS 传感器结果基本相同，模态频率最大差值比小于 0.9%。对比 RTS 传感器测量值和有限元计算值，两者的模态频率基本吻合，其最大差值比小于 4.4%，低于规范限值要求 5%。分析表明 RTS 传感器能准确测量出湘江三汊矶大桥结构模态频率低频部分，未能测量出高频部分，主要原因是 RTS 传感器采样率偏低。

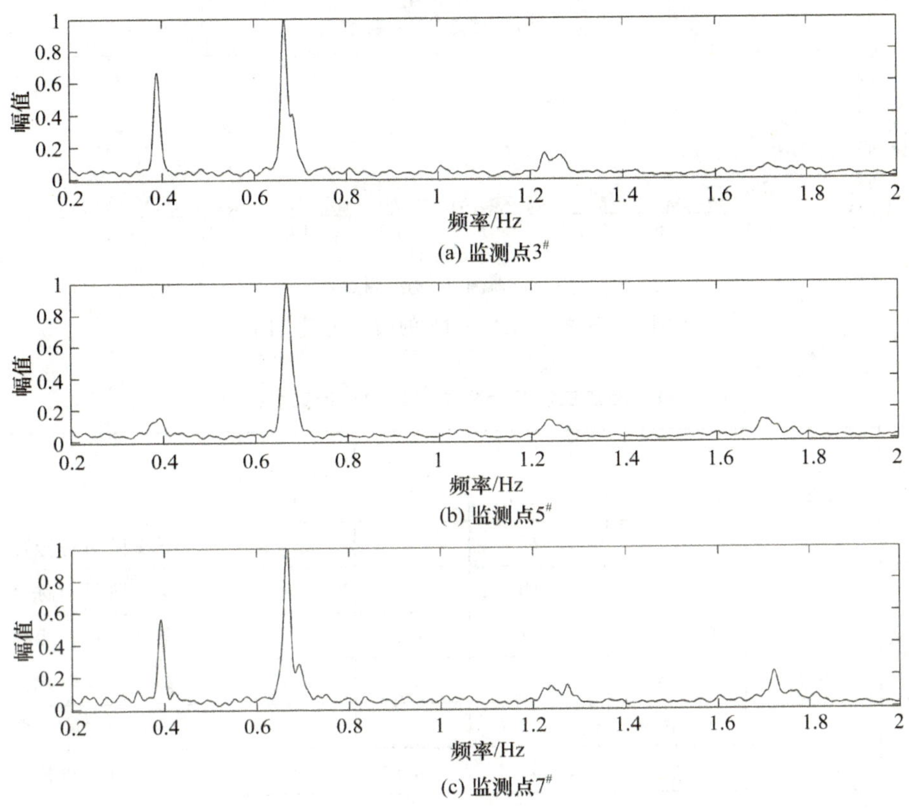

(a) 监测点3#

(b) 监测点5#

(c) 监测点7#

图 6.11　1 号 RTS 的归一化自频图

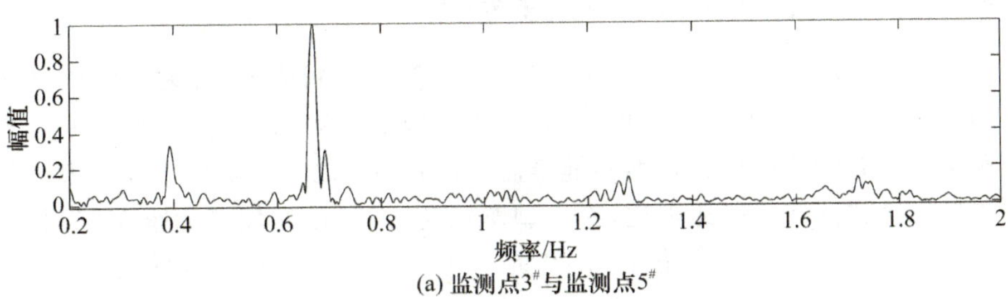

(a) 监测点3#与监测点5#

图 6.12　1 号 RTS 的归一化互谱图

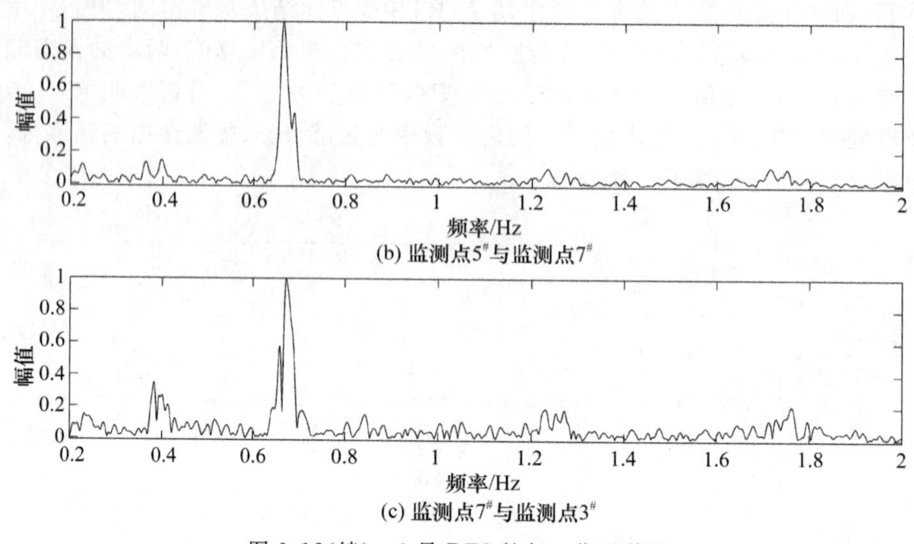

(b) 监测点5#与监测点7#

(c) 监测点7#与监测点3#

图 6.12(续) 1 号 RTS 的归一化互谱图

表 6.11 湘江三汊矶大桥主梁实测和计算模态频率

序号	频率/Hz			差值比/%		振型
	RTS	加速度计	有限元	Ⅰ	Ⅱ	
1	0.388 7	0.386 1	0.375 7	0.7	3.5	主梁 1 阶对称竖弯
2	0.393 6	0.391 1	0.378 2	0.6	4.1	主梁 1 阶反对称竖弯
3	0.667 0	0.667 2	0.641 2	0.0	4.0	主梁 2 阶对称竖弯
4	0.691 4	0.693 3	0.662 3	−0.3	4.4	主梁 2 阶反对称竖弯
5	—	1.018 0	0.960 2	—	—	主梁 3 阶对称竖弯
6	1.278 1	1.267 0	1.239 8	0.9	3.1	主梁 3 阶反对称竖弯

说明:差值比Ⅰ=(RTS−加速度计)/加速度计,差值比Ⅱ=(RTS−有限元)/有限元。

6.4.5 重车荷载作用下的位移分析

桥梁在长期的使用过程中,重车、超重车数量的不断增加,容易导致桥梁结构损伤和功能退化(李爱群 等,2009)。为保证结构安全性和耐久性,监测重型车辆通过桥梁时引起的竖向位移是结构健康监测重要内容之一。湘江三汊矶大桥是长沙市二环线跨越湘江的枢纽工程,除小型车辆通过外,还有较多的重型车辆通过,如混凝土搅拌车、油罐车、渣土车、大型货车等。小型车辆整备质量仅1~2 吨,而重型车辆整备质量可达 10~20 吨,总质量可达 15~30 吨,甚至更高,本小节重点分析重车对主梁挠度的影响。

采用切比雪夫滤波器滤除RTS振动位移中的动态部分，分离出变化较长的准静态位移。以工况2为例，2台RTS传感器同时监测7#监测点动力响应，识别的竖向挠度如图6.13所示。2台RTS传感器监测的竖向挠度相关系数为0.984，表明2台RTS传感器监测结果非常吻合。从挠度曲线中提取$t_a \sim t_h$时刻8个最低点的挠度值，2台RTS传感器相同时刻测量的挠度最大差值为3.0 mm，比值为6.8%，如表6.12所示。此精度符合测量误差小于最大变形量10%的测量规范要求。

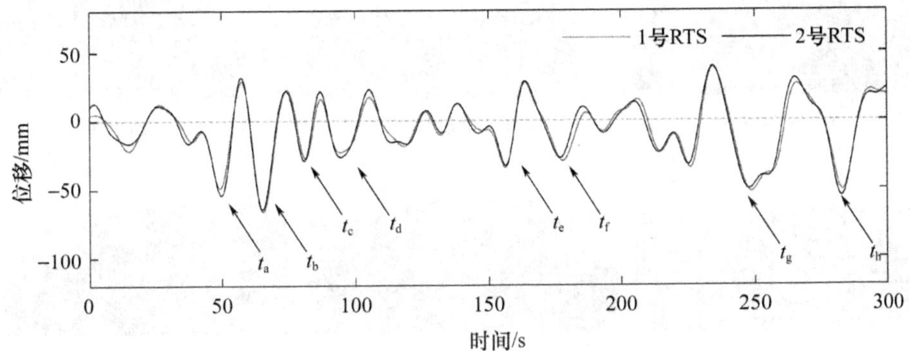

图6.13 重车荷载作用下的湘江三汊矶大桥竖向位移

表6.12 重车荷载作用下主梁挠度最小值

时间	1号RTS 最小值/mm	2号RTS 最小值/mm	均值 /mm	差值 /mm	比值 /%	重车荷载
t_a	−50.7	−53.7	−52.2	3.0	5.8	搅拌车
t_b	−68.4	−66.3	−67.4	−2.1	3.1	油罐车
t_c	−29.2	−30.7	−30.0	1.5	5.0	渣土车
t_d	−26.8	−28.2	−27.5	1.4	5.1	大型货车
t_e	−36.2	−34.6	−35.4	−1.6	4.5	大型货车
t_f	−31.8	−29.7	−30.8	−2.1	6.8	大型货车
t_g	−54.3	−52.4	−53.4	−1.9	3.6	油罐车
t_h	−52.6	−55.3	−53.4	2.7	5.1	搅拌车

在重型汽车荷载作用下，竖向位移曲线变化明显，位移曲线在$t_a \sim t_h$时刻出现挠度最小值。现场监测试验时采用高清摄像机记录了桥面交通荷载情况，并记录了$t_a \sim t_h$时刻通过的重型车辆类型，如图6.14所示。在t_a、t_h时刻搅拌车通过试验桥梁，主梁监测点挠度分别达到52.2 mm、53.4 mm。在t_b、t_g时刻油罐车通过试验桥梁，主梁监测点挠度分别达到67.4 mm、53.4 mm。在其他4个时刻，渣土

车及大型货车通过试验桥梁，主梁监测点挠度在 27.5～35.4 mm 变化。各时刻的主梁挠度大小与重车吨位相关性较大。按照公路悬索桥设计细则要求，在不计冲击力时，悬索桥加劲梁由汽车荷载引起的最大竖向挠度值不宜大于跨径的 1/250，经过专门研究，可突破此限制。湘江三汊矶大桥主跨 328 m，重车通过时竖向挠度最大值为 0.067 4 m，最大竖向挠度为跨径的 1/4 866。

(a) 搅拌车　(b) 油罐车　(c) 渣土车

(d) 大型货车　(e) 大型货车　(f) 大型货车

(g) 油罐车　(h) 搅拌车

图 6.14　湘江三汊矶大桥重车交通荷载(视频截图)

6.4.6　基线长度对测量精度影响分析

在 4.5.1 小节分析了 RTS 动态监测方法背景噪声特性，随着 RTS 传感器测量基线长度的增加，其测量噪声将变大。本小节重点分析实桥动态监测中 RTS 测量基线长度与测量精度的关系。RTS 传感器测量的数据中包含结构实际振动信息和测量噪声，RTS 传感器测量标准差可表示为

$$\left.\begin{aligned}\sigma_{\text{lat}} &= \sqrt{D_{\text{lat}}^2 + E_{\text{lat}}^2} \\ \sigma_{\text{lon}} &= \sqrt{D_{\text{lon}}^2 + E_{\text{lon}}^2} \\ \sigma_{\text{ver}} &= \sqrt{D_{\text{ver}}^2 + E_{\text{ver}}^2}\end{aligned}\right\} \tag{6.3}$$

式中，σ_{lat}、σ_{lon}、σ_{ver} 分别为 RTS 传感器测量的横向、纵向、竖向振动位移标准差，

D_{lat}、D_{lon}、D_{ver}分别为在 3 个方向上试验桥梁的实际振动位移标准差，E_{lat}、E_{lon}、E_{ver}分别为 3 个方向上的测量噪声标准差。由于桥面横向、纵向振动幅度较小，故结构实际位移较小，忽略 D_{lat}、D_{lon}的影响，则横向、纵向测量噪声标准差 E_{lat}、E_{lon}表达式可简化为

$$\left.\begin{array}{l}E_{lat}=\sigma_{lat}\\E_{lon}=\sigma_{lon}\end{array}\right\} \tag{6.4}$$

桥面竖向振动幅度较大，其测量误差不能用上述公式估算。在 4.5.2 小节已论证 RTS 竖向测量噪声可以用水平方向（横向和纵向）平均值代替，其计算公式为

$$E_{ver}=\sqrt{(E_{lat}^2+E_{lon}^2)/2} \tag{6.5}$$

根据式（6.4）、式（6.5）计算各工况 RTS 传感器位移测量标准差，如表 6.13 所示。RTS 传感器横向、纵向、竖向的位移标准差分别在 0.6～5.4 mm，0.7～2.4 mm、0.7～4.2 mm 变化。RTS 传感器纵向测量误差明显低于横向测量误差，纵向值仅为横向值的 50％，该特点与 RTS 静态测量噪声特点一致。主要原因是横向测量误差成分是目标照准差，纵向测量误差成分是测距误差。RTS 传感器的目标照准误差大于测距误差，从而导致 RTS 传感器纵向测量精度较高。

表 6.13　**RTS 传感器位移测量精度**

工况	基线长度 l/m	标准差/mm		
		横向 E_{lat}	纵向 E_{lon}	竖向 E_{ver}
1	168.22	2.0	1.5	1.8
2	252.01	3.2	0.8	2.3
3	83.99	0.6	0.7	0.7
4	641.08	5.4	2.4	4.2
5	557.91	5.2	2.4	4.0
6	470.50	3.5	1.8	2.8

分析 RTS 传感器测量基线长度与测量精度关系，当测量基线长度增加时，测量误差变大，如表 6.13 所示。RTS 传感器在桥梁横向、纵向、竖向的测量基线长度与测量精度相关性很高，其相关系数分别为 0.956、0.895、0.969，如图 6.15 所示。采用最小二乘曲线拟合方法拟合测量误差标准差与基线长度关系，推导出 RTS 传感器进行结构动态测量的精度经验公式为

$$\boldsymbol{E}=\boldsymbol{KL}+\boldsymbol{C} \tag{6.6}$$

式中，向量 $\boldsymbol{E}=[E_{lat}\quad E_{lon}\quad E_{ver}]^T$，为 RTS 传感器在横向、纵向、竖向的测量误差（mm），常数向量 $\boldsymbol{K}=\mathrm{diag}(8,3,6)$，为测量误差比例系数（mm/km），向量 $\boldsymbol{L}=[l_1\quad l_2\quad l_3]^T$，为各方向的测量基线长度（km），向量 $\boldsymbol{C}=[0.5\quad 0.6\quad 0.6]^T$，为测

量误差加常数(mm)。根据动态试验所计算出的相关参数,RTS 传感器动态测量的精度经验公式为

$$\begin{bmatrix} E_{\text{lat}} \\ E_{\text{lon}} \\ E_{\text{ver}} \end{bmatrix} = \begin{bmatrix} 8 & 0 & 0 \\ 0 & 3 & 0 \\ 0 & 0 & 6 \end{bmatrix} \begin{bmatrix} l_1 \\ l_2 \\ l_3 \end{bmatrix} + \begin{bmatrix} 0.5 \\ 0.6 \\ 0.6 \end{bmatrix} \tag{6.7}$$

试验中使用徕卡 RS30 型 RTS 传感器,距离测量标称精度为 $1\ \text{mm} + 1 \times 10^{-6} D$,测角标称精度为 0.5″。按仪器制造商提供的标称精度,不同基线长度的距离和角度测量标称精度为

$$\left.\begin{aligned} \sigma_{\text{dist}} &= 1.0l + 3 \\ \sigma_{\text{angl}} &= 0.5l/206.265 \end{aligned}\right\} \tag{6.8}$$

式中,l 为基线长度,σ_{dist}、σ_{angl} 分别为距离、角度测量标称精度。

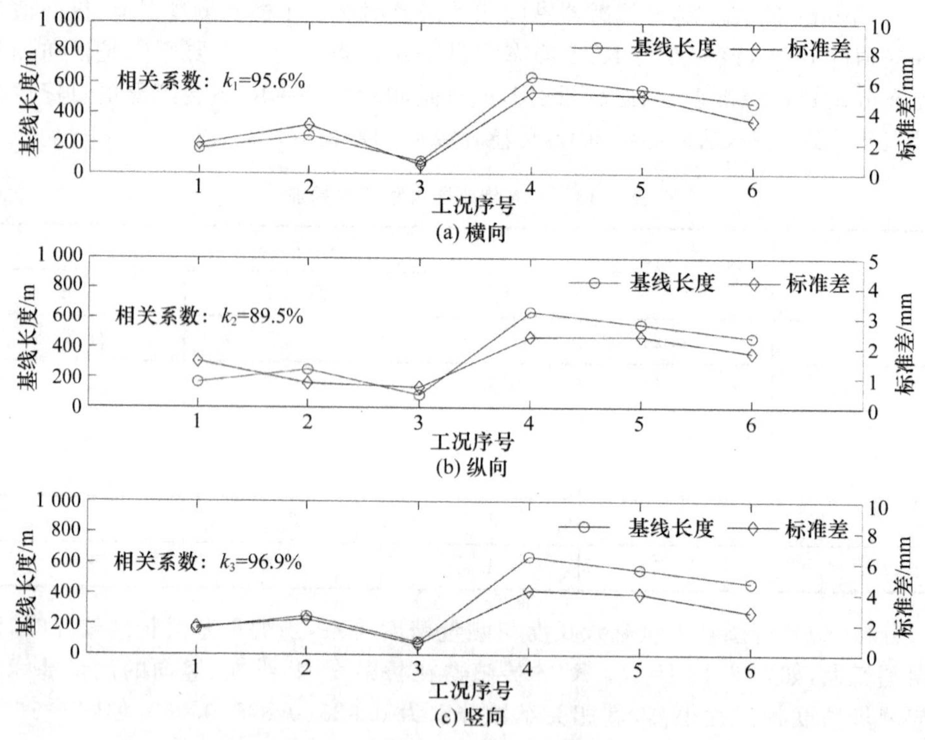

图 6.15 RTS 测量基线长度与测量标准差关系分析

按式(6.7)预估 RTS 传感器在各方向的振动位移测量误差,并按式(6.8)计算不同基线长度的测距和测角标称精度,如图 6.16 所示。当测量基线长度小于 100 m 时,各方向测量误差都小于 1.3 mm。当测量基线长度为 100~200 m 时,各方向测量误差都小于 2.1 mm。当测量基线长度为 200~600 m 时,各方向测量误

差在 2.1～5.3 mm 变化。对于中小跨径桥梁，RTS 传感器测量基线通常较短，桥梁结构振动幅度较小，上述 1～2 mm 的测量精度能满足桥梁振动测量要求。对于大跨径桥梁，RTS 传感器测量基线通常较长，桥梁结构振动幅度较大，上述 2～5 mm测量精度也能满足振动测量要求。上述分析表明，RTS 传感器既适于中小跨径桥梁振动监测，也适于大跨径桥梁振动监测。

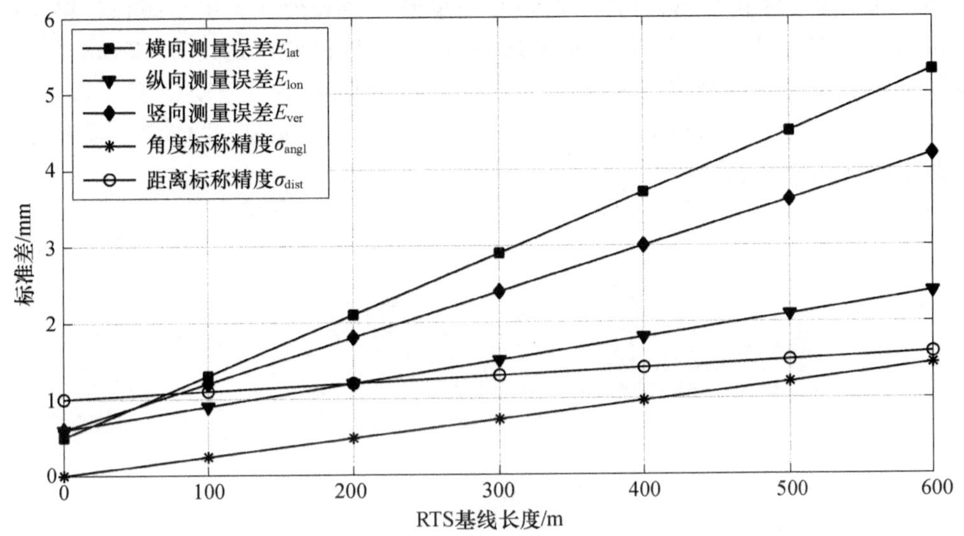

图 6.16　RTS 动态变形测量精度分析

§6.5　本章小结

本章采用 RTS 和加速度计监测技术对长沙湘江三汊矶大桥进行动态监测，并采用 MIDAS Civil 软件对桥梁结构进行动力分析。深入研究 RTS 技术监测桥梁结构动态变形、识别模态频率和振型的可行性。通过理论计算及现场试验得到以下主要结论：

(1) 根据湘江三汊矶大桥结构几何尺寸、材料特性等参数，建立悬索桥有限元模型，通过静动计算及模态分析，掌握湘江三汊矶大桥结构动力特性，重点研究主梁竖弯振型，为后期的大桥监测和安全评估提供基础数据。

(2) 采用 RTS、加速度计、摄像机等现代传感技术，对湘江三汊矶大桥进行安全监测，采集桥梁结构振动响应及桥面车辆荷载状况等信息。采用切比雪夫滤波器对信息进行时域分析，识别长周期准静态位移和短周期动态位移。采用韦尔奇频谱分析方法，对监测信号进行频域分析，识别结构模态频率及对应的振型。

(3) 通过 2 台 RTS 传感器互相验证彼此测量精度，证明 RTS 方法适用于大跨径悬索桥振动监测。当 RTS 传感器测量基线长度小于 600 m 时，RTS 传感器准静态位移测量误差的标准差在 1.4～2.8 mm 变化，其动态位移测量误差的标准差小于 0.6 mm。重车通过桥面时，2 台 RTS 传感器测量的竖向挠度最大差值为 3.0 mm，差值比为 6.8%，符合测量误差小于最大变形量 10%的规范要求。

(4) 通过分析 RTS 传感器在实桥动态试验和前期的静态试验测量数据，采用最小二乘拟合方法推导 RTS 传感器动态测量精度经验公式。中小跨径桥梁结构的振幅通常较小，RTS 传感器测量基线较短，其测量精度可达到 1～2 mm 级别，能满足中小跨径桥梁振动位移测量要求。大跨径桥梁结构振动幅度通常较大，RTS 传感器测量基线较长，其测量精度可达到 2～5 mm 级别，也能满足大跨径桥梁振动位移测量要求。

参考文献

崔有祯,李亚静,2013.徕卡 TM30 测量机器人三维测量在基坑边坡监测中的应用[J].测绘通报(3):75-77.

戴吾蛟,丁晓利,朱建军,等,2007.基于经验模式分解的滤波去噪法及其在 GPS 多路径效应中的应用[J].测绘学报,35(4):321-327.

丁晓利,黄丁发,殷建华,等,2004.新一代多天线 GPS 系统研制[J].测绘通报(12):13-15.

过静珺,商瑞斌,葛胜杰,等,1997.利用 GPS 监测高大建筑物动态位移法研究[J].工程勘察(3):48-51.

何秀凤,陈永奇,桑文刚,等,2008.GPS 伪卫星组合定位方法及在变形监测中的应用[J].南京航空航天大学学报,39(6):795-799.

赫建忠,1996.用 GPS 实时监测世界上最长的索拉桥[J].测绘通报(6):46-48.

黄丁发,熊永良,袁果林,2006.全球定位系统(GPS):理论与实践[M].成都:西南交通大学出版社.

黄俊华,陈文森,2009.连续运行卫星定位综合服务系统建设与应用[M].北京:科学出版社.

黄声享,李沛鸿,杨保岑,等,2006a.GPS 动态监测中多路径效应的规律性研究[J].武汉大学学报(信息科学版),30(10):877-880.

黄声享,刘贤三,刘文建,等,2006b.伪卫星技术及其应用[J].测绘信息与工程,31(2):49-51.

黄声享,罗力,何超,2012.地面微波干涉雷达与 GPS 测定桥梁挠度的对比试验分析[J].武汉大学学报(信息科学版),37(10):1173-1176.

黄声享,杨保岑,游新鹏,2009a.GPS 动态几何监测系统在桥梁施工中的应用研究[J].武汉大学学报(信息科学版),34(9):1072-1075.

黄声享,杨保岑,张鸿,等,2009b.苏通大桥施工期几何监测系统的建立与应用研究[J].测绘学报,38(1):66-72.

黄声享,尹晖,蒋征,2002.变形监测数据处理[M].武汉:武汉大学出版社.

匡翠林,易重海,戴吾蛟,等,2013.GPS 精密单点定位方法监测高层建筑风振响应[J].中南大学学报(自然科学版),44(11):4588-4596.

李爱群,缪长青,2009.桥梁结构健康监测[M].北京:人民交通出版社.

李爱群,缪长青,李兆霞,等,2003.润扬长江大桥结构健康监测系统研究[J].东南大学学报(自然科学版),33(5):544-548.

李宏男,高东伟,伊廷华,2008.土木工程结构健康监测系统的研究状况与进展[J].力学进展,38(2):151-166.

李征航,黄劲松,2014.GPS 测量与数据处理[M].武汉:武汉大学出版社.

李枝军,李爱群,韩晓林,等,2008.基于 GPS 的润扬大桥悬索桥位移监测与分析[J].世界桥梁(1):53-56.

梅文胜,陈雪丰,周小波,等,2011a.盾构下穿既有隧道实时监测及其风险控制研究[J].武汉大学学报(信息科学版),36(8):923-927.

梅文胜,杨红,2011b.测量机器人开发与应用[M].武汉:武汉大学出版社.

缪长青,李爱群,韩晓林,等,2005.润扬大桥结构健康监测策略[J].东南大学学报(自然科学版),35(5):780-785.

欧进萍,周智,武湛君,等,2004.黑龙江呼兰河大桥的光纤光栅智能监测技术[J].土木工程学报,37(1):45-49.

钱稼茹,过静珺,陈志鹏,1998.地王大厦动力特性及大风时楼顶位移和加速度实测研究[J].土木工程学报,31(3):30-39.

乔燕,孙传智,缪长青,2012.基于GPS的大跨悬索桥动态特性监测及分析[J].测绘通报(3):1-4.

渠守尚,马勇,2001.测量机器人在小浪底大坝外部变形监测中的应用[J].测绘通报(4):35-37.

冉崇宪,邹进贵,王新洲,等,2006.基于GPS天线阵列技术的变形监测系统研制[J].测绘通报(8):28-30.

孙利民,孙智,淡丹辉,等,2006.我国大跨度桥梁结构健康监测系统研究与应用现状[C]//第十七届全国桥梁学术会议论文集.重庆:人民交通出版社.

孙娅彬,2011.测量机器人在大悬索桥监控测量中的应用[J].计算机测量与控制,19(12):2945-2947.

王利,张勤,赵超英,等,2005.GPS一机多天线技术在公路边坡灾害监测中的应用研究[J].公路交通科技,22(1):163-166.

徐良,江见鲸,过静珺,2002.广州虎门悬索桥的模态分析[J].土木工程学报,35(1):25-27.

徐绍铨,张海华,杨志强,等,2003.GPS测量原理及应用[M].武汉:武汉大学出版社.

徐忠阳,2003.全站仪原理与应用[M].北京:解放军出版社.

许斌,何秀凤,桑文刚,等,2005.一机多天线技术在小湾电站边坡监测中的应用[J].水电自动化与大坝监测,29(3):64-67.

许昌,岳东杰,2010.基于RTK-GPS技术的高索塔振动试验与分析[J].振动与冲击,29(3):134-136.

薛嫚,2007.总体平均经验模式分解法的理论研究[D].哈尔滨:哈尔滨工程大学.

薛志宏,2012.GNSS动态变形测量关键技术研究[D].郑州:解放军信息工程大学.

姚连璧,姚平,王人鹏,等,2008.南浦大桥形变GPS动态监测试验及结果分析[J].同济大学学报(自然科学版),36(12):1633-1636.

伊廷华,2007.环境激励下基于GPS的结构健康监测[D].大连:大连理工大学.

余加勇,彭旺虎,朱建军,等,2007a.测量机器人在大跨径桥梁检测中的应用研究[J].中南公路工程,32(3):33-36.

余加勇,邵旭东,孟晓林,等,2014a.联合GNSS和加速度计的桥梁结构动态监测试验[J].中国公路学报,27(2):62-69.

余加勇,邵旭东,孟晓林,等,2014b.基于自动型全站仪的桥梁结构动态监测试验[J].中国公路学报,27(10):55-63.

余加勇,邵旭东,晏班夫,等,2015.用于加速度计和全站仪测量的联合安装系统:201310222279.3[P].2015-08-05.

余加勇,邵旭东,晏班夫,等,2016a.一种桥梁结构动态位移和振动频率的测量方法:201310223717.8[P].2016-3-23.

余加勇,邵旭东,晏班夫,等,2016b.基于全球导航卫星系统的桥梁健康监测方法研究进展[J].中国公路学报,29(4):30-41.

余加勇,朱建军,邹峥嵘,等,2007b.大跨径桥梁挠度测量新方法研究[J].湖南大学学报(自然科学版),34(10):31-34.

张超,陈建军,2010.EEMD方法和EMD方法抗模态混叠对比研究[J].振动与冲击,29(S):87-91.

张学庄,王爱公,1996.单波高精度测距系统的研究[J].测绘学报,25(3):186-189.

钟萍,丁晓利,郑大伟,2005.CVVF方法用于GPS多路径效应的研究[J].测绘学报,34(2):161-167.

钟萍,丁晓利,郑大伟,等,2007a.一种基于交叉证认技术的自适应小波变换及其在削减GPS多路径误差中的应用[J].测绘学报,36(3):279-285.

钟萍,丁晓利,郑大伟,等,2007b.GPS结构振动监测数据滤波方法及其性能实验研究[J].测绘学报,36(1):31-36.

APONTE J,MENG X,HILL C,et al,2009. Quality assessment of a network-based RTK-GPS service in the UK[J]. Journal of Applied Geodesy,3(1):25-34.

ASHKENAZI V,DODSON A,MOORE T,et al,1996. Real time OTF GPS monitoring of the Humber bridge[J]. Surveying World,4(4):26-28.

ASHKENAZI V,ROBERTS G W,1997. Experimental monitoring of the Humber bridge using GPS[J]. Proceedings of the Institution of Civil Engineers-Civil Engineering,120(4):177-182.

AZAR R S, SHAFRI H Z, 2009. Mass structure deformation monitoring using low cost differential Global Positioning System device[J]. American Journal of Applied Sciences,6(1):152-156.

BARNES J,RIZOS C,LEE H K,et al,2005. The integration of GPS and pseudolites for bridge monitoring[J]. International Association of Geodesy Symposia,128(1):83-88.

BARNES J,RIZOS C,WANG J,et al,2003. The monitoring of bridge movements using GPS and pseudolites [C]//11th FIG Symposium on Deformation Measurements. Patras: Patras University.

BEHR J A,HUDNUT K W,KING N E,1998. Monitoring structural deformation at Pacoima dam,California using continuous GPS[J]. Seismological Research Letters,69(4):299-308.

BOGUSZ J, FIGURSKI M, NYKIEL G, et al, 2012. GNSS-based multi-sensor system for structural monitoring applications[J]. Journal of Applied Geodesy,6(1):55-64.

BREUER P, CHMIELEWSKI T, GÓRSKI P, et al, 2002. Application of GPS technology to measurements of displacements of high-rise structures due to weak winds[J]. Journal of Wind Engineering and Industrial Aerodynamics,90(3):223-230.

BREUER P,CHMIELEWSKI T,GÓRSKI P,et al,2008. The Stuttgart TV tower-displacement of the top caused by the effects of sun and wind[J]. Engineering Structures, 30(10): 2771-2781.

CASCIATI F, FUGGINI C, 2009. Engineering vibration monitoring by GPS: Long duration records[J]. Earthquake Engineering and Engineering Vibration,8(3):459-467.

CELEBI M,2000. GPS in dynamic monitoring of long-period structures[J]. Soil Dynamics and Earthquake Engineering,20(5/8):477-483.

CELEBI M,PRESCOTT W,STEIN R,et al,1999. GPS monitoring of dynamic behavior of long-period structures[J]. Earthquake Spectra(15):55-56.

CELEBI M,SANLI A,2002. GPS successfully monitoring dynamic response of a tall building in san francisco:Implications[J]. Technical Note of National Institute for Land and Infrastructure Management(41):192-206.

CHAN W S,2010. Application of GPS for monitoring long-span cable-supported bridges under high winds[D]. Hong Kong:Hong Kong Polytechnic University.

CHAN W S,XU Y L,DING X,et al,2006a. An integrated GPS-accelerometer data processing technique for structural deformation monitoring[J]. Journal of Geodesy,80(12):705-719.

CHAN W S,XU Y L,DING X,et al,2006b. Assessment of dynamic measurement accuracy of GPS in three directions[J]. Journal of Surveying Engineering,132(3):108-117.

CHEN Y, DING X, HUANG D, et al, 2000. A multi-antenna GPS system for local area deformation monitoring[J]. Earth Planets Space(52):873-876.

COSSER E,HILL C J,ROBERTS G W,et al,2004a. Bridge monitoring with garmin handheld receivers[C]//Proceedings of the 1st FIG International Symposium on Engineering Surveys for Construction Works and Structural Engineering. Nottingham:University of Nottingham.

COSSER E, ROBERTS G W, MENG X, et al, 2003a. Measuring the dynamic deformation of bridges using a total station[C]//Proceedings of the 11th FIG Symposium on Deformation Measurements. Patras:Patras University.

COSSER E,ROBERTS G W,MENG X,et al,2003b. The comparison of single frequency and dual frequency GPS for bridge deflection and vibration monitoring[C]//Proceeding of 11th FIG Symposium on Deformation Measurements. Patras:Patras University.

COSSER E,ROBERTS G W,MENG X,et al,2004b. Single frequency GPS for bridge deflection monitoring: Progress and results[C]//1st FIG International Symposium on Engineering Surveys for Construction Works and Structural Engineering. Nottingham: University of Nottingham.

DAI L,ZHANG J, RIZOS C, et al, 2000. GPS and pseudolite integration for deformation monitoring applications[J]. International Journal of Clinical Pharmacy,33(3):521-528.

DING X,DAI W,YANG W T,et al,2007. Application of multi-antenna GPS technology in monitoring stability of slopes[C]//Proceedings of the Proceedings of the Strategic Integration of Surveying Services. Hong Kong:Hong Kong Polytechnic University.

EDWARDS S, CLARKE P, PENNA N, et al, 2010. An examination of network RTK-GPS services in great britain[J]. Survey Review, 42(316): 107-121.

ERDOĞAN H, AKPINAR B, GULAL E, et al, 2007. Monitoring the dynamic behaviors of the Bosporus bridge by GPS during eurasia marathon[J]. Nonlinear Processes in Geophysics, 14(4): 513-523.

ERDOĞAN H, GÜLAL E, 2009. The application of time series analysis to describe the dynamic movements of suspension bridges[J]. Nonlinear Analysis: Real World Applications, 10(2): 910-927.

ERDOĞAN H, GÜLAL E, 2013. Ambient vibration measurements of the bosphorus suspension bridge by total station and GPS[J]. Experimental Techniques, 37(3): 16-23.

GE L, CHEN H Y, HAN S, et al, 2000a. Adaptive filtering of continuous GPS results[J]. Journal of Geodesy, 74(7): 572-580.

GE L, HAN S, RIZOS C, 2000b. Multipath mitigation of continuous GPS measurements using an adaptive filter[J]. GPS Solutions, 4(2): 19-30.

GE L, HAN S, RIZOS C, et al, 2000c. GPS seismometers with up to 20 Hz sampling rate [J]. Earth Planets and Space, 52(10): 881-884.

GE L, HAN S, RIZOS C, 2002. GPS multipath change detection in permanent GPS stations[J]. Survey Review, 36(283): 306-322.

GONZÁLEZ-AGUILERA D, GÓMEZ-LAHOZ J, SÁNCHEZ J, 2008. A new approach for structural monitoring of large dams with a three-dimensional laser scanner[J]. Sensors, 8(9): 5866-5883.

GUO J, XU L, DAI L, et al, 2005. Application of the real-time kinematic Global Positioning System in bridge safety monitoring[J]. Journal of Bridge Engineering, 10(2): 163-168.

GURLEY K, KAREEM A, 1999. Applications of wavelet transforms in earthquake, wind and ocean engineering[J]. Engineering Structures, 21(2): 149-167.

HAYKIN S, 2002. Adaptive filter theory. 4rd ed[M]. New Jersy: Prentice-Hall.

HE X, SANG W, CHEN Y, et al, 2005. Steep slope monitoring: GPS multiple antenna system at xiaowan dam[J]. GPS World, 16(11): 20-25.

HE X, YANG G, DING X, et al, 2004. Application and evaluation of a GPS multi-antenna system for dam deformation monitoring[J]. Earth Planets Space, 56(11): 1035-1039.

HUANG N E, SHEN S S, 2005. Hilbert-Huang transform and its applications [M]. London: World Scientific Publishing Company.

IM S B, HURLEBAUS S, KANG Y J, 2013. Summary review of GPS technology for structural health monitoring[J]. Journal of Structural Engineering, 139(10): 1653-1664.

JO H, SIM S H, TATKOWSKI A, et al, 2013. Feasibility of displacement monitoring using low-cost GPS receivers[J]. Structural control and health monitoring, 20(9): 1240-1254.

KALOOP M R, LI H, 2009. Tower bridge movement analysis with GPS and accelerometer techniques: Case study Yonghe Tower Bridge [J]. Information Technology Journal, 8(8): 1213-1220.

KALOOP M R, LI H, 2014. Multi input-single output models identification of tower bridge movements using GPS monitoring system[J]. Measurement, 47(9): 531-539.

KASHIMA S, YANAKA Y, SUZUKI S, et al, 2001. Monitoring the Akashi Kaikyo bridge: First experiences[J]. Structural Engineering International, 11(2): 120-123.

KIJEWSKI-CORREA T, KAREEM A, 2003. Wavelet transforms for system identification in civil engineering[J]. Computer-Aided Civil and Infrastructure Engineering, 18(5): 339-355.

KIJEWSKI-CORREA T, KAREEM A, KOCHLY M, 2006a. Experimental verification and full-scale deployment of Global Positioning Systems to monitor the dynamic response of tall building[J]. Journal of Structural Engineering, 132(8): 1242-1253.

KIJEWSKI-CORREA T, KILPATRICK J, KAREEM A, et al, 2006b. Validating wind-induced response of tall buildings: Synopsis of the Chicago full-scale monitoring program[J]. Journal of Structural Engineering, 132(10): 1509-1523.

KIJEWSKI-CORREA T, KOCHLY M, 2007. Monitoring the wind-induced response of tall buildings: GPS performance and the issue of multipath effects[J]. Journal of Wind Engineering and Industrial Aerodynamics, 95(9): 1176-1198.

KIJEWSKI-CORREA T, KWON D K, KAREEM A, et al, 2013. SmartSync: An integrated real-time structural health monitoring and structural identification system for tall buildings[J]. Journal of Structural Engineering, 139(10): 1675-1687.

KO J, NI Y, 2005. Technology developments in structural health monitoring of large-scale bridges [J]. Engineering Structures, 27(12): 1715-1725.

KOGAN M G, KIM W Y, BOCK Y, et al, 2008. Load response on a large suspension bridge during the NYC Marathon revealed by GPS and accelerometers[J]. Seismological Research Letters, 79(1): 12-19.

KUCKARTZ J, COLLIER P, HUTCHINSON G, 2011. The design of an integrated structural monitoring system for a high-rise building based on tiltmeters and GNSS [C]//Joint International Symposium on Deformation Monitoring. Hong Kong: Hong Kong Polytechnic University.

LAROCCA A P C, SCHAAL R E, 2010a. Filtering techniques applied on raw carrier phase for GPS detecting small dynamic displacements [J]. Boletim de Ciências Geodésicas, 16 (1): 177-188.

LAROCCA A P C, SCHAAL R E, FONSECA E S, 2010b. Structures oscillations monitoring with global positioning system and adaptive filtering techniques[J]. Structural Survey, 28(3): 197-206.

LAROCCA A P C, SCHAAL R E, SANTOS M C, 2011. The use of L1 GPS signal as a tool for monitoring structural oscillations of bridges-a compendium about the phase residual method applications[C]//Joint International Symposium on Deformation Monitoring. Hong Kong: Hong Kong Polytechnic University.

LEE J K, ROBERTS G W, OLUROPO O, et al, 2011. Study on issues of tilt-meters and utilization of GPS in bridge monitoring system[C]//Joint International Symposium on Deformation Monitoring. Hong Kong: Hong Kong Polytechnic University.

LEKIDIS V, TSAKIRI M, MAKRA K, et al, 2005. Evaluation of dynamic response and local soil effects of the Evripos cable-stayed bridge using multi-sensor monitoring systems[J]. Engineering Geology, 79(1): 43-59.

LI H, DONG S, EL-TAWIL S, et al, 2013. Relative displacement sensing techniques for postevent structural damage assessment: Review[J]. Journal of Structural Engineering, 139(9): 1421-1434.

LI H, OU J, ZHAO X, et al, 2006a. Structural health monitoring system for the shandong binzhou yellow river highway bridge[J]. Computer-Aided Civil and Infrastructure Engineering, 21(4): 306-317.

LI X, GE L, AMBIKAIRAJAH E, et al, 2006b. Full-scale structural monitoring using an integrated GPS and accelerometer system[J]. GPS Solutions, 10(4): 233-247.

LI X, PENG G, RIZOS C, et al, 2004. Integration of GPS, accelerometer and optical fibre sensors for structural deformation monitoring[C]//17th International Technical Meeting of the Satellite Division. California: ION GNSS.

LI X, RIZOS C, GE L, et al, 2005. 3D analysis of structural response monitored using integrated GPS and accelerometer system[C]//Proceedings of the the 2005 International Symposium on GPS/GNSS. Hong Kong: Hong Kong Polytechnic University.

LIU C, LI N, WU H, et al, 2014. Detection of high-speed railway subsidence and geometry irregularity using terrestrial laser scanning[J]. Journal of Surveying Engineering, 140(3): 1-11.

LOVSE J W, TESKEY W F, LACHAPELLE G, et al, 1995. Dynamic deformation monitoring of tall structure using GPS technology[J]. Journal of Surveying Engineering, 121(1): 35-40.

MENG X, 2002. Real-time deformation monitoring of bridges using GPS/accelerometers[D]. Nottingham: University of Nottingham.

MENG X, 2013. GeoSHM-GNSS and EO for structural health monitoring of bridges[C]//2nd Joint International Symposium on Deformation Monitoring. Nottingham: University of Nottingham.

MENG X, DODSON A, ROBERTS G, et al, 2005. Hybrid sensor system for bridge deformation monitoring: Interfacing with structural engineers[J]. International Association of Geodesy Symposia, 128(1): 89-94.

MENG X, DODSON A H, ROBERT G, 2007. Detecting bridge dynamics with GPS and triaxial accelerometers[J]. Engineering Structures, 29(11): 3178-3184.

MENG X, GOGOI N, DODSON A H, et al, 2011. Using multi-constellation GNSS and EGNOS for bridge deformation monitoring[C]//Joint International Symposium on Deformation Monitoring. Hong Kong: Hong Kong Polytechnic University.

MENG X, ROBERTS G, COSSER E, et al, 2003. Real-time bridge deflection and vibration monitoring using an integrated GPS/accelerometer/pseudolite system[C]//Proceedings of 11th FIG Symposium on Deformation Measurements. Patras: Patras University.

MENG X, ROBERTS G, DODSON A, et al, 2004a. Development of a prototype remote structural health monitoring system(RSHMS)[C]//1st FIG International Symposium on Engineering Surveys for Construction Works and Structural Engineering. Nottingham: University of Nottingham.

MENG X, ROBERTS G, DODSON A H, et al, 2004b. Impact of GPS satellite and pseudolite geometry on structural deformation monitoring: Analytical and empirical studies[J]. Journal of Geodesy, 77(12): 809-822.

MEO M, ZUMPANO G, MENG X, et al, 2006. Measurements of dynamic properties of a medium span suspension bridge by using the wavelet transforms[J]. Mechanical Systems and Signal Processing, 20(5): 1112-1133.

MOSCHAS F, AVALLONE A, SALTOGIANNI V, et al, 2014a. Strong motion displacement waveforms using 10 Hz precise point positioning GPS: An assessment based on free oscillation experiments[J]. Earthquake Engineering & Structural Dynamics, 43(12): 1853-1866.

MOSCHAS F, PSIMOULIS P, STIROS S, 2013a. GPS/RTS data fusion to overcome signal deficiencies in certain bridge dynamic monitoring projects[J]. Smart Structures and System, 12 (3-4): 251-269.

MOSCHAS F, STIROS S, 2011. Measurement of the dynamic displacements and of the modal frequencies of a short-span pedestrian bridge using GPS and an accelerometer[J]. Engineering Structures, 33(1): 10-17.

MOSCHAS F, STIROS S, 2013b. Noise characteristics of high-frequency, short-duration GPS records from analysis of identical, collocated instruments[J]. Measurement, 46(4): 1488-1506.

MOSCHAS F, STIROS S, 2014b. Three-dimensional dynamic deflections and natural frequencies of a stiff footbridge based on measurements of collocated sensors[J]. Structural control and health monitoring, 21(1): 23-42.

MOSCHAS F, STIROS S, 2015. PLL bandwidth and noise in 100Hz GPS measurements [J]. GPS Solutions, 19(2): 1-13.

NAKAMURA S, 2000. GPS measurement of wind-induced suspension bridge girder displacements[J]. Journal of Structural Engineering, 126(12): 1413-1419.

NICKITOPOULOU A, PROTOPSALTI K, STIROS S, 2006. Monitoring dynamic and quasi-static deformations of large flexible engineering structures with GPS: Accuracy, limitations and promises[J]. Engineering Structures, 28(10): 1471-1482.

OGAJA C, WANG J, RIZOS C, 2003. Detection of wind-induced response by wavelet transformed GPS solutions[J]. Journal of Surveying Engineering, 129(3): 99-104.

OGUNDIPE O, ROBERTS G W, BROWN C J, 2014. GPS monitoring of a steel box girder viaduct[J]. Structure and Infrastructure Engineering, 10(1): 25-40.

PALAZZO D, FRIEDMANN R, NADAL C, 2006. Dynamic monitoring of structures using a robotic total station[C]//Proceedings of the XIII FIG Congress. Munich: FIG.

PSIMOULIS P, MOSCHAS F, STIROS S, 2011. Measuring the displacements of a rigid footbridge using geodetic instruments and an accelerometer[C]//Joint International Symposium on Deformation

Monitoring. Hong Kong:Hong Kong Polytechnic University.

PSIMOULIS P, PYTHAROULI S, KARAMBALIS D, et al, 2008a. Potential of global positioning system(GPS) to measure frequencies of oscillations of engineering structures[J]. Journal of Sound and Vibration,318(1):606-623.

PSIMOULIS P,STIROS S,2007. Measurement of deflections and of oscillation frequencies of engineering structures using robotic theodolites(RTS)[J]. Engineering Structures,29(12):3312-3324.

PSIMOULIS P,STIROS S,2008b. Experimental assessment of the accuracy of GPS and RTS for the determination of the parameters of oscillation of major structures[J]. Computer-Aided Civil and Infrastructure Engineering,23(5):389-403.

PSIMOULIS P,STIROS S,2012. A supervised learning computer-based algorithm to derive the amplitude of oscillations of structures using noisy GPS and robotic theodolites(RTS) records [J]. Computers & Structures,92(2):337-348.

PSIMOULIS P,STIROS S,2013. Measuring deflections of a short-span railway bridge using a robotic total station[J]. Journal of Bridge Engineering,18(2):182-185.

PYTHAROULI S,STIROS S,2008. Spectral analysis of unevenly spaced or discontinuous data using the "normperiod" code[J]. Computers & Structures,86(1):190-196.

RAGHEB A,EDWARDS S,CLARKE P J,2010. Using filtered and semicontinuous high rate GPS for monitoring deformations[J]. Journal of Surveying Engineering,136(2):72-79.

RAZIQ N, COLLIER P, 2006. GPS deflection monitoring of the west gate bridge[C]//Proceedings of the 3rd IAG/12th FIG Symposium. Baden:FIG.

ROBERTS G W, ATKINS C, BROWN C J, et al, 2007. Further results from using GPS to monitor the deflections of the forth road bridge[C]//Proceedings of FIG Working Week. Hong Kong:FIG.

ROBERTS G W,BROWN C J,2010. Monitoring the deflections of bridges in the uk by GPS [C]//Proceedings of the International Conference on Computing in Civil and Building Engineering. Nottingham:University of Nottingham.

ROBERTS G W,BROWN C J, ATKINS C, et al, 2008. The use of GNSS to monitor the deflections of suspension bridges[C]//13th FIG Symposium on deformation Measurement and Analysis. Lisbon:FIG.

ROBERTS G W, MENG X, BROWN C J, et al, 2006a. GPS measurements on the London Millennium bridge[J]. Civil Engineering Innovation,159(4):153-161.

ROBERTS G W, BROWN C J, MENG X, 2006b. Bridge deflection monitoring-tracking millimeters across the Firth of Forth[J]. GPS World,17(2):26-35.

ROBERTS G W,BROWN C J,MENG X,2006c. Deflection monitoring and frequency analysis of the forth road bridge using GPS[C]//Proceedings of the 3rd IAG/12th FIG Symposium. Baden:FIG.

ROBERTS G W,BROWN C J,MENG X,et al,2012. Deflection and frequency monitoring of the

Forth Road bridge, Scotland, by GPS[J]. Bridge Engineering, 165(2): 105-123.

ROBERTS G W, COSSER E, MENG X, et al, 2004a. High frequency deflection monitoring of bridges by GPS[J]. Journal of Global Positioning Systems, 3(1/2): 226-231.

ROBERTS G W, DODSON A H, ASHKENAZI V, 1999. Twist and deflection: Monitoring motion of humber bridge[J]. GPS World, 10(10): 24-34.

ROBERTS G W, MENG X, DODSON A H, 2002. Using adaptive filtering to detect multipath and cycle slips in GPS/accelerometer bridge deflection monitoring data[C]//FIG XXII International Congress. Washington: FIG.

ROBERTS G W, MENG X, DODSON A H, 2004c. Integrating a global positioning system and accelerometers to monitor the deflection of bridges[J]. Journal of Surveying Engineering, 130(2): 65-72.

ROBERTS G W, MENG X, KINGDOM U, et al, 2004b. The use of single frequency GPS to measure the deformations and deflections of structures [C]//Proceedings of the TS16 Deformation Measurements and Analysis-FIG Working Week, Athen: FIG.

SANTERRE R, BEUTLER G, 1993. A proposed GPS method with multi-antennae and single receiver[J]. Journal of Geodesy, 67(4): 210-223.

SATIRAPOD C, RIZOS C, 2005. Multipath mitigation by wavelet analysis for GPS base station applications[J]. Survey Review, 38(295): 2-10.

SCHAAL R E, LAROCCA A P C, 2002. A methodology for monitoring vertical dynamic sub-centimeter displacements with GPS[J]. GPS Solutions, 5(3): 15-18.

SCHAAL R E, LAROCCA A P C, 2009. Measuring dynamic oscillations of a small span cable-stayed footbridge: Case study using L1 GPS receivers[J]. Journal of Surveying Engineering, 135(1): 33-37.

SCHAAL R E, LAROCCA A P C, GUIMARÃES G N, 2011. Use of a single L1 GPS receiver for monitoring structures: First results of the detection of millimetric dynamic oscillations[J]. Journal of Surveying Engineering, 138(2): 92-95.

STIROS S, 2008. Errors in velocities and displacements deduced from accelerographs: An approach based on the theory of error propagation [J]. Soil Dynamics and Earthquake Engineering, 28(5): 415-420.

STIROS S, PSIMOULIS P, 2012. Response of a historical short-span railway bridge to passing trains: 3D deflections and dominant frequencies derived from robotic total station (RTS) measurements[J]. Engineering Structures, 45(1): 362-371.

SUN Z, CHANG C, 2002. Structural damage assessment based on wavelet packet transform[J]. Journal of Structural Engineering, 128(10): 1354-1361.

TAMURA Y, MATSUI M, PAGNINI L C, et al, 2002. Measurement of wind-induced response of buildings using RTK-GPS[J]. Journal of Wind Engineering and Industrial Aerodynamics, 90(12): 1783-1793.

TOLMAN B W, CRAIG B K, 1997. An integrated GPS/accelerometer system for low dynamics applications[C]//Proceedings of the Proc, Int Symp on Kinematic Systems in Geodesy, Geomatics, and Navigation. Banff KIS.

TSAKIRI M, LEKIDIS V, STEWART M, et al, 2003. Testing procedures for the monitoring of seismic induced vibrations on a cable-stayed highway bridge[C]//Proceedings of the Proceeding, 11th FIG Symposium on Deformation Measurements. Patras: Patras University.

WAHBEH A M, CAFFREY J P, MASRI S F, 2003. A vision-based approach for the direct measurement of displacements in vibrating systems[J]. Smart Materials and Structures, 12(5): 785-794.

WANG G, BOORE D M, IGEL H, et al, 2003. Some observations on colocated and closely spaced strong ground-motion records of the 1999 Chi-Chi, Taiwan, earthquake[J]. Bulletin of the Seismological Society of America, 93(2): 674-693.

WANG R, MENG X, ROBERTS G, et al, 2004. Structural health monitoring system(SHMS) for bridge with hybrid sensor system[C]//1st FIG International Symposium on Engineering Surveys for Construction Works and Structural Engineering. Nottingham: University of Nottingham.

WANG R, YAO L, MENG X, 2011. Research on structural health monitoring(SHM) system based on RTK-GPS system[J]. Engineering Sciences, 13(3): 63-67.

WATSON C, WATSON T, COLEMAN R, 2007. Structural monitoring of cable-stayed bridge: Analysis of GPS versus modeled deflections[J]. Journal of Surveying Engineering, 133(1): 23-28.

WONG K Y, 2004. Instrumentation and health monitoring of cable-supported bridges[J]. Structural Control and Health Monitoring, 11(2): 91-124.

WONG K Y, MAN K L, CHAN W Y, 2001. Monitoring Hong Kong's bridges[J]. GPS World, 12(7): 10-18.

WU Z, HUANG N E, 2009. Ensemble empirical mode decomposition: A noise-assisted data analysis method[J]. Advances in Adaptive Data Analysis, 1(1): 1-41.

XU L, GUO J J, JIANG J J, 2002. Time-frequency analysis of a suspension bridge based on GPS[J]. Journal of Sound and Vibration, 254(1): 105-116.

XU P, SHI C, FANG R, et al, 2013. High-rate precise point positioning(PPP) to measure seismic wave motions: An experimental comparison of GPS PPP with inertial measurement units[J]. Journal of Geodesy, 87(4): 361-372.

YAN B, MIYAMOTO A, 2006. A comparative study of modal parameter identification based on wavelet and Hilbert-Huang transforms[J]. Computer-Aided Civil and Infrastructure Engineering, 21(1): 9-23.

YANG G, HE X, CHEN Y, 2010. Integrated GPS and pseudolite positioning for deformation monitoring[J]. Survey Review, 42(315): 72-81.

YI T, LI H, GU M, 2010a. Full-scale measurements of dynamic response of suspension bridge subjected to environmental loads using GPS technology[J]. Science China Technological

Sciences,53(2):469-479.

YI T,LI H,GU M,2010b. Recent research and applications of GPS based technology for bridge health monitoring[J]. Science China Technological Sciences,53(10):2597-2610.

YI T,LI H,GU M,2011. Characterization and extraction of Global Positioning System multipath signals using an improved particle-filtering algorithm [J]. Measurement Science and Technology,22(7):1-11.

YI T,LI H,GU M,2013a. Wavelet based multi-step filtering method for bridge health monitoring using GPS and accelerometer[J]. Smart Structures and Systems,11(4):331-348.

YI T,LI H,GU M,2013b. Experimental assessment of high-rate GPS receivers for deformation monitoring of bridge[J]. Measurement,46(1):420-432.

YI T,LI H,GU M,2013c. Recent research and applications of GPS-based monitoring technology for high-rise structures[J]. Structural control and health monitoring,20(5):649-670.

YIGIT C,2017. Experimental testing of high-rate GNSS precise point positioning(PPP) method for detecting dynamic vertical displacement response of engineering structures[J]. Geomatics, Natural Hazards and Risk,7(1):1-12.

YU J, MENG X, SHAO X, et al, 2014. Identification of dynamic displacements and modal frequencies of a medium-span suspension bridge using multimode GNSS processing [J]. Engineering Structures,81(1):432-443.

YU J,YAN B,MENG X,et al,2016. Measurement of bridge dynamic responses using network-based real-time kinematic GNSS technique[J]. Journal of Surveying Engineering-ASCE,142(3):04015013.

YU J,ZHU P,XU B,et al,2017. Experimental assessment of high sampling-rate robotic total station for monitoring bridge dynamic responses[J]. Measurement,104(1):60-69.

附录　缩略语

缩略语	外文	中文
AF	Adaptive Filtering	自适应滤波
ATR	Automatic Target Recognition	目标自动识别
BDS	BeiDou Navigation Satellite System	北斗卫星导航系统
CCD	Charge-Coupled Device	电荷耦合器件
CORS	Continuously Operating Reference Station	连续运行基准站
EEMD	Ensemble Empirical Mode Decomposition	总体平均经验模式分解
EMD	Empirical Mode Decomposition	经验模式分解
FFT	Fast Fourier Transform	快速傅里叶变换
FKP	Flachen Korrektur Parameter	区域改正数技术
GLONASS	Global Navigation Satellite System	格洛纳斯导航卫星系统
GNSS	Global Navigation Satellite System	全球导航卫星系统
GPS	Global Positioning System	全球定位系统
IGS	International GNSS Service	国际 GNSS 服务组织
IMF	Intrinsic Mode Function	本征模函数
LGO	Leica GEO Office	徕卡综合办公软件
LMS	Least Mean Square	最小均方
MAC	Master Auxiliary Concept	主辅站技术
MAF	Multimode Adaptive Filtering	多模式自适应滤波
MEDLL	Multipath Eliminating Delay Lock Loop	多路径锁相环路技术
MR	Measurement Robot	测量机器人
NRTK	Network Real-Time Kinematic	网络实时动态
PDOP	Position Dilution of Precision	位置精度衰减因子
PPK	Post-Processing Kinematic	后处理动态
PPMCC	Pearson Product-Moment Correlation Coefficient	皮尔逊积矩相关系数
PPP	Precise Point Positioning	精密单点定位
PTDL	Precise Time Data Logger	精密时间数据采集器
RTK	Real-Time Kinematic	实时动态
RTS	Robotic Total Station	自动型全站仪
SBL	Short Baseline	短基线

缩略语	外文	中文
STFT	Short-Time Fourier Transform	短时傅里叶变换
TPS	Terrestrial Positioning System	地面定位系统
TS	Total Station	全站仪
VRS	Virtual Reference Station	虚拟参考站
WASHMS	Wind and Structural Health Monitoring System	风和结构健康监测系统
WGS-84	World Geodetic System 1984	1984世界大地测量系统
WPT	Wavelet Packet Transform	小波包变换
WT	Wavelet Transform	小波变换
ZBL	Zero Baseline	零基线

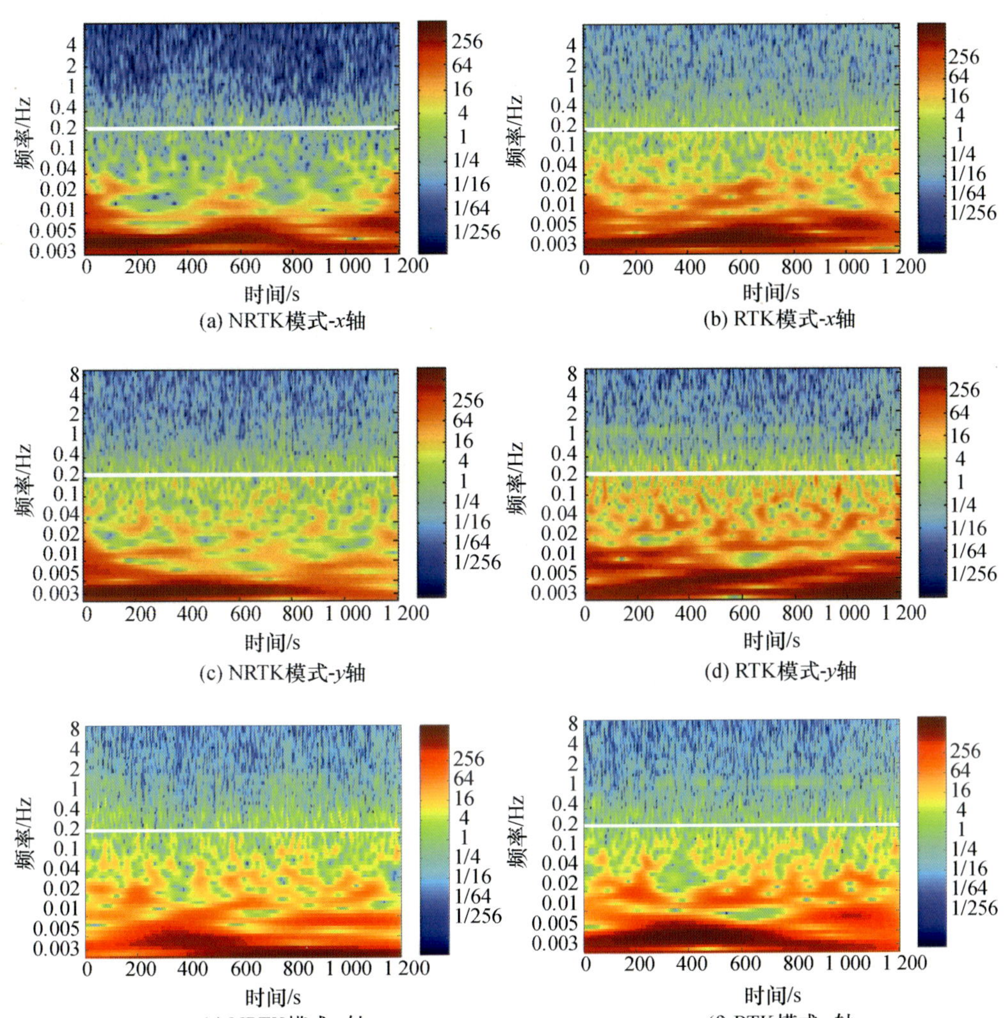

图 5.11　GNSS 接收机的测量背景噪声小波频谱图

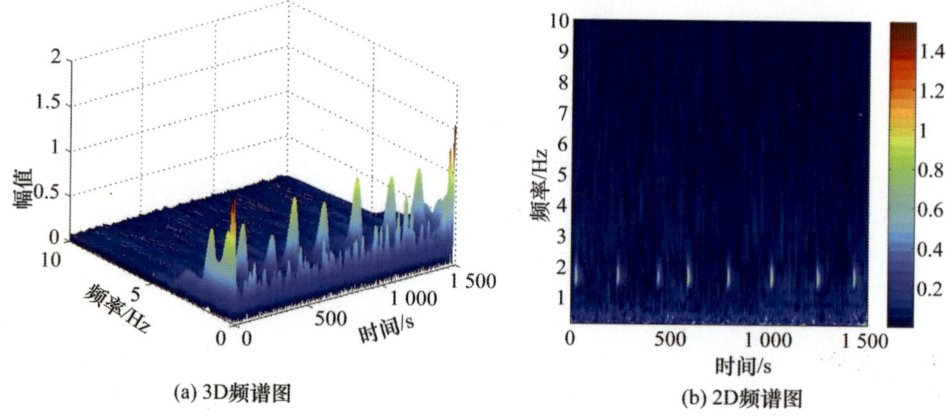

图 5.22 滤波前 NRTK 位移序列小波频谱图

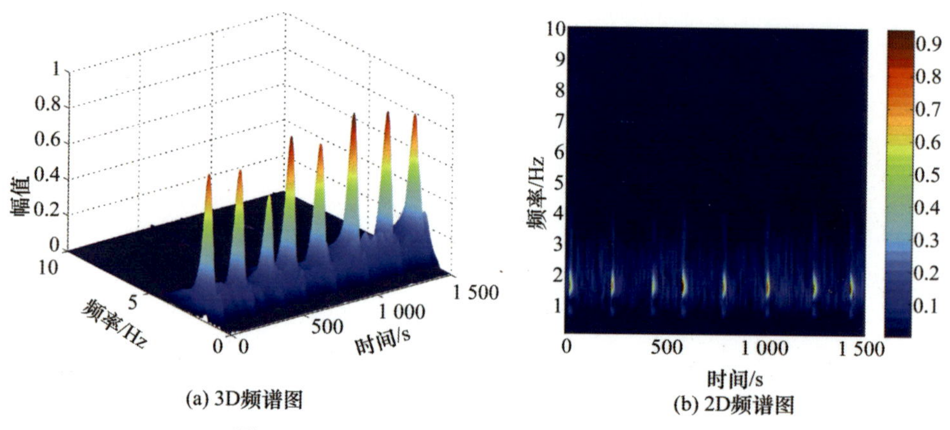

图 5.23 滤波后 NRTK 位移序列小波频谱图

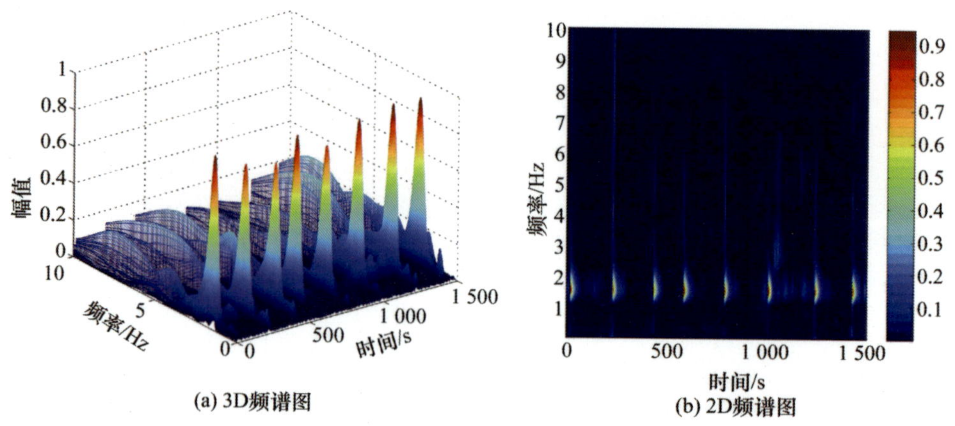

图 5.24 加速度序列小波频谱图